Sabrina De Stefani
Die Magnolienfrau

SABRINA DE STEFANI

DIE MAGNOLIENFRAU

Eine wahre Geschichte übers Freisein
und die große Liebe

unter Mitarbeit von
Christiane Schlüter

Allegria

Allegria ist ein Verlag der Ullstein Buchverlage GmbH

ISBN 978-3-7934-2324-9

© 2018 by Ullstein Buchverlage GmbH, Berlin
Lektorat: Barbara Krause
Umschlaggestaltung: ZERO GmbH, München
unter Verwendung eines Fotos der Autorin © privat
Gesetzt aus der Minion
Satz: Keller & Keller GbR
Druck und Bindearbeiten: GGP Media GmbH, Pößneck
Printed in Germany

Inhalt

Für Lana

Es ist Frühling, und der Baum in Omas Garten blüht wie einst. Ich lege meine Hände an den Stamm und schaue hinauf in den lilafarbenen, duftenden Himmel: Hier bekam ich damals das Versprechen, dessen wahre Bedeutung ich lange nicht erkannte. Ich ging weit fort, ich suchte so sehr – doch als ich endlich gefunden hatte, da konnte mein Herz erfüllter nicht sein und mein Vertrauen nicht tiefer.

Jetzt bin ich mit meiner Tochter zur Magnolie zurückgekehrt. Ich will ihr die ganze Geschichte erzählen, denn sie ist ein Teil davon. Möge die Liebe und Kraft, die darin liegt, auch sie immer begleiten.

1

Das Versprechen

Wieder bin ich weinend aufgewacht. Mir ist heiß, etwas drückt und scheuert mich wund. Ich will Luft holen, doch mein Brustkorb stößt an eine Schale, die ihn fest umschließt. Ich bin darin gefangen, von den Schultern bis zu den Beinen.

»Kind!« Oma beugt sich über mich. Ihre schmalen Hände streicheln mein verschwitztes Köpfchen, mit dem Taschentuch tupft sie mir die Tränen ab. Aber ich ziehe den Kopf weg. Ich will keine Berührung, alles ist mir zu nah, zu eng.

Die ersten drei Jahre meines Lebens habe ich im Gips verbracht. Jeden Dienstag schob mich meine Großmutter, bei der ich aufwuchs, in die Stadt, in die Praxis von Doktor Werner. Der hob mich aus dem umgebauten Kinderwagen, löste die Lederschnallen, die den Gips zusammenhielten, und prüfte mit den Fingerspitzen meine Wirbelsäule, sehr leicht, sehr vorsichtig. Ein Nicken, ein freundlich strenger Blick durch Brillengläser und zum Abschied die Ermahnung, mich nur zum Waschen und Wickeln herauszunehmen. Dann umschlossen mich die beiden Hälften wieder, und wir waren entlassen. Alle paar Monate aber wurde das Gipsbett erneuert.

Ich werde hochgehoben, jetzt öffnen sich die beiden Schalen, das kenne ich, dann werde ich gebadet. Doch diesmal ist es anders, wir sind nicht zu Hause, sondern bei dem weißgekleideten Mann mit der sanften Stimme. Er nimmt mich und setzt mich auf den Schoß einer fremden Frau. Gleich darauf fühle ich ein Streicheln auf meinem Rücken – es wird schnell warm und immer lastender. Ich weine nicht, ich spüre nur meinen Rücken, auf den sich mit dem Streicheln Schicht um Schicht häuft. Schließlich werde ich hingelegt, und nun senkt sich das Streicheln auch auf meinen Bauch, meine Brust bis hinauf zum Hals. Auch hier wird es warm und schwer. Ich will weinen, doch ich bringe keinen Ton heraus.

Langsam wird das Schwere kalt und starr. Immer enger umschließt es mich, ich möchte mich wehren, doch die Frau hält meine Beine fest und Oma, hinter mir, die Arme. Jetzt weine ich doch, panisch drücke ich Brust und Bauch gegen das Starre, um Luft zu bekommen, und ich weine, bis ich keine Kraft mehr habe. Doch schon reißt ein neuer Schreck mich hoch: Etwas Spitzes, Glänzendes fährt dicht an meiner Seite entlang, und ich schreie, schreie. Krachend spaltet sich die harte Masse. »Gleich ist es vorbei!« Omas Stimme von Ferne. Auch an meinem Bauch frisst das Spitze ein Loch in die weiße Schicht – jetzt kann ich besser Luft holen. Zuletzt schiebt sich etwas Hartes gegen meine rechte Wange, so fällt mein Kopf nicht mehr zur Seite. Der Mann mit der Brille streichelt mir über das tränennasse Gesicht, Oma lässt meine Arme los, und dann legen sie mich mitsamt der festen Schale in den Kinderwagen. Unter einem grauen Himmel werde ich nach Hause geschoben.

Viele Jahre später erzählte meine Großmutter Johanna mir, dass die anderen Patienten sie jedes Mal böse ansahen, wenn sie mit mir das Behandlungszimmer verließ. Ihr waren die fremden Blicke egal. Sie wollte mich eines Tages ganz gerade laufen sehen, dafür tat sie alles.

Nicht nur in der Praxis, auch zu Hause wehrte ich mich verzweifelt gegen das Gipsbett. Aber ich mochte noch so sehr um mich schlagen und mit den Beinen strampeln, irgendwann schloss sich der harte Deckel doch wieder über mir. Dann versank ich in mein Inneres oder starrte blicklos gegen die weiß gekalkte Zimmerdecke. Oft schlief ich vor Erschöpfung ein, und meine Großmutter konnte endlich die Wohnküche putzen oder sich um Uroma Elfriede kümmern, ihre alte Mutter, die mit uns lebte.

Uroma vergaß schon viel und sah schlecht. Wenn sie mich im Kinderwagen spazieren schob, kamen wir manchmal nicht zurück, und meine Großmutter rannte aufgeregt die Straße hinunter: »Helft suchen! Die Elfriede ist mit dem Kind unterwegs!« Bis sie eine Handvoll Nachbarn zusammenhatte, die in alle Richtungen ausschwärmten. Einmal fand man uns spätabends am Ententeich, die Uroma schlafend auf der Bank und mich reglos im Kinderwagen daneben. Ab da durfte sie mich nicht mehr ausfahren. Nur halten durfte sie mich ganz kurz, morgens, wenn ich zum Waschen aus dem Gipsbett genommen wurde.

Ich bin ganz leicht, denn auf einmal sind die harten Schalen weg. Meine Füße ruhen auf Uromas Oberschenkeln. Sie umschlingt mich mit beiden Armen, und ich lasse mich gegen ihre füllige, weiche Brust sinken, ich vergrabe mich darin wie in einer warmen Höhle. Es duftet so gut nach Holz und Nivea-Creme. Bis Oma wieder nach mir fasst, denn das Badewasser ist fertig.

»Nimm mir das Kind nicht weg, Johanna.«

»Ich nehm's dir doch nicht weg, Mutter.«

»Nicht dass die uns das stehlen, dass wir es verlieren!«

»Aber wer soll uns die Kleine denn stehlen?«

»Die anderen Leute, böse Leute.«

Nach dem Ersten Weltkrieg hatte meine verwitwete Urgroßmutter ihre Kinder, die damals fünfjährige Johanna und die kleine Schwester, allein lassen müssen, um im nahen Düsseldorf bei reichen Familien zu putzen. Immer war sie in Sorge gewesen: Wenn den Mädchen nun was passierte? Die Angst begleitete sie ein Leben lang.

»Unsere Sabrina stiehlt doch niemand«, sagte die erwachsene Johanna, meine Oma, dann zu ihrer Mutter. Doch meistens dauerte es, bis diese sich beruhigte. Unterdessen lag ich schon wieder im Gips und schaute ins Leere.

Im Frühling aber wurde alles leichter. Im Frühling blühte die lila Magnolie, die noch heute im großen Garten hinter dem Haus steht. Sobald die Sonne schien, fuhr meine Großmutter mich und das Gipsbett unter den Baum. Dort schob sie das Verdeck meines Kinderwagens zurück und setzte sich auf einen mitgebrachten Stuhl, Kartoffeln schälen. Von Zeit zu Zeit hörte ich sie tief aufseufzen. Ich hörte Taubengurren und das leise Geschnatter der Gänse, die im frischen Gras nach Futter suchten.

Meine Augen brauchen einen Moment, bis sie sich an das Licht gewöhnt haben. In zarten Strahlen fällt es durch einen Himmel aus lilafarbenen Blüten, es streichelt und wärmt mich an Wangen und Armen. Reglos liege ich da und schaue nach oben in diesen Blütenhimmel, der sich beschützend über mir wölbt. Manchmal bewegen sich die Zweige, und die Sonnenstrahlen zwischen den Blüten tanzen fröhlich auf und ab.

Wie lange liege ich hier schon? Ich weiß es nicht. Was ich spüre: dass es gut ist unter diesem Baum. Ich strecke die Arme aus und versuche die lila Blüten zu berühren. Meine Hände erreichen sie nicht, aber mein Blick schafft es. Er trägt mich hinaus und hoch in die Zweige. Der Baum nimmt mir Schmerz, Angst und Zorn, er öffnet mein Herz. Der blumige, leicht würzige Duft seiner Blüten trägt mich in eine andere Welt, weit weg von allem.

»Kind, wo bist du?«

Omas Stimme hinter mir.

Ich bin nicht da. Bin nicht in diesem eingezwängten Körper, der sich kein bisschen strecken und dehnen kann. Ich schwebe – warm, weich und frei.

»Sabrina, Liebes!«

Omas Gesicht schiebt sich zwischen mich und die Blüten, ihre Augen suchen meinen Blick. Die Verbindung zur anderen Welt zerreißt, und ich falle zurück in den bewegungslosen kleinen Körper, der wieder die feste Schale spürt. Oma nimmt ein heruntergefallenes Blütenblatt aus dem Kinderwagen, verstaut die geschälten Kartoffeln und schiebt mich ins Haus, Mittag essen.

Den ganzen Frühling und Sommer hindurch lag ich unter der Magnolie. Ich sah die lila Knospen wachsen und sich öffnen. Aufrecht und gerade standen die Blüten auf den Zweigen, die Kelche der Sonne zugewandt. Wie leicht sie waren und wie stark zugleich! Manchmal verirrte sich eine Biene oder Hummel in ihnen. Oder ein Eichhörnchen huschte wie ein Schatten vorüber. Das gehörte meiner Großmutter, sie hatte es gefangen und ihm ein rotes Bändchen angelegt.

Hier, unter diesem Baum, konnte ich vergessen, dass ich einen Körper hatte. Manchmal, wenn der Wind durch die Zweige fuhr, hörte ich die Blätter flüstern. Eines Tages bist du frei, flüsterten sie geheimnisvoll.

Wann das sein würde? Irgendwann. Ich müsse nur geduldig sein. Müsse warten und Vertrauen haben.

Das Wispern verstand ich, ohne die Worte zu kennen. Mein Blick hielt sich an der Magnolie fest. Ich spürte die Tränen auf meinen Wangen, und doch fühlte ich mich eins mit jeder Blüte, jedem Windhauch.

2
Findelkind

Nach drei Jahren wurde ich vom Gipsbett erlöst. Die Röntgenbilder bewiesen es: Meine Wirbelsäule hatte sich gestreckt, der Rücken war gerade geworden.

»Sie dürfen die Kleine jetzt rausnehmen. Aber immer nur stundenweise.« Diesmal war Doktor Werner zufrieden.

Auf dem Heimweg malte meine Großmutter mir aus, wie schön nun alles würde. »Laufen kannst du, Sabrina. So wie die Oma! Das Gipsding, das pfeffern wir in die Ecke. Was wohl die Uroma dazu sagt? Und deine Mutter erst!« Dann lachte sie ihr dunkles, kräftiges Lachen. Das Lachen meiner Großmutter kam immer von ganz tief unten, man konnte es durch drei geschlossene Türen hören.

Und meine Mutter? Sie wohnte in Köln und kam nur manchmal an den Wochenenden zu uns. Ich vermisste sie nicht, ich war ja bei Oma zu Hause. Wir gehörten zusammen, meine Großmutter und ich. Wir schliefen sogar nebeneinander in den Ehebetten, denn mein Großvater war im Krieg gestorben, wie mein Urgroßvater auch.

Ich liege ohne das Gipsbett auf dem Wohnzimmerteppich, auf einer Wolldecke. Oma kniet neben mir, sie hat eine Schürze über ihr gutes Kleid gebunden und streicht über meinen Bauch, über Schultern und Hüften. Zögernd lasse ich es geschehen, spüre ihre Hand auf meinem Pulli, meiner Strumpfhose. Mein Körper kennt kaum andere als die zweckmäßigen Berührungen beim Waschen, denn selten duldete ich mehr. Wie nackt und bloß bin ich jetzt, wie verletzlich ohne die harte Schale. Alles ist so unmittelbar – der Druck des Fußbodens durch den Teppich und die Wolldecke hindurch, Omas schmale Hände und meine eigenen, die sie nun auf meinen Bauch legt. Das bin ich? Es ist, als ob zwei Fremde sich begegnen.

»Guck, Sabrina«, sagt Oma und hebt ein wenig meine rechte Schulter, mein rechtes Becken vom Boden. »Du kannst dich drehen, kannst dich auf die Seite rollen.« Doch ich brauche Zeit, bis ich die Bewegungen begreife, zu denen sie mich locken will. Nur langsam wird mir klar: Ich bin nicht mehr eingezwängt. Ich kann mich jetzt nach allen Seiten ausstrecken und drehen. Ich kann tief atmen, ohne dass mein Brustkorb an den harten Deckel stößt. Wie ein Vogel im Käfig es zunächst nicht merkt, wenn das Türchen offen ist: Er flattert auch nicht gleich davon. Man muss ihn erst dazu bringen, muss ihm zeigen, dass er frei ist.

Im Kinderwagen durfte ich jetzt sitzen. Die neue Perspektive gefiel mir gut. Was da so alles an uns vorbeizog! Menschen auf Rädern, mit Kindern und Hunden. Enten, Schwäne, Bäume, Häuser, Autos … Um mich zu stützen, polsterte meine Großmutter den Wagen rechts und links mit Kissen aus, auf denen meine Ärmchen ruhten. So gingen wir nach Hilden einkaufen, immer zuerst zum Metzger. Während sie drinnen ihre Besorgungen erledigte, blieben draußen vor dem Laden oft Passanten bei mir stehen: »Guck mal, wie niedlich!«, »Diese Löckchen und die dunklen Kirschaugen! Das wird mal eine Schönheit.« Ich muss wohl allerliebst ausgesehen haben mit meinem weißen Angoramützchen und dem hellblauen Jäckchen, beides von Oma selbstgestrickt. Aber die Menschen waren mir unangenehm. Ich mochte nicht angeschaut werden und fühlte mich bedrängt. So machte ich es wie unter der Magnolie: Mein Blick suchte einen Punkt, an dem er sich festhalten konnte, einen Punkt jenseits dieser Leute, und ich beamte mich weg. Bis meine Großmutter endlich wieder herauskam und mir eine Wurstscheibe in die Hand drückte. »Wie eine Puppe aus Wachs hast du ausgesehen, Kind«, würde sie mir Jahre später erzählen. »Hast geradeaus geguckt und gar nichts mehr wahrgenommen.«

Geduldig übte sie jeden Tag weiter mit mir. Meine Atmung wurde langsam tiefer und der Schleier zwischen mir und der Außenwelt dünner. Viel klarer sah ich nun die Farben und Gesichter. Ich traute mich, Dinge anzufassen. Die meisten berührte ich zum ersten Mal. Wie unterschiedlich sich alles anfühlte: der Samt meines Nickipullovers oder die unregelmäßige Oberfläche des gewebten Teppichs. Wenn ich bäuchlings auf ihm lag, konnte ich die Blumen sehen, die kunstvoll in alle vier Himmelsrichtungen wuchsen. Sie fühlten sich fest an und ein wenig rau. Vielleicht konnte ich sie mit etwas Abstand noch besser erkennen? Ich begann mich hochzustemmen.

Irgendwann ein Schrei: »Oh Gott, sie steht!« Ich hatte mich am Sofa hinaufgezogen, um mehr vom blauen Himmel draußen vorm Fenster zu sehen, und stand kippelig auf meinen eigenen Beinen. Meine Großmutter ging vor mir in die Knie, sie lachte mich an, streichelte mir immer wieder über den Kopf. »Mutter«, rief sie über die Schulter, »Mutter, das Kind kann stehen!«

»Pass auf, Johanna, dass nichts passiert«, klang Elfriedes Stimme aus der Küche. Meine Uroma kam nicht herein, warum auch. Sie konnte uns ja doch nicht sehen, war inzwischen blind und ängstigte sich mehr denn je. Am meisten fürchtete sie sich vor Astor, dem großen schwarzen Hund, der in seinem Zwinger auf dem Hof lebte, und vor den bösen Männern, die durch ihre Träume geisterten.

Oma ist mit Kochen beschäftigt, und ich steige vorsichtig die Treppe hinunter, ein Händchen immer schön am Geländer. Barfuß wackele ich hinaus in den Garten. Wieder ist Frühling. Dort in der Mitte steht mein geliebter Magnolienbaum, er ist über und über mit lila Blüten bedeckt. Plötzlich berührt etwas meine Hand: Ein rotes Käferchen mit schwarzen Punkten krabbelt mir über die Finger und weiter über den Handrücken, es schickt sich an, meinen Arm hinaufzulaufen. Ich halte den Arm in die Luft und sehe den Marienkäfer krabbeln. Wie das kitzelt! In dem Moment geschieht es: Ausgehend von diesem Kitzeln breitet sich etwas Helles in mir aus, leicht und weich fließt es durch den Körper bis in die Fingerspitzen und die Zehen, es füllt mich ganz aus und lässt mich Luft holen. Ich atme ein, so tief wie nie zuvor. Welch eine Entdeckung! Auf einmal ist da ein Körper, ein warmer, lebendiger Körper, der kann einen kleinen Käfer über sich laufen lassen und fühlen, wie es kitzelt. Der kann einatmen und ausatmen, ohne Enge, ohne Schmerz. Und dieser Körper gehört zu mir!

Ganz still bin ich und spüre, wie meine Seele jede Faser meines Körpers durchdringt. Die Sonne strahlt, die Magnolie leuchtet, und auch in mir leuchtet es. Ein großer Friede breitet sich aus: Ich bin in mich eingekehrt. Körper und Seele sind eins.

Ich wurde ein bewegungshungriges Kind. Als müsste ich alles nachholen, hüpfte ich schon bald die Treppen hinauf und hinunter und rannte im Garten umher. Wenn ich hinfiel, lief ich weinend ins Haus, bekam Jod aufs Knie und einen Bonbon zwischen die Lippen. »Ist nicht so schlimm, Kind. Da, kriegst ein Klümpchen.«

Samstagmorgens begleitete ich meine Großmutter zu Fuß nach Hilden, zwei Kilometer hin und zwei zurück. Ich war stets wie aus dem Ei gepellt: weiße Bluse, karierter Rock, weiße Strümpfe und schwarze Lackschuhe. Die langen schwarzen Haare ausgiebig gebürstet, zu Zöpfen geflochten oder als Knoten auf dem Kopf festgezwirbelt: »Kind, halt doch mal still.« Wie ich diese Prozedur hasste!

Auch Oma machte sich fürs Einkaufen fein, sie war gelernte Schneiderin und eine Dame. Im Sommer ging sie nie ohne Sonnenschirm aus dem Haus. Wenn ich auf dem Rückweg müde wurde, bestellte sie ein Taxi.

Samstagnachmittags kamen die Kränzchenschwestern. Es gab Kaffee und Kuchen, später Fleischbrötchen mit Sekt, danach wieder Kaffee. Und Schnaps, bis alle johlten. Unterdessen saß ich artig am Tisch, baumelte mit den Beinen und langweilte mich zu Tode.

Manchmal wandten sich die Tanten mir zu: »Wie hübsch du bist!« Und zu Oma: »Das haste gut hingekriegt.«

Ich aber hasste es, so angestarrt zu werden. Ich wollte nur weg von den Kaffeetanten und ihrem Gequassel, weg von ihren hohen Stimmen, die mir in den Ohren gellten. Wieder suchte mein Blick einen Punkt, und ich träumte mich fort.

Das Gipsbett hatte seine Spuren hinterlassen. Noch immer konnte ich in Bewegungslosigkeit verfallen und stundenlang ins Leere schauen. Innerlich war ich dann weit weg, in anderen, bunteren Welten, von denen ich hinterher nichts hätte erzählen können. Häufig stand ich neben Elfriede und hielt ihre Hand. Dicke, kräftige Hände hatte sie, richtige Arbeiterhände. Aber die Haut war ganz dünn. »Uroma, du hast eine Haut wie Papier.« Ich hielt Elfriedes Hand und streichelte sie. Lange, lange. Bis es mir zu viel wurde. Dann drückte ich ihr meine Puppe in den Arm und lief hinaus, spielen. Jeden Morgen rührte ich für Elfriede ein Eigelb mit Zucker in den heißen Kaffee. Aber wie sie ihr Frühstück schlürfte, das ertrug ich nur schwer, und ich konnte oft nicht anders, als ihre Pantoffeln zu verstecken oder sie zu erschrecken: »Uroma, der Astor steht neben deinem Bett.« Gleich kreischte sie auf, weinte und war nicht zu beruhigen, so wie in vielen Nächten auch. »Geh nach nebenan, Sabrina!« Dann klang Omas Stimme streng, und ich verzog mich mit einem komischen Gefühl. Was war es, das mich so reizbar machte, so empfindlich gegenüber anderen Menschen und allem, was mir nahe kam? Ich bemühte mich sehr, artig zu sein. Aber an manchen Tagen hielt ich gar nichts aus, da war ich die pure Rebellion und wäre am liebsten weit weg gewesen.

»Darf ich mitspielen?« Es ist Sonntagnachmittag, oben sitzen Mutter und Oma beim Kaffee, und ich stehe hier am Zaun.

Drüben auf dem Hof werfen sich die Nachbarsjungen einen Ball zu. Hin und her fliegt der Ball. Die Jungen schauen kurz zu mir herüber, spielen weiter. Schließlich fällt der Ball auf die Erde, und einer von ihnen kommt zum Zaun.

»Du kannst nicht mit uns spielen.«

»Warum denn nicht?«

»Du hast keinen Vater.«

»Wohl hab ich einen Vater!«

»Hast du nicht. Wir haben einen Vater. Du bist ein Findelkind. Du kannst nicht mitspielen.«

»Ich bin kein Findelkind«, rufe ich und laufe ins Haus zu den beiden Frauen.

»Oma, was ist ein Findelkind?«, frage ich, ganz außer Atem. Das Wort klingt schlecht in meinen Ohren.

»Ein Findelkind ist ein Kind, das weder Vater noch Mutter hat«, erklärt Oma.

»Ich bin auch ein Findelkind.«

Mutter und Oma wechseln Blicke.

»Du bist überhaupt kein Findelkind«, sagt meine Mutter mit Nachdruck. »Du hast einen Vater, sonst wärst du ja überhaupt nicht auf der Welt. Du hast die Oma und die Uroma, die Mama, die Tante und deine Cousine. Du hast eine große Familie.«

»Aber die Jungs haben gesagt, ich hätte keinen Vater, und das wär' ganz schlecht.«

»Dummes Gerede«, sagt meine Mutter. »Hör einfach nicht hin.«

Irgendetwas stimmt nicht. Aber was? Ich bin doch bei der Oma zu Hause, zählt das etwa nicht?

Am darauffolgenden Wochenende kommt meine Mutter wieder und zieht eine Zeitschrift aus der Handtasche. Die blättert sie vor mir auf. »Guck mal«, sagt sie und zeigt auf eine Doppelseite, auf der vor gelbem Hintergrund ganz viele Männerköpfe abgebildet sind. Unzählige Männer sind es – blond, braun oder rot, mit langen oder kurzen Haaren, mit Schnurrbart, Vollbart oder glatt rasiert. Manche tragen eine Brille. Und alle lächeln in die Kamera.

»Guck mal, Sabrina«, sagt meine Mutter. »Das sind alles Väter.«

So viele Väter! »Woher kommen die denn? Gehören die mir?«

»Nein, Kleines, aber gefällt dir einer?«, will meine Mutter wissen. »Wie stellst du dir deinen Papa vor? Wie einen von diesen hier? Such dir mal einen aus.«

Ich lasse meinen Blick über die Bilder schweifen und zeige entschlossen auf einen Mann mit Bart. Der sieht so schön gemütlich aus, wie der Weihnachtsmann.

Bevor sie wieder abfährt, schneidet meine Mutter das Bild aus und stellt es in einem kleinen Rahmen auf die Wohnzimmerkommode: »Glaube daran, und du wirst bald auch einen Papa haben.«

Was wir aber mit dem machen sollen, das ist mir unklar.

Als ich in die Schule kam, wollte ich meine Großmutter samstags nicht mehr in die Geschäfte begleiten. Lieber wartete ich in der Hildener Kirche auf sie, während sie einkaufte. Lange saß ich dann vor einer Muttergottesstatue aus dunkel glänzendem Holz. Ich schaute sie an, wie sie ihr Jesuskind so lieb im Arm hielt, und bewunderte den Blumenschmuck, den die

Leute hier abgelegt hatten. Manchmal durfte ich im Blumenladen gegenüber ein Sträußchen kaufen und ihr hinlegen. Oder Oma drückte mir ein paar Pfennige in die Hand: »Für Kerzen, Kind. Eine für mich, für die Mama, eine für dich und eine für die Uroma.« Wenn mir langweilig wurde, streifte ich in der Kirche umher, betupfte mich mit Weihwasser, bekreuzigte mich und betrachtete die vielen Bilder. Doch meistens saß ich vor der Marienstatue und versank in ihren Anblick. Diese beschützende Mutter Maria würde ich wenig später zu meiner Mutter machen, zu meiner heiligen Mutter. Einen heiligen Vater gab es ja, das hatte ich gehört. Der war natürlich Gottvater. Und an seiner Seite stand eben die heilige Mutter. Die beiden wurden in meiner Vorstellungswelt meine wahren Eltern, als ich schon bald darauf in große innere Not geriet. »Heiliger Vater, heilige Mutter, hilf mir!«, das Stoßgebet sollte ich in den kommenden Jahren unzählige Male zu ihnen hinaufschicken.

Er trägt tatsächlich einen Bart. Einen schönen Vollbart hat er, dunkle Locken, ein Bäuchlein und ein lustiges Lächeln. Außerdem spricht er merkwürdig, weil er aus der Schweiz kommt. Er heißt Mario. Jetzt sitzt er vorn im hellblauen Käfer meiner Mutter auf dem Beifahrersitz.

»Findest du den nett?«, hat sie mich neulich gefragt. Ich hatte in Köln bei einer Probe ihres Laientheaters zugeschaut. Neben mir flüsterte ihre Freundin mit einem Mann, der sich mir kurz darauf vorstellte: »Ich bin Mario«, sagte er in seiner komischen Sprache. Nach der Probe ging Mario mit uns in ein Lokal. Dort machte er viele Witz und brachte mich zum Lachen. Ich erlaubte ihm, uns zu besuchen.

Vorhin nun saß er unerwartet neben Mutter am Tisch, als Oma mich hineinrief. Er hatte sich eine Pfeife angesteckt – Rauchschwaden waberten durch die Luft, es roch süß und ein wenig herb und war wunderbar gemütlich.

»Darf ich später mit euch Kaffee trinken?«, fragte er mich nach dem Essen.

»Nur, wenn du da drüberspringen kannst.« Ich holte ihn ans Fenster und zeigte auf unseren hohen Gartenzaun. Gar so leicht wollte ich es ihm nicht machen. Mario ging hinaus, nahm weit Anlauf und hechtete mit Schwung über den Zaun. Ich stand am Fenster, ließ ihn nicht aus den Augen und dachte an die Nachbarsjungen.

Jetzt sitzen wir zu dritt in Mutters Käfer, und von der Rückbank aus sehe ich die beiden Händchen halten. Entschlossen beuge ich mich vor:

»Hör mal, willst du uns heiraten?«

Gelächter im Auto.

»Da muss ich erst deine Mama fragen, ob die mich nimmt.«

»Ja, frag mal! Du, Mutti, wollen wir den?«

»Ach Kind, lass uns noch ein bisschen überlegen.«

Vier Monate später waren sie verheiratet, und wir zogen in die Schweiz.

3

Die Suche beginnt

Das hab ich nur für dich getan!«
Wütend stehen wir voreinander, Mutter und ich.

»Warum hast du ihn dann rausgeschmissen?« Herausfordernd wippe ich mit dem Fuß.

»Du bist so was von naiv«, faucht sie. Doch bevor sie mehr sagen kann, knallt die Wohnungstür hinter mir ins Schloss.

Blind vor Tränen stürme ich durch den Park. Neun Jahre ist es her, seit sie mich von Oma und Elfriede weggeholt hat. Nie werde ich vergessen, wie Oma weinend in Hilden am Gartentor stand und uns nachwinkte. Und wie ich später dem freundlichen Nachbarn in unserem Dorf bei Luzern Adieu sagen musste, weil wir schon wieder weiterzogen, diesmal nach Chur. Wo es losging mit Marios Stammtischgelagen, mit den unbezahlten Rechnungen oben auf dem Küchenschrank und den ewigen Streitereien. Bis Mutter genug hatte und ihn vor die Tür setzte.

Ich mag Mario. Er ist ein Clown und schert sich nicht um Regeln. Und er hat mich vor ihrer Wut geschützt, solange er bei uns wohnte. Noch immer treffe ich ihn heimlich, wenn ich daheim Stress habe.

Außer Atem lasse ich mich auf eine Bank fallen und starre auf den spärlichen Rasen vor mir. Es ist März, die Vögel proben den Frühling, und in Hilden bekommt die Magnolie bald ihre ersten Knospen. Lautlos schicke ich mein Stoßgebet aus Kindertagen in den grauen Himmel über Chur. Ich bin sechzehn. Meine Schulzeit geht zu Ende. Und ich habe keine Ahnung, wohin ich gehöre.

Wenige Monate später schiebe ich meinen Koffer unter ein schmales Bett in einem Mädchenpensionat in Fribourg. Sprachen und Kunst könne ich hier lernen, Freundinnen würde ich finden, hat es geheißen. Aber das Internat, das in einem rosa getünchten Schloss mit großem Park untergebracht ist, entpuppt sich als neues Gefängnis. Statt ins Leben zu starten und die Welt zu erobern, finde ich mich in einem Schlafsaal mit zwanzig Nischen wieder, deren Vorhänge spätabends aufgerissen werden, um zu prüfen, ob die Hände schön brav auf der Bettdecke liegen. Ich jedoch habe mir angewöhnt, mich seitlich zusammenzurollen, nachdem ich das Gipsbett losgeworden bin. So rüttelt mich fast allabendlich eine Nonne aus meinen Träumen.

Kontrolle und Strafe, nach dem Schema funktioniert das Pensionat. Die Nonnen sind kleingeistig und beweihräuchern sich selbst, sie haben Macht und missbrauchen sie. Ich aber beginne, Grenzen auszutesten – und stoße mir den Kopf blutig. Die Hausaufgaben nicht gemacht? Stell dich in die Ecke, das Gesicht zur Wand! Heimlich geraucht? Zwei Franken Strafe, zu zahlen im Büro der Oberschwester! In Holzlatschen die breite Steintreppe ins Foyer hinuntergedonnert? Das hallt so schön, und mit jedem Widerhall verraucht ein Stückchen meiner unbändigen Wut. Aber unten öffnen sich gleich mehrere Klassentüren, empörte Gesichter unter schwarzweißen Hauben werden sichtbar: »Du natürlich!« Und wieder zwei

Franken. Mein halbes Taschengeld geht für meine Rebellion drauf. Doch ich kann nicht anders. Ich will nicht mehr eingesperrt sein, nie wieder.

Merkwürdig. Den anderen Mädchen scheint das alles hier nicht viel auszumachen. Warum empfinde ich nur so? Und wie kann ich das Gefühl des Eingeengtseins loswerden, das mich den ganzen Tag über beherrscht? Manchmal fürchte ich, es wird mich mein Leben lang verfolgen.

Nach vier Monaten packe ich erneut meinen Koffer. Eine Freundin bekommt ein Doppelzimmer und nimmt mich mit. Hier haben wir einen eigenen Schrank und ordentliche Wände, alles in Weiß. Wir packen aus und richten uns ein. Über mein Bett pinne ich ein Foto meines richtigen Vaters, das ich in den Ferien bei meiner Großmutter gefunden habe. Die kleine gezackte Schwarzweißaufnahme zeigt einen jungen Mann mit dunklen Haaren, der mir wie aus dem Gesicht geschnitten ist. Er steht mit einem Vermessungsgerät auf einem Acker und lacht in die Kamera. Im Foto ist ein merkwürdiges Loch – so als ob jemand es angekokelt hätte.

»Mein Vater lebt«, habe ich nach dem Fund zu Mutter gesagt.

»Ich hab dir doch erzählt, dass er verunglückt ist.«

»Wenn ich das Foto sehe, hab ich das Gefühl, er lebt.«

»Du kannst nicht immer nur auf deine Gefühle hören.«

Aber worauf soll ich sonst hören? Wer sagt mir, was richtig ist, wenn nicht mein Inneres?

Jeden Abend vor dem Einschlafen schaue ich auf das Foto. Ich würde meinen Vater so gern kennenlernen. Doch dazu müsste ich ihn erst einmal finden.

Eben schlägt es Mitternacht. Ich bin aus dem Fenster geklettert und stehe mit meinem Koffer an der Hecke hinter dem Schloss. Dieser Teil des Parks ist verwildert, selbst der Hausgärtner kommt hier nicht her. In die Hecke habe ich in den letzten Wochen mit der Nähschere ein Loch geschnitten, groß genug, um vielleicht hindurchzupassen.

Ich fühle mich so schutzlos und durchlässig. Die biestigen Nonnen hier und dazu das Geheimnis um meinen Vater – überall sind Mauern, an denen ich mich wundscheuere.

Jetzt könnte ich gehen.

»Kind, halte durch«, hat Oma geschrieben, als ich ihr in meinem letzten Brief mein Leid klagte. »Du wirst stolz sein, wenn du's geschafft hast. Dann hast du Stärke und Durchhaltewillen bewiesen. Das brauchst du mehr als alles andere im Leben.«

Aber Oma, ich krieg hier keine Luft!

Und Lucienne, die kleine Nonne mit den Apfelbäckchen, was wird sie sagen, wenn ich morgen früh nicht mehr da bin? Oft haben wir wie Freundinnen nebeneinander unter den großen Bäumen im Park gesessen, und wenn niemand in der Nähe war, hat sie mir die Hand gestreichelt oder eine Träne abgewischt. »Gib nicht auf«, hat sie gesagt. »Du bist eine liebenswerte Seele, und Gott weiß, was er tut.« Und dass ich ruhig weinen soll, denn die Tränen seien wie ein fließender Strom, der mich von innen reinigt.

Lucienne ist eine Frau, wie ich sie vorher nicht gekannt habe. Sie muss nicht kämpfen, weder gegen einen Mann noch gegen das Schicksal. Sie darf sanft sein, liebevoll, und es ist völlig egal, ob sie hübsch ist oder nicht. Sie fühlt sich von Gott geliebt, und das scheint ihr zu reichen.

Wird sie mich noch leiden können, wenn ich gehe?

Ein feiner Sprühregen fällt. Ich nehme meinen Koffer und beginne mich durch die Hecke zu zwängen. Doch ich bin sehr groß gewachsen, das Loch reicht nicht. Immer wieder bleibt der sperrige Koffer stecken, und meine Haare verfangen sich in den Zweigen, die sich um mich ranken, als wollten sie mich festhalten. Klitschnass trete ich schließlich den Rückzug an und gehe zum Schloss zurück, dessen Mauern sich schweigend vor mir erheben.

Viermal stand ich in jenem Jahr an der Hecke. Viermal kehrte ich um und kletterte durch ein Fenster wieder ins Haus. Heute weiß ich: Das Internat hatte seinen Sinn für mich, denn damals begann mein Rückzug von der Außenwelt, die Reise in mein Inneres. Jeder muss sich auf seine ureigene Weise entwickeln, muss sein Potenzial entfalten und leben. Für mich ist Rückzug am besten. Wenn zu viel von außen auf mich einströmt, höre ich meine innere Stimme nicht mehr.

Aber wie hätte der Teenager, der ich damals war, das begreifen können? Was ich damals spürte, war Einsamkeit und eine große Sehnsucht nach jemandem, dem ich vorbehaltlos vertrauen und nah hätte sein dürfen – ganz frei und ohne Einengung. Doch diesen Menschen gab es nicht. Ja, ich hatte Oma, sie liebte ich sehr, aber sie wohnte weit weg. Und meine Mutter war mir innerlich fern. So fühlte ich mich einfach nur verlassen und allein.

Ein letztes Mal steige ich in den Zug, der mich zurück nach Chur bringt. Das Internatsjahr ist zu Ende, und mehr denn je weiß ich nur, was ich nicht will: aufgesogen werden vom

Außen und mitspielen müssen nach Regeln, die andere mir vorgeben. »Schließ dich nie einer religiösen Gemeinschaft an«, hat Lucienne mir gestern noch eingeschärft, als wir ein letztes Mal auf unserer Bank saßen. »Auch keinem Klub, keinem Verein oder sonst einer Gruppe, in der du nicht mehr Herrin deiner selbst bist.«

Lucienne, ich werde dich vermissen!

Noch zwei Minuten bis zur Abfahrt. Draußen auf dem Bahnsteig umarmt ein Mann seine Frau und geht vor seinem kleinen Mädchen in die Hocke, damit es ihm einen Kuss auf die Wange drücken kann. Lieb sieht das aus.

Der Zug fährt los, und die Familie verschwindet aus meinem Blickfeld. Ich blättere in der mitgebrachten Zeitschrift. Was ist mit diesen ganz normalen Zielen, die andere in meinem Alter haben: einen Beruf lernen, einen Mann heiraten, Kinder gebären, den Haushalt schmeißen? Nein, für mich kann ich mir das nicht vorstellen. Ich möchte mich nicht an der Jagd auf den tollsten Mann beteiligen. Und schon gar nicht will ich dafür mein Aussehen in die Waagschale werfen. Mir reicht, was ich vor zwei Jahren auf Gran Canaria erlebt habe, wo ich in den Schulferien Fotomodell gewesen bin – eine Idee von Mutter. »Guck mal so!« »Guck sexy!« »Flirte mit der Kamera!« Und dann dieser Hotelier, dem nichts Besseres einfiel, als mir nachzustellen. Er versprach mir die Sahara für ein Abendessen. Natürlich hab ich ihn versetzt. Was wohl aus den Hippies geworden ist, die damals am Strand gelebt haben, frei und niemandem Rechenschaft schuldig? So oft hab ich mich damals zu ihnen gestohlen! Wir saßen am Feuer, sangen und quatschten miteinander, und alles war wunderbar leicht.

Das Bild dieser Aussteiger steht mir noch vor Augen, als der Zug in Chur einfährt. Über mich selbst bestimmen können, das ist es, denke ich, als ich meinen Koffer zwischen den Sitzreihen hindurch zum Ausgang zerre. Dahin muss ich kommen.

Die Dinge ordneten sich – zunächst jedenfalls. Auf Anraten meiner Mutter begann ich eine Lehre in einer Giorgio-Armani-Boutique. Die Aussicht, später vielleicht als Einkäuferin für eine Modekette um die Welt zu jetten, lockte mich – außerdem war ja meine Großmutter Schneiderin. Doch während des ersten Lehrjahres wuchsen die Spannungen daheim weiter. So suchte ich mir mit Marios Hilfe ein Ein-Zimmer-Apartment. Nun musste ich allen beweisen, dass ich es schaffen würde: dem Lehrherrn, der Schule und meiner Mutter. Und das tat ich auch. Ich lernte für meine Ausbildung, ging am Wochenende an der Tankstelle arbeiten, um die Wohnung zu finanzieren, und traf mich mit Freunden in der Natur und zum Tanzen. Allmählich bekam mein Leben Struktur. Entgegen den Vorhersagen der anderen, die mich schon hatten scheitern sehen, beendete ich meine Lehre mit ausgezeichneter Note. Mit Anfang zwanzig hatte ich einen Job bei der Handelskammer in St. Gallen, eine süße Wohnung in der Altstadt – und jede Menge seelischer Schrammen, die ich mir in unglücklichen Liebesbeziehungen geholt hatte.

Weg! Bloß weg damit! Ich stopfe das Foto in die blaue Mülltüte und den Rahmen gleich hinterher. War ohnehin von ihm, ist nicht schade drum. Suchend drehe ich mich um mich selbst. Was muss noch raus? Ach ja, das Plüschtier auf dem Regal. Scheußliches Ding, hab ich es jemals leiden können? Riesige Augen, winziger Mund, Schleifchen auf dem Kopf. Das ganze Wesen ein einziges Flehen: Hab mich lieb!

Danke auch. Soll es wen anderen anbetteln.

Als der Müllsack dreiviertel voll ist, finde ich nichts mehr, was noch hinein soll. Aufatmend stelle ich ihn vor die Tür, mache mir Kaffee und lasse mich aufs Sofa fallen. Ich muss dringend nachdenken.

Warum verstehen wir uns nicht, die Männer und ich? Irgendwie scheint es eine Familientradition zu sein: lauter starke Frauen, die allein durchkommen müssen. Seit Generationen fehlen die Männer, die Väter. Auch Mutter hat diesen Tunesier gar nicht erst geheiratet, der mein Vater ist, und das mit Grund. Pech nur, dass sie ihn bis heute vor Augen hat, weil ich ihm so ähnlich sehe mit den dunklen Locken, die er an mich weitergegeben hat. Mittlerweile weiß ich sicher, dass er lebt, und irgendwann werde ich ihn aufsuchen.

Der Kaffee tut gut, sorgt für Klarheit im Kopf. Ach, mein liebes Leben, was fang ich nur an mit dir? Ich glaub ja fest an einen göttlichen Plan, aber hab ich da überhaupt ein Mitspracherecht? Wer hat mich eigentlich gefragt, ob ich das alles hier mitmachen will?

Ich sitze auf dem Sofa, die Füße angezogen, und starre aus dem Fenster in den schneeverhangenen Winterhimmel. Wie ein kleiner Adlerhorst ist diese Wohnung – mein Refugium, mein Rückzugsort.

So bald werde ich mich auf keinen Mann mehr einlassen. Die einen wollen sich ja doch nur mit mir schmücken: hübsche Freundin, schnelles Auto und ordentlich Konkurrenzgehabe als Beiwerk! Ich hab sie schnell durchschaut. Und dann sind da noch die anderen – die sensiblen Künstler, die in ihren Gefühlen und Träumen ertrinken und in mir die richtungweisende Partnerin suchen, bei der sie Halt finden. Das überfordert mich total, und ich nehme Reißaus.

Ob ich für immer allein bleibe? Ich spüre meine Sehnsucht, sogar jetzt, da ich eben erst den Müllsack vor die Tür geschafft habe. Sehnsucht nach – was? Nach Geborgenheit und gegenseitiger Wertschätzung, nach Verschmelzung nicht nur auf körperlicher Ebene. Ich hab ein Wort dafür, es heißt Seelenliebe. Die suche ich. Aber es gibt sie vielleicht gar nicht. »So einen musst du dir erst mal backen«, sagt Mutter oft.

Und mal ehrlich, Sabrina, so meldet sich eine Stimme in mir, die ich schon kenne. Es können doch nicht immer nur die Männer schuld sein.

Stimmt, sag ich.

Du bist doch selbst verantwortlich für dich und dein Leben.

Klar.

Womöglich, so spricht die Stimme weiter, sind die Männer ja dein Spiegel.

Ich gerate einfach immer an die Falschen.

Und das soll nichts mit dir zu tun haben?

Bingo. Da ist was dran.

Abwartendes Schweigen.

Dann – ich zögere –, dann sollte ich mich vielleicht erst mal um mich selbst kümmern, statt einen Liebeskummer an den anderen zu reihen? Mich selbst erforschen und heilen, wo nötig?

Wäre eine Möglichkeit, sagt die Stimme.

Also gut, mache ich. Versprochen. Gleich morgen fang ich an.

4

Ich steige aus

Am nächsten Morgen ging ich wie gewohnt arbeiten, am übernächsten ebenso und an allen folgenden auch. Ich arbeitete viel, und abends und an den Wochenenden ging ich aus und tanzte mir die Seele aus dem Leib. Ein Vierteljahr später saß ich statt auf meinem Sofa vor dem kleinen Straßencafé unten an der Ecke. Es war Frühling, und die Situation hatte sich kein bisschen geändert.

Ich hab immer noch Sehnsucht, sage ich zu der Stimme in mir.

Ich weiß, sagt die Stimme. Und?

So kann es nicht bleiben, stelle ich zum hundertsten Mal fest und beobachte die Passanten, die mit vollgepackten Einkaufstüten vorbeihasten. Meine Sehnsucht will was anderes. Ich will was anderes. Das Leben kann doch nicht darin bestehen, in diesem Dreieck herumzurennen: von der Wohnung in die Arbeit ins Café in die Wohnung in die Arbeit … Wie soll ich da jemals finden, was ich brauche?

Aber was brauchst du überhaupt?

Die Frage ist berechtigt.

Vielleicht muss ich gerade das erst herausfinden. Das Leben an sich zu hinterfragen macht ja schon mal Sinn. Auf jeden Fall hab ich keinen Bock, blind einer Schafsherde zu folgen.

Weißt du was?, sagt die Stimme in mir, mach Urlaub! Danach schau weiter.

Eine sehr gute Idee. Und vorher werde ich Oma besuchen.

In Hilden laufe ich als Erstes in den Garten, zum Magnolienbaum. Er hat die geheimnisvolle Kraft aus meinen Kindertagen nicht verloren. Unter ihm spüre ich, wie ich ruhiger werde und wie Körper und Seele, die einander verloren haben, wieder zusammenfinden. Am nächsten Tag besuche ich die Muttergottesstatue in ihrer Grotte. Ich lasse meine Gedanken schweifen und sehe mich wieder als kleines Mädchen auf der Bank sitzen und auf Oma warten. Die Maria schaut freundlich wie damals. Mach ruhig, scheint sie zu sagen. Du wirst es schon finden.

Wie kann ich finden, wenn ich nicht weiß, was ich suche?

Immerhin weißt du, was du nicht willst. Sagt die Stimme in mir, oder ist es Maria? Egal.

Was ich nicht will, ist das Hamsterrad, erkläre ich der Maria. Du kennst das nicht, aber es bedeutet, immer dasselbe zu tun. Tagaus, tagein, Woche für Woche, Monat für Monat, Jahr für Jahr. Mit der Zeit wird das Rad immer schmaler, als ob die Gitterstäbe auf dich zukommen, du hast immer weniger Platz, und wenn es noch lange so weitergeht, wirst du erdrückt und kannst dich überhaupt nicht mehr bewegen. Und allein bist du noch dazu.

Dann steig doch aus.

Stille. Auf einmal merke ich, wie still die Kirche ist.

Was hast du gesagt?

Die dunkle Muttergottesstatue schweigt. Wahrscheinlich hat sie gar nichts gesagt. Ich muss es selbst gewesen sein.

Steig aus.

Einfach so?

Na gut, ein bisschen Vorbereitung sollte schon sein. Aber du bist doch nicht dumm. Dir fällt schon was ein.

Der Impuls kommt kurz darauf im Urlaub – und wie so oft kommt er durch äußere Umstände. Ich liege mit einer Kollegin in Thailand an einem von Vitalität pulsierenden Beach, es ist heller Mittag, die Sonnenstrahlen glitzern auf dem Wasser. Lachen um uns herum, Wärme. Plötzlich kann ich tief durchatmen. Ich fühle mich befreit und spüre mich endlich wieder. Und da kommt es erneut, erst ganz leise und dann immer deutlicher, als Bild, als Gedanke und zuletzt als Entschluss: Ich tu's wirklich. Ich wandere aus. Ich werde nach Hause gehen und genug Geld auf die Seite legen, um mindestens für ein halbes Jahr in Thailand zu leben.

»Ich mach das«, sage ich am selben Abend zu meinem Spiegelbild im Hotelbadezimmer. »Glaub mir!« Wer will mich auch aufhalten außer meinen eigenen Zweifeln und Ängsten? Aber ich will mutig sein. Mut ist die Überwindung der Angst.

Aus dem muschelverzierten Rahmen lacht mir mein Gesicht entgegen. Lebendig und abenteuerlustig sieht es aus.

Nach meiner Rückkehr begann ich zu sparen. Als ich genug beisammenhatte, kündigte ich – zum Entsetzen aller. Wie konnte man einen so guten Job aufgeben und ins Ungewisse gehen? Das fragte ich mich auch, als ich endlich im Flugzeug saß. Doch in Thailand lief es einfacher als gedacht – als ob alles so hätte sein sollen. Auf den Märkten von Ko Phangan beobachtete ich andere Aussteiger, wie sie aus Silber und

Edelsteinen Schmuck herstellten und an die Touristen verkauften. Ich hielt Augen und Ohren offen und erhaschte Adressen in Bangkok und auf Bali, wo es gute Steine gab. Schon bald stellte ich selbst Halsketten, Armbänder, Ohrgehänge und Ringe her und verkaufte sie. Ich nahm viel ein und war stolz: Nie zuvor hatte ich so unmittelbar von meiner eigenen kreativen Arbeit gelebt – nur mir selbst verantwortlich und ohne Anweisungen eines Vorgesetzten.

Draußen dämmert der Abend. Ich sitze auf dem Bett in meiner kleinen Pension und kaue am Bleistift. Wie schnell ein halbes Jahr vorübergeht! Nächste Woche fliege ich zurück nach Europa. Aber nicht für lange. Ich habe es durchgerechnet: Wenn ich ein Dreivierteljahr in Asien bin und Schmuck und Handarbeiten sammele, kann ich alles den Sommer über auf Märkten in Süddeutschland und der Schweiz verkaufen. Das bringt genug ein. Die Leute reißen mir die Sachen ja hier schon aus den Händen. Bestimmt hab ich auch für meine Wohnung und die Versicherungen noch Geld übrig. Die Versicherung muss sein, unbedingt.

Ich lege den Bleistift beiseite und kuschele mich in meine Decke. Da in der Zimmerecke steht der große Koffer schon fertig gepackt. Er ist bis obenhin voll mit Schmuck und schön gemusterten Tüchern. Und zu Hause warten die Pakete, die ich vorgeschickt habe. Ich werde schwarzen Samt für meinen Verkaufstisch besorgen, damit der Schmuck gut zur Geltung kommt. Es wird viel Spaß machen, ganz sicher.

Jetzt ist es draußen ganz dunkel geworden. Ich zünde eine letzte Kerze an. Wie schön mein Leben wird! Ich werde frei sein zu reisen und von niemandem abhängig sein. Niemand wird mir sagen, was ich tun oder lassen soll, und ich muss keine fremden Erwartungen erfüllen. Ich darf ganz ich selbst sein.

Noch lange schaue ich an diesem Abend in die Flamme. Als ich sie schließlich auspuste, bin ich von großer Dankbarkeit erfüllt.

Mein Plan ging auf. Jedes Jahr im Sommer besuchte ich die Märkte in Süddeutschland und der Schweiz, und die übrige Zeit reiste ich durch Asien und Amerika, machte Schmuck und kaufte Handarbeiten. Sehr bald erweiterte ich mein Geschäft und ließ in Indonesien aus einheimischen Stoffen nach meinen Vorstellungen Blusen, Westen, Röcke und Pluderhosen schneidern. Ich wurde eine Globetrotterin und Unternehmerin. Nach kurzer Zeit besaß ich überall auf der Welt Freunde. Sie gaben mir das Gefühl, zu einer großen Familie zu gehören, denn sie waren zuverlässig, lustig, ebenso lebenshungrig wie ich und eingebettet in ein blindes Gottvertrauen. Das Leben schien uns einfach zu tragen, und wir surften auf seinen Wellen.

War es das, wonach ich gesucht hatte?

In den ersten vier, fünf Jahren meines Wanderdaseins stellte ich mir diese Frage nicht. Ich genoss die Freiheit und Unabhängigkeit und sog alles Neue auf, das mir unterwegs begegnete. Und da ich niemandem verpflichtet war, konnte ich auch meinem Bedürfnis nach Rückzug nachgeben, so oft ich wollte. Einsame Strände gab es genug. An einem von ihnen, auf einer thailändischen Insel, baute ich mir schließlich mit Hilfe von Freunden eine Hütte, die ich regelmäßig aufsuchte. Hier lebte ich ganz allein für mich, saß tagsüber unter einem Sonnenschutz aus Palmblättern, arbeitete an meinem Schmuck und sah lange Zeit niemanden. Meist ging dem eine emotionale Krise voraus – die vielen Begegnungen und Erlebnisse erschöpften mich. Wenn ich allein sein konnte, kehrte die Fülle meiner Fantasien und Gefühle in mein Herz zurück.

So vergingen ein paar Jahre.

Dann veränderte sich etwas – unmerklich zunächst. Immer öfter suchte ich meinen einsamen Strand auf, die Aufenthalte dort wurden länger und länger. Irgendwann wurde mir bewusst, welche Richtung ich eingeschlagen hatte: dass ich die Welt nur noch mied. War mein Leben etwa so gedacht? Die alten Fragen nach dem Sinn und Ziel meines Daseins stiegen wieder auf. Mir schien, als wären sie nun erst drängend genug, um sich wirklich mit ihnen auseinanderzusetzen. Oft saß ich jetzt unter meinem Sonnenschutz, schaute aufs Wasser und argumentierte mit mir selbst.

Ich werde zur Einsiedlerin hier.

Ja, und? Es gäbe schlechtere Orte dafür. Andere arbeiten hart für so etwas und werden diese Freiheit nie erfahren. Du bist doch gern allein.

Schon.

Aber?

Ich weiß nicht. Ich fühle mich hier wie in einer Sackgasse.

Denk an das Gipsbett. Denk daran, wie frei du jetzt bist.

Bumms, schon kommen die Tränen. Denn wenn ich ans Gipsbett denke, dann denke ich an Oma. Dann vermisse ich ihre Hände, die mir über den Kopf streicheln, und ihre tiefe, ein wenig raue Stimme: »Komm, Kind, ist nicht schlimm. Kriegst ein Klümpchen.«

Meiner Großmutter hab ich vertraut wie niemals wieder einem Menschen.

Genau, sagt die Stimme in mir. Und jetzt vertraust du dir selbst. Das ist so, wenn man erwachsen ist.

Ich antworte nicht, schaue nur aufs Meer hinaus. Aus meinen kleinen Lautsprechern erklingt Café del Mar. Wie paradiesisch es hier ist! Ich muss verrückt sein, mich nach etwas zu sehnen.

Aber ich sehne mich. Und meine Sehnsucht hat mit dem Vertrauen zu tun, das mir fehlt. Ich kann mich noch so sehr zurückziehen und die einsamsten Orte aufsuchen – wenn ich es nicht spüre, dieses Urvertrauen, dass ich geleitet und geschützt bin, dann kann ich nirgends bleiben.

Dann musst du eben weggehen von hier. Weitergehen, noch mehr Erfahrungen machen. Lernen, bist du's gefunden hast, das Vertrauen.

Warum denn fortgehen? Die Sehnsucht kommt doch immer mit. Und außerdem – wohin sollte ich überhaupt?

Na ja, sagt die Stimme. Überleg mal, wo du noch nicht warst.

Das sitzt. Sie muss den Namen gar nicht aussprechen, ich weiß auch so, was sie meint.

Indien.

Kommt gar nicht in Frage. Ich bin doch nicht lebensmüde.

Was hast du zu verlieren?

Stille.

Ich krabbele unter meinem Sonnenschutz hervor und gehe ein Stückchen ins warme Meer hinein. Weich gibt der Sand unter meinen Fußsohlen nach. Am Horizont erscheint jetzt eine kleine Wolke. Bis hierher schafft sie es nicht, sie wird sich unterwegs wieder auflösen. Ich lege mich aufs Wasser und lasse mich treiben.

Indien! So viel bin ich schon gereist, so viele Länder habe ich gesehen. Aber um dieses habe ich stets einen Bogen gemacht. Ich habe es gemieden, weil mir mulmig wird, wenn ich nur daran denke. Vor Indien verspüre ich einen unglaublichen Respekt, ja sogar ein wenig Angst. Und doch lausche ich stets gebannt, wenn andere davon erzählen – von der heiligen Energie, die es verströmt, von den Wüsten und Bergen, den Wassern und Tempeln. Immer höre ich atemlos zu. Aber nie habe ich es gewagt, selbst dorthin zu reisen.

Warum jetzt auf einmal?

Es wäre die größte Erfahrung. Der härteste Prüfstein. Aber vielleicht brauche ich ihn, um wirklich Ernst zu machen. Um an den Grund meiner Seele zu gelangen und dort endlich zu finden, was ich suche: Vertrauen. Und Liebe.

Ich bin mutig, ich bin mutig, so begleitet mich das Mantra, als ich aus dem Meer steige und mich auf den heißen Sand lege.

Am nächsten Tag packte ich in Windeseile meine Sachen, fuhr mit dem nächsten Schiff ans Festland und buchte einen Flug. Ich hatte mich genug ausgeruht.

5

Indien

Es ist, als schlage mir jemand einen heißen Waschlappen ins Gesicht, als ich in Delhi aus dem Flugzeug steige. Ich schnappe nach Luft, bewege mich die Gangway hinunter und dränge mich durch die Menge, die Richtung Ausgang treibt. Mein Herz klopft wie wild. Ein Alptraum, dieser Körperkontakt mit so vielen Menschen! Noch kann ich nicht glauben, dass ich in Indien gelandet bin. Diese Hitze und der Tumult, das Chaos aus Lärm und Gerüchen, es bringt mich komplett durcheinander. Doch ich muss mich konzentrieren: Gepäck holen, Taxi suchen. Und vor allem schaue ich besser auf den Boden, um nicht in eine der unzähligen Lachen aus Undefinierbarem zu treten.

Am Ausgang verhandle ich erfolgreich mit einem der Taxifahrer, die auf mich zustürmen, und lasse mich in sein klappriges Gefährt fallen, das ungefähr so gut erhalten ist wie seine lückenhaften Zahnreihen. Sofort überfluten mich indische Musik und der Duft von Räucherstäbchen. Ringsum kleben Heiligenbilder – langhaarige, bärtige Männer lächeln sanft von Fotos herunter, und gemalte Göttergestalten in kunstvollen Posen blicken mich aus großen Augen an. Blumengirlanden schaukeln vor meiner Nase hin und her. Ich schaue an ihnen vorbei auf das Chaos da draußen: Autos, Lastwagen, Töffs, Fahrräder, Rikschas, dazwischen riesige weiße Kühe, die Karren ziehen, und Menschen, die in aller Ruhe die vierspurige Straße überqueren. Viele balancieren Säcke oder Körbe auf dem Kopf oder tragen Kinder unter dem Arm. Und immer wieder sehe ich Bettler in Lumpen und mit amputierten Gliedmaßen, die ihre Hände nach den Vorbeigehenden ausstrecken. Wie überleben sie nur?

Tränen schießen mir in die Augen – wegen der Bettler und weil ich plötzlich Angst bekomme, dass ich hier verlorengehe. Habe ich meine Entscheidung, nach Indien zu gehen, zu hastig getroffen?

Nein, versuche ich mich zu beruhigen. Sie hat sich lange angebahnt – in den Jahren des Umherreisens und des allmählichen Rückzugs. Es stimmt, ich habe mir meine physische Freiheit erarbeitet. Aber ich spüre, dass sie leer ist ohne das andere, das ich im Außen nicht gefunden habe – ohne das Urvertrauen, das mich stabiler und gelassener macht. Und dass sie beliebig bleiben wird ohne die Liebe. Vertrauen können und lieben dürfen. Darauf will ich mich in Indien mehr konzentrieren. Es ist richtig, dass ich hierhergekommen bin – in dieses Land mit seiner gewaltigen spirituellen Energie. Und ich habe alle Zeit der Welt.

So spreche ich mir während der langen Fahrt vom Flughafen Mut zu und entspanne mich allmählich. An einer Straßenecke in Delhis Hippie- und Globetrotterviertel Pahar Ganj steige ich aus. Sofort werden sämtliche Gedanken über den Sinn meiner Reise von der einen Feststellung verdrängt: Es stinkt! Es stinkt entsetzlich hier. Ich atme flach, kämpfe mich aus der Dunstzone hinaus und steuere dann den nächsten Eingang an, der nach Hotel aussieht. Drinnen hockt ein fetter Mann mit opulenten Fingerringen hinter einer Holztheke. Er war soeben im Begriff, Räucherstäbchen zu entzünden. Nun mustert er mich und ich ihn. Sein weißes Hemd hat es nicht ganz bis auf den Hosenbund geschafft. Plötzlich, wie aus dem Nichts, erscheint ein strahlendes Lächeln: »Oh yes, Madame, welcome in my hotel. You like one room?«

Das ging ja schnell.

Hinter dem Mann erklimme ich eine steile Treppe. Kurz ist mir wieder mulmig zumute, doch oben angekommen, keucht der Hausherr auf eine türkisfarbene Tür zu. Dahinter befinden sich ein Doppelbett, ein Holztisch mit Spiegel und, als Hochglanzposter an der Wand, Gott Shiva mit seiner Parvati, von Blumengirlanden umrandet. Die Dusche riecht nach Chlor, und das Plumpsklo am Boden scheint eine Herausforderung zu sein.

Frisch geduscht stehe ich kurz darauf am geöffneten Fenster und schaue eine ganze Weile auf die belebte Gasse dort unten, die in der nun einsetzenden Dämmerung wirkt wie ein beleuchteter Basar. Dann spüre ich meinen Hunger. Ich muss dringend etwas essen, bevor ich schlafen gehe. Also bleibt mir nichts, als mich in das Gewimmel aus Menschen, Tieren, Rikschas und Holzkarren da draußen zu begeben.

Übermüdet und glücklich kehre ich Stunden später ins Hotel zurück, bepackt mit Wasser, Früchten, Nüssen, indischen Süßspeisen und natürlich Räucherstäbchen. Gleich im ersten Chai-Shop habe ich Bekanntschaft mit ein paar Italienern geschlossen, die mich auf meine Bitte um Tipps mit Informationen überschütteten. Dankbar schrieb ich alles mit: die Namen der Ortschaften und Tempel, der Berge und Wüsten, wo ich Silber und Steine für meine Schmuckherstellung finde und wo es die abgedrehtesten Partys gibt. Am schönsten aber ist, dass ich Susanne aus München kennengelernt habe. Sie scheint so ähnlich zu ticken wie ich, hat mir gezeigt, wo es im Viertel die wichtigsten Dinge zu kaufen gibt, und sich mit mir für morgen auf einer Dachterrasse verabredet, die märchenhaft sein soll.

Beim Zubettgehen danke ich meinem Schutzengel für diesen Abend. Ich fühle mich auf einmal sehr geborgen.

Als ich mich am nächsten Morgen aufsetze, fällt mein Blick auf ein offenes Fenster, in dem ein Sikh seine Haare für den Turban richtet. Wow! Ich ertappe mich beim Starren. Was für eine Erscheinung, wie ein Prinz aus Tausendundeiner Nacht!

Wieder am Fenster stehend, sehe ich die Gasse von gestern in der Morgendämmerung liegen. Die Geschäfte haben geschlossen, alle Rollläden sind heruntergelassen, nur im Chai-Shop sitzt ein orange gekleideter Mann und schlürft seinen Tee. Neben ihm kaut eine weiße Kuh, seltsam bemalt und mit einem Blütenkranz geschmückt, in Seelenruhe ihr Frühstück. Es besteht aus Papierabfällen. Irgendwie mystisch wirkt diese Szene, zu der, so fällt mir ein, ja auch ich an meinem Fenster gehöre. Der Mann in Orange, die heilige Kuh und ich, die Europäerin – alle drei begrüßen wir soeben diesen neuen Tag, jeder auf seine Weise.

Das Scharren eines Besens reißt mich aus meinen Gedanken. Eine Frau in blaugemustertem Sari kehrt die Abfälle von der Gasse in irgendeine Ecke und verschwindet wieder. Mein Blick fällt auf einen Wust aus Leitungen, die sich in alle Himmelsrichtungen erstrecken, um einige Meter weiter in einem

Knäuel aus Drähten und Kabeln zu enden. Langsam kommt draußen Leben in die Gasse. Scheppernd öffnen sich die Rollläden. Die ersten Händler ziehen ihre Holzkarren mit Gemüse, Früchten und anderen Waren hinter sich her. Immer mehr Menschen bevölkern jetzt die Gasse, und auch die Bettler nehmen wieder ihre Plätze ein. Rasch greife ich meine Lota, die ich am Vorabend gekauft habe, ein Kupferkrug, mit dem ich ein Kilo Joghurt holen kann. Einen Lassi-Stand habe ich gestern irgendwo gesehen, den will ich jetzt aufsuchen.

Vor dem Hotel begrüßt mich die Sonne, und ich spüre, wie mein Herz sich öffnet. Mit bedeutend mehr Elan als gestern Abend beschreite ich jetzt die Gasse, weiche intuitiv jedem Hindernis aus – und sehe plötzlich meinen Märchenprinzen aus Tausendundeiner Nacht mit Turban und blauer Schürze hinter einem Gemüsestand wieder. Innerlich grinse ich über die Romantikerin in mir. So füttert man Illusionen.

»In Indien findest du alles.« Vorsichtig stellt Susanne ihr Teeglas ab. Wir schweigen für einen Moment und genießen den Ausblick. Diese Dachterrasse hoch über den Dächern von Pahar Ganj ist eine Insel der Ruhe – mit Rattansofas unter weißen Baldachinen und umweht von bunten Tüchern. An den Wänden hängen Heiligenbilder, und vor einem Hausaltar verrichtete der Besitzer soeben seine Puja, sein Morgengebet, als ich die Terrasse betrat. In der Ferne drang die Sonne durch den aufsteigenden Smog, vom Gebetsschrein her breitete sich der Duft von Räucherstäbchen aus, und dazu erklang Bob Marley. Ich war total geflasht. Susanne räkelte sich schon auf einer Liege, und ich tat es ihr gleich.

»Alles?«, wiederhole ich jetzt ihr letztes Wort.

»Es kommt ganz drauf an, was du möchtest.« Sie wendet den Blick vom Panorama ab und schaut mich forschend an.

»Mal sehen«, sage ich leichthin. »Wo der Weg mich hinführt.«

Susanne nickt und streicht sich eine hellbraune Strähne aus dem Gesicht. Gestern Abend mochte ich sofort ihre offene Art und die Begeisterung, mit der sie über Indien sprach. Ich erzähle ihr von dem Mann in Orange. »Ein Mönch, oder?«, frage ich.

»Man nennt sie Sadhus. Sie haben ihr Leben Gott verschrieben und sind ganz auf Almosen angewiesen.«

Mehr Vertrauen geht wohl nicht. An diesen Leuten könnte ich mir ein Beispiel nehmen. Halt, nein, Sabrina, bremse ich mich selbst, das ist die Fortgeschrittenenklasse. Nichts für dich.

»Stell dir vor, Susanne«, ich nippe an meinem Chai, »stell dir vor, du wachst morgens auf und weißt nicht, ob du heute zu essen bekommst.«

»Irgendjemand gibt ihnen immer was.«

»Aber wissen können sie es nicht mit Sicherheit.«

»Ich glaube, sie wissen es. Irgendwie schon.«

»Sie glauben einfach dran«, sage ich. »Vielleicht, weil sie selbst auf Besitz verzichten. Da denken sie, dass ihre Haltung sich auf die Menschen überträgt, denen sie begegnen. Wie eine Art Resonanz.«

»Das klingt jedenfalls schön.« Susanne hebt zweifelnd die Schultern. »Mir ist ein Geldpolster aber lieber.«

»Wovon lebst du?« Das habe ich sie gestern gar nicht gefragt.

»Ich verkaufe Saris und Lederwaren, vor allem Schuhe.«

Eine freie Geschäftsfrau, wie ich. Das hätte ich mir denken können. Wir beginnen, Erfahrungen auszutauschen. Susanne verkauft ihre Waren vor allem in Goa und an anderen Touristenorten. Gespannt höre ich ihren Erzählungen zu und berichte ihr auch von meinen Reisen. Beim Abschied Stunden später beschließen wir, uns wiederzusehen.

»Ciao, Bella!« Um ihre Augen kräuseln sich Sonnenfältchen.

»Ciao.« Wir umarmen uns und müssen lachen: Susanne ist fast genauso groß wie ich. Auch das verbindet uns also.

Ich lehne mein Fahrrad an eine Hauswand, deren Putz in großen Stücken abgeplatzt ist. Seit sechs Uhr bin ich unterwegs auf der Suche nach guten Steinen, inzwischen steht die Sonne sengend am Himmel. Durch unzählige Gässchen und Hinterhöfe bin ich schon gestreift, enge, steile Treppen bin ich hinaufgestiegen, um oben an Holztüren zu pochen. Manchmal mit Erfolg, manchmal ohne.

Wieder klopfe ich und horche. Stille. Nein, jetzt nähern sich schlurfende Schritte. Die Tür öffnet sich, und ein grimmiges Gesicht kommt zum Vorschein.

»What do you want?« Die Verhandlungssprache ist Englisch.

»Haben Sie Steine?«

»No, Misses.«

»Sie haben welche, das weiß ich.« Aufs Geratewohl nenne ich den Namen eines anderen Händlers. Siehe da, die Tür öffnet sich etwas weiter, und ich darf eintreten. Durch mehrere kleine Räume geht es, in denen jeweils ein Mann damit beschäftigt ist, Steine zu bearbeiten: Der eine sägt, der andere schleift, der dritte bohrt … Die Luft ist voller Staub. Im letzten Raum liegen Matratzen am Boden, in der Mitte steht ein Tisch. Wir lassen uns nieder, und das Ritual beginnt.

»Was möchtest du?«

»Ich brauche Lapislazuli, gute Qualität, mit Loch. Scheiben und Kugeln.«

»One second, Misses.«

Der Großhändler verschwindet, und ich warte. Jemand bringt mir zuckersüßen Chai. Dann kommt der Mann zurück, in der Hand ein großes Bündel. Wumm! Er lässt es auf den Tisch fallen und schlägt die vier Enden zurück.

Lapislazuli! Kleine, große, in unterschiedlichen Blautönen und verschiedenartig geformt. Ich nehme einen, reibe ihn zwischen den Fingern. Er ist gut geschliffen. Aber stimmt die Qualität? Behutsam lege ich den Stein zurück und greife nach einem bereitliegenden Hammer. Ein Schlag, und der Stein ist zerbröselt. Er war aus Pulver gepresst.

»Was fällt dir ein?« Der Grossist ist außer sich. »Das musst du bezahlen!«

»Kein Problem.« Langsam ziehe ich ein dickes Bündel Geldscheine aus der Tasche. Die Augen des Mannes beginnen zu funkeln. Jetzt weiß er, dass ich Geld habe.

»One second.« Er verschwindet wieder und kehrt mit einem neuen Bündel zurück. Diesmal ist es gute Ware.

Und jetzt beginnt das zweite Stadium: die Verhandlung. Wenn sie, viele Stunden und zahllose gesüßte Chais später, beendet ist, werden wir alles voneinander wissen: Welches Sternzeichen wir haben und was es uns bringen wird, welche Krankheiten in unserer Familie vorgekommen sind – »Ach, du bist nicht verheiratet?« – und was wir sonst so gemacht haben im Leben. »Und wie viel Kilo wolltest du noch mal?« Es wird sich herausstellen, dass ihm ein Pfund Steine fehlt, dass er es jedoch – »no problem« – binnen zwei Stunden besorgen wird. Ich solle einfach warten. Zum Schluss werde ich, kurz vor einem Zuckerschock, mit zwei Kilo schönstem Lapislazuli die steile Holztreppe hinuntersteigen, nachdem wir uns in einem lautstarken Streitgespräch auf einen Preis geeinigt haben. Und wir werden beide zufrieden sein.

Ich mag diese Expeditionen, das Verhandeln, dieses Hin und Her. Es ist wie ein Spiel. Ich beherrsche die Regeln und liebe es, wenn die Händler merken, dass sie mir nichts andrehen können. Siehst du, Oma, deine Enkelin ist die geborene Geschäftsfrau. Wenn auch anders, als du es dir jemals hättest träumen lassen.

Zwei Wochen später packe ich alle Steine und meine andere Habe sorgfältig ein. Auf dem Bett liegen immer noch die Zettel von gestern. In einem Vertrauensspiel mit meinem Schutzengel habe ich sie mit Ortsnamen beschriftet, gemischt und blind einen herausgegriffen. Womit beschlossen war: Pushkar, eine kleine Stadt am Rande der Wüste Rajasthans, wird mein nächstes Ziel sein.

Zum letzten Mal sitze ich an diesem Abend im Chai-Shop und beobachte das Treiben auf meiner Gasse. Zwischen den Einheimischen, die ihren Beschäftigungen nachgehen, laufen ungepflegte Hippies und Rucksacktouristen herum. Weder mit den einen noch mit den anderen kann ich mich identifizieren. Plötzlich fühle ich mich einsam inmitten dieser Menge. Bin ich vielleicht eine verlorene Seele? Gehöre ich nirgendwohin?

Warte doch mal ab, sagt die Stimme in mir. Du bist gerade erst losgegangen.

Das stimmt. Dieses Land ist so groß, und ich kenne praktisch nichts davon. Was hatte ich erwartet? Dass ich lande und mir jemand sagt: Willkommen, liebe Sabrina, wir haben auf dich gewartet, bleib bei uns und fühl dich zu Hause – ach ja, und den Sinn des Lebens haben wir auch für dich vorrätig, da hinten links in dem Buch, du brauchst nur nachzulesen?

Tschuldige, sag ich zu der Stimme oder zu mir selbst. Ich bin einfach etwas überdreht. Es war sehr viel in den letzten Wochen.

Die Antwort kommt prompt: Gönn dir etwas Ruhe.

Mach ich. In Pushkar.

Mit der Rikscha fahre ich zum Busbahnhof und lande in einer langen Schlange vor dem Ticketschalter. Als ich an die Reihe komme, ist mein Bus längst weg. Mit so etwas muss man in Indien rechnen. Nun sitze ich in der Nähe des Bahnhofs auf einer Bank, versuche den Uringestank zu ignorieren, der hier überall in der Luft hängt, und warte auf den Morgen. Stundenlang starre ich auf das Chaos ringsum, und Leere macht sich in mir breit. Schließlich werden mir die Augen schwer. Ich nicke ein, die Arme um mein Gepäck geschlungen.

Eine Erschütterung weckt mich. Neben mir lässt sich eine überdimensionale Frau im Sari auf die Bank fallen. Unsere Blicke treffen sich, doch ich bin schlaftrunken, bringe kein Wort heraus. Die Frau ist üppig mit Schmuck behängt, sie glänzt wie ein Weihnachtsbaum.

»Why are you so skinny?«

Fragt sie mich jetzt wirklich, warum ich so schlank bin?

»Ähem, because I'm not so hungry.«

»Kannst du dir nichts Anständiges zu essen kaufen?«

»Oh nein, ich habe keine Geldprobleme.«

»Schau«, sagt sie, »ich bin sehr reich.« Sie zeigt auf ihren unübersehbaren Umfang. Drei Speckrollen zwängen sich unten aus ihrer kurzen Bluse, und darüber thront eine Oberweite, die jede Trägerin von Brustimplantaten vor Neid erblassen ließe.

Sie lächelt. »Weißt du, in Indien zeigt man seinen Reichtum, indem man was auf den Knochen hat.«

»Dann sind Sie wohl sehr reich?«

»Allerdings.«

»Und ich bin in den Augen der Inder sehr arm?«

Sie nickt.

Nun gut, wenn es weiter nichts ist. Da schnippt die Frau mit ihren prallen beringten Fingern in die Luft, und ein kleiner Chai-Verkäufer eilt herbei, um uns Tee zu reichen. Sie bezahlt und sagt etwas auf Hindi zu dem Jungen. Er verschwindet und kehrt sogleich mit vier Zeitungstüten zurück, darin Samosas und Pakoras, gefüllte Teigtaschen.

»Iss«, sagt die dicke Frau und drückt mir eine in die Hand. Ich will nicht unhöflich sein und nehme an. Wir unterhalten uns, und ich erfahre, dass sie nach Chandigar zu ihrer Schwester reist, die gerade ein Baby bekommen hat. Zum Abschied gibt mir meine Banknachbarin freundlich Anweisungen darüber, wie eine Frau sich in Indien verhalten sollte. Mit meiner lässigen Kleidung entspreche ich wohl nicht ihren Vorstellungen von einer Lady, wahrscheinlich sieht sie eine Herumtreiberin in mir. Ich kann es ihr nicht mal verübeln.

Der Bus nach Pushkar hat Holzbänke. So werde ich für die nächsten Stunden ordentlich durchgeschüttelt. Doch das vergesse ich, als die Landschaft im Rosa der Morgendämmerung zu leuchten beginnt. Ich schaue durchs Busfenster, und mein Blick verliert sich in der Weite.

Etliche Stunden später fahren wir durch einen mittelalterlichen Torbogen nach Pushkar hinein. Mühsam erhebe ich mich von meiner Holzbank und denke an die reiche Inderin im Busbahnhof von Delhi. Für sie wäre diese Fahrt kein Problem gewesen. Mein Hintern und Rücken jedoch fühlen sich grün und blau an.

6

Bei Anuva Baba

Ich finde ein Zimmer, das auf einen Innenhof mit Blumenbeeten und Palmen hinausgeht. In der Mitte des Hofs steht ein Zierbrunnen mit einer Frauenskulptur, das Wasser fließt zärtlich über ihre ausgestreckte Hand.

Eine Woche lang erkunde ich von hier aus die Stadt. Immer frühmorgens verlasse ich die Pension, um die Frische des neuen Tages in mich aufzusaugen. Ich laufe durch die noch leeren Straßen, und mein Herz springt vor Glück. In diesen Momenten will ich nirgendwo anders als in meinem eigenen Körper stecken.

Die Tage sind angefüllt. Ich knüpfe geschäftliche Beziehungen zu kleineren Handarbeitsshops, die mir unterstützenswert erscheinen, und halte zwischendurch stets aufs Neue inne, um diese Umgebung zu genießen, die wirkt wie aus Tausendundeiner Nacht. Jeden Abend gehe ich an den Pushkar-See, an dem viele Kultstätten zu finden sind – ein idealer Platz, um still zu werden.

Es ist später Nachmittag. Ich sitze auf den Treppenstufen des weißen Tempels, die hinunter ans Wasser führen. Von hier aus eröffnet sich ein traumhafter Blick auf die Bergkette in der Ferne. Mehr und mehr zieht es mich dorthin. Diese Berge wirken so hoheitsvoll, sie strahlen Stärke und Ruhe aus.

Unten am Ufer steigen ein paar Pilger ins Wasser. Ein Bad in diesem See, so heißt es, soll von der Schuld reinigen, die man im Leben aufgehäuft hat. Dafür kommen die Menschen von weither – sogar aus dem Himalaja.

Von meiner Treppenstufe aus beobachte ich die Pilger – kleine bunte Flecken im sanften Blaugrau des Wassers. Es ist verboten, sie zu fotografieren, aber das fiele mir ohnehin nicht ein.

Zu gern würde ich auch ins Wasser steigen. Warum eigentlich? Warum will ich in diesen See? Fühle ich mich wegen irgendetwas schuldig?

Schuld. Ein dunkles, ein merkwürdiges Wort. »Und vergib uns unsere Schuld«, der alte Satz, unzählige Male in der Hildener Kirche gehört. Und Omas Worte, ausgesprochen an einem langen Samstagnachmittag, an dem ich heimlich vom Waffelteig genascht hatte, der doch für die Kränzchenschwestern bestimmt gewesen war. Sie hielt Mittagsschlaf, und der Teig duftete so lecker unter seiner Abdeckung, ich hatte nur einmal den Finger hineintauchen wollen. Doch dann war plötzlich die ganze Schüssel leer, und ich saß mit Bauchweh in meinem Baumhaus im Garten.

»Der liebe Gott, der sieht alles«, hatte Oma erst kurz vorher zu mir gesagt.

»Wenn ich Nase bohre, auch?«

»Ja, auch. Du wirst dir noch mal den Finger abbrechen.«

Das hatte ich mir gemerkt. Und Teigaufessen war bestimmt schlimmer als Nasebohren. Irgendwann trat ich den Rückweg in die Küche an, wo Oma mich mit hochrotem Gesicht empfing: »Wer war das?«

»Oma, ich war das.« Meine Stimme wurde ganz leise.

»Und wo bist du jetzt gewesen?«

»Draußen. In der Baumhütte. Weil ich so ein schlechtes Gewissen hab.«

»Was denkst du denn, woher das schlechte Gewissen kommt?« Sie ließ nicht locker.

»Ich hab doch den Teig aufgegessen.«

Oma schüttelte den Kopf. »Dein schlechtes Gewissen ist da, weil du nicht zu mir gekommen bist und gesagt hast, was du angestellt hast. Stattdessen hast du dich vor mir versteckt. Da hat dir der liebe Gott gesagt: Das macht man nicht, du musst was in Ordnung bringen.« Oma zog mich an sich. »Mausi, du kannst die nächsten zwei Wochen in deiner Baumhütte sitzen. Du kannst aber auch zu mir kommen und ehrlich sagen, was du gemacht hast. Dann ist das schlechte Gewissen nämlich gleich weg.«

»Bist du nicht mehr böse auf mich?« Ich versuchte in ihrem Gesicht zu lesen, hoffte, dass ihre Augenfältchen sich vertieften wie sonst immer, wenn sie mich anschaute.

»Kind, eine Strafe kriegt man nur, wenn man was gemacht hat und es dann nicht sagt.« Oma drückte mir einen Kuss auf die Stirn und stand auf. »So, nun lass uns schnell neuen Teig machen, damit wir nachher Waffeln haben.«

Mit welcher Erleichterung ich damals in die Speisekammer gerannt bin! Das schlechte Gewissen, so wusste ich seither, ist die Stimme, mit der Gott mir sagt: Bring es in Ordnung! Eine kindliche Gewissheit, die die Jahre überdauert hat.

Jetzt steigen die Pilger dort unten aus dem Wasser, es wird langsam Abend. Ich wickele mich fester in mein Tuch und schaue zu den Bergen hinüber. Hab ich was in Ordnung zu bringen? Diese Stürme, die manchmal in mir toben, und gerade dann, wenn es ruhig ist um mich, wie gehe ich mit ihnen um? Ich bin mir keiner Schuld bewusst. Aber vielleicht, wahrscheinlich, geht's auch nicht direkt um Schuld. Mehr um das Unerlöste. Um die Ängste, die Schmerzen, die am Grund meiner Seele liegen und wahrgenommen werden wollen, damit sie ihre Schrecken verlieren.

Sagen muss man's, hat Oma mir damals erklärt und dem kleinen Mädchen, das ich war, eine Last von der Seele genommen. Die Dinge aussprechen, dann ist es wieder gut.

Wenn ich was aussprechen will, muss ich erst mal hinschauen. Ich muss meine Ängste anschauen, meine Schmerzen und meine Sehnsüchte. Ihnen muss ich mich stellen und so die Struktur meiner Seele erkennen.

Es ist spät geworden. Langsam stehe ich auf und klettere die Tempelstufen empor. Ich glaube, ich werde zu diesen Bergen reisen.

Die Ebene zwischen Pushkar und den Bergen ist leicht zu durchwandern. Obwohl ich Flipflops trage, komme ich gut voran. Der Weg führt zwischen mageren Weideparzellen und Blumenfeldern mit Rosen und Tagetes hindurch. In den kleinen Siedlungen aus Lehmhäusern bin ich schnell von Frauen und Kindern umringt, die auf mich einreden. Die Frauen tragen bunte Saris und kiloweise Silberringe um Hals, Hüften, Arme und Fußgelenke. Sie tun mir leid, weil sie in dieser Hitze so viel mit sich herumschleppen müssen, doch ich weiß: Auf diese Weise zeigen sie ihren Wohlstand. Die meisten sind fast so groß gewachsen wie ich, jedoch weitaus stämmiger. Wenn sie mit Stöcken ihre Rinder vor sich hertreiben, wirkt es fast respekteinflößend.

In einem Dorf packt mich eine ältere Frau am Arm und zerrt mich in ihre fensterlose Lehmhütte. Ich lasse es geschehen, es erscheint mir ungefährlich. Innen sind die Wände schwarz vom Ruß, es dauert einige Sekunden, bis ich in der Dunkelheit etwas erkenne. Ein paar Frauen und Kinder sitzen um den Ofen herum. Ich bekomme Tee, und man bedeutet mir, dass ich bleiben solle. Warum auch nicht? Später zeigt meine Gastgeberin mir ihre Blumenplantage und die Kamele, und eine ihrer Töchter bemalt meine Rechte mit Henna. Die Farbe fühlt sich kühl an, und fasziniert beobachte ich, wie eine geöffnete Lotosblüte auf der Innenfläche meiner Hand bis hinauf zu den Fingerspitzen wächst. Es wirkt sehr feminin und erotisch.

Als die Männer von der Arbeit heimkehren, sitzen wir, nach Geschlechtern getrennt, vor dem Haus und essen. Ich tunke das Brot in die Speisen und freue mich an meiner hennageschmückten Hand. Plötzlich muss ich tief Luft holen. Mit welcher Selbstverständlichkeit mich diese Familie in ihren Kreis aufgenommen hat!

Nach dem Essen ziehen sich die Männer mit Trommeln, Handharfen und ihren Pfeifen unter einen Baum zurück. Sie machen Feuer und beginnen zu musizieren. Unter dem dunkelroten Abendhimmel verbinden sich die rhythmischen Klänge mit dem Duft der Pfeifen und des Räucherwerks zu einer geheimnisvollen Stimmung, der ich mich ganz überlasse. Die Gedanken in meinem Inneren kommen zum Schweigen. Auf einmal fühle ich mich eins mit allem, was um mich herum ist – mit den Menschen und der Natur, ja, auch mit dem Himmel über mir, und in meinem Herzen öffnet sich eine überwältigende Weite.

Müde und glücklich strecke ich mich später auf einem Holzbett aus und genieße den Widerstand der Liegefläche aus geflochtenen Kordeln. Heute werde ich unter freiem Himmel schlafen. Die Luft ist noch süß vom Pfeifenrauch und vom Räucherduft, und der Nachthimmel über mir trägt ein samtiges Schwarz, auf dem die Sterne wie Glitzersteine stehen. Nichts wollen, nichts müssen. Da sein im Moment. Das ist es. Mit diesem Gedanken, der nur halb gedacht und mehr ein Gefühl ist, schlafe ich ein.

Das Rufen der Pfauen weckt mich am nächsten Morgen, und ein kleines Mädchen bringt mir Tee. Dann steuere ich eine etwa hundert Meter entfernte Hütte an, in der man sich erleichtern kann. Als ich wie üblich auf dem Holzrand balanciere und über der Öffnung in die Hocke gehe, höre ich plötzlich ein lautes Grunzen. Ich schaue zwischen meinen Beinen hindurch in die Öffnung und erstarre beim Anblick einer dicken Schweineschnauze, die sich in meine Richtung reckt. In Panik verlasse ich das Klo. Der Anblick der Schweineschnauze wird mich noch lange verfolgen, auch wenn ich später erfahre, dass diese Form eines ökologischen Kreislaufs in Indien gang und gäbe ist.

Nach dem Frühstück verabschiede ich mich von der Großmutter und gebe ihr ein paar Rupien zum Dank für ihre Gastfreundschaft. Es wird Zeit, weiterzuwandern.

Immer näher rücken die Berge. Fast bin ich an ihrem Fuß angekommen, da gerate ich bei einem abseitsgelegenen Gehöft in eine Herde Ziegen, denen mein Rock zu gefallen scheint. Als ich noch versuche, sie abzuwehren, erklingt ein schriller Pfiff: Eine zierliche alte Frau in orangem Sari und mit Haaren in derselben Farbe fixiert mich. Die Ziegen lassen von mir ab, und langsam gehe ich auf die Frau zu, als eine zweite, jüngere aus dem Haus tritt. Sie setzt sich in den Vorhof unter einen großen Baum und lädt mich mit einer Handbewegung ein, zu ihr zu kommen. Vorsichtig gehe ich an der Frau in Orange vorbei, die ihren prüfenden Blick nicht von mir wendet.

»From where are you?« Ein Glück, die junge Frau spricht Englisch. Ich erzähle ihr von meiner Suche nach einer ruhigen Bleibe in den Bergen und erfahre, dass ihre Mutter Oona-Devi heißt und eine Sadhvi ist, ein weiblicher Sadhu. Nun verstehe ich, warum die alte Frau Orange trägt. Es ist die Kleiderfarbe der Sadhus. Und ich lerne von Ria, ihrer Tochter: Wenn in Indien die Kinder erwachsen sind, steht es den Eltern frei, zusammenzubleiben oder, wie Oona, jeder für sich den Weg der Gottsuche zu gehen. Trotzdem gibt es auch noch Oonas Ehemann, er arbeitet in einem anderen Dorf und kommt erst am Abend nach Hause.

Während dieser Unterhaltung hält die Sadhvi, die sich zu uns gesetzt hat, ihre grünen Augen weiterhin auf mich gerichtet. Schließlich lässt sie sich übersetzen, was ich Ria erzählt habe. Danach schaut sie etwas freundlicher, ich werde zum Tee eingeladen, und nun fragt die Mutter mich aus.

Wo ich her sei?

Aus der Schweiz.

Was ich hier wolle?

Einen ruhigen Platz, an dem ich nachdenken und meditieren könne.

Ob ich nicht verheiratet sei und Kinder habe?

Nein, kein Ehemann, keine Kinder.

Ria übersetzt, und Oonas Augenbrauen wandern nach oben.

Warum nicht?

Ich suche nach einer Antwort, doch bevor ich etwas sagen kann, hebt die alte Frau plötzlich ihre Hand und presst sie an meine Brüste. Ich fahre zusammen und lehne mich weit zurück. Was soll das?

»Nur ein Test«, lacht Ria beschwichtigend. Oona wolle wissen, ob ich mich überhaupt zur Ehefrau und Mutter eigne. Und ob ich eine Gefahr für das männliche Geschlecht darstelle.

»Und?«

»Nicht geeignet, glaube ich.«

»Aha, und warum?«

»Deine Brüste sind zu klein, und du bist zu frei.«

Ich muss laut lachen. Eine merkwürdige Art, das herauszufinden, denke ich. Aber es stimmt: Meine Freiheit geht mir über alles. Noch ahne ich nicht, dass mir dieser Test den Zugang zu einem der schönsten Plätze Rajasthans verschaffen wird.

»Wir wissen einen Raum für dich, wo du dein Yoga machen kannst«, sagt Ria jetzt und lädt mich ein, über Nacht zu bleiben.

Am nächsten Morgen kämpfe ich mich hinter Oona über steiles Geröll den Berg hinauf zu einem winzigen hinduistischen Kloster. Ein weiser Mann lebt dort, der seit zwölf Jahren nicht gesprochen hat – eine selbstauferlegte Buße. Oonas Familie kümmert sich um ihn. Die alte Frau ist mir leichtfüßig vorausgeeilt. Als ich keuchend um die letzte Ecke biege, steht da wie ein Fabelwesen ein alter Sadhu mit finsterem Blick, pechschwarzem Bart und langen, in der Mitte gescheitelten Haaren. Die Hände hat er in die weiten Ärmel seines dunkelroten Gewandes gesteckt. Jetzt verstehe ich den Busentest. Erotik hat in dieser Umgebung keinen Platz.

Mit einer Geste lädt mich der Sadhu ein, seinen Ashram zu betreten. Er besteht aus zwei einfachen gemauerten Räumen und einer Küche. Davor öffnet sich eine Terrasse mit einem überwältigenden Ausblick bis zum Horizont. Es ist, als ob ich auf dem Dach der Welt stünde. Während ich mich nicht sattsehen kann, redet Oona auf den Sadhu ein. Der mustert mich aufmerksam, und kurz überlege ich: Soll ich mir das wirklich antun? Obwohl – dieser Platz ist ein Geschenk Gottes, eine Fügung.

»Wir versuchen es«, erklärt jetzt die Mutter in ihrem gebrochenen Englisch. »Anuva Baba ist einverstanden, dass du bleibst.«

Am anderen Tag trotte ich mit Sack und Pack vom Gehöft bis zur Bergkette und steige wieder zum Tempel hinauf. Unterwegs dreht sich das Gedankenkarussell. Bin ich verrückt, mich bei diesem Alten einzuquartieren? Sollte ich mir nicht lieber etwas suchen, wo ich ganz allein und ungestört sein kann? Der frühe Morgen in Pahar Ganj fällt mir ein. Der Mann in Orange und seine weiße Kuh mit der Blumengirlande.

Jetzt kannst du einen Sadhu kennenlernen, Sabrina.

Auch wieder wahr.

Und außerdem: Dieser Sadhu spricht nicht. Konversation wirst du kaum machen müssen.

Na also.

Als ich oben ankomme, empfängt mich Anuva Baba mit unerwartet freundlichem Blick. Wortlos zeigt er mir den zweiten Raum, der ab sofort meiner sein soll. Er ist weiß verputzt und bis auf eine dünne Matratze leer, aber durch die Fensteröffnung mit ihren Rundbögen kann ich das ganze Panorama bis hin nach Pushkar sehen. In einer Ecke lehnt ein Reisigbesen. Damit fege ich nun alles aus und lege dann mein großes Schaffell auf den kühlen Boden. Die Kleider kommen auf ausgebreiteten Tüchern in die eine Ecke und Kerzen und Räucherstäbchen in die andere. Nun noch meine Steppdecke auf die Matratze, und fertig ist mein neues Heim.

Wo ist jetzt der Sadhu geblieben? Vorsichtig klopfe ich an die offen stehende Tür des ersten Raumes, und aus dem Halbdunkel winkt eine Hand: Komm herein.

Zum ersten Mal betrete ich eine hinduistische Mönchszelle. Oder nein, vielmehr ist es ein Tempelraum, denn wichtiger als das Holzbett dort hinten ist der kleine, üppig geschmückte Altar mit Götterstatuen aus Speckstein, mit Heiligenbildchen, einem Glöckchen, einer Rassel und mehreren Kupfergefäßen davor. An der Wand über dem Bett hängt ein Gewirr aus getrockneten Gewürzen, Lederbeuteln, Pfannen und Kochlöffeln. Und das Regal daneben beherbergt die dicksten Bücher, die ich je gesehen habe: Schriften in Sanskrit, wie ich später herausfinden werde.

Anuva Baba führt mich auch durch den restlichen Ashram und zeigt mir alles: Wo Milch ist und Mehl, wo Holz fürs Feuer zu finden ist und auch, wo man sich erleichtern kann – der Platz muss mindestens zweihundert Meter von der heiligen Anlage entfernt sein.

Am Ende dieses ersten Tages sitzen wir nebeneinander auf der großen Terrasse und schauen in den Sonnenuntergang. Wir schweigen, und es fühlt sich ganz natürlich an.

Ich glaube, hier könnte ich für eine Weile bleiben.

Es ist noch dunkel, als ein Klopfen mich weckt. Schlaftrunken schaue ich auf meine Uhr: Gerade mal fünf! Ich schlurfe zur Tür und öffne. Vor mir steht Anuva Baba mit einem Holzknüppel in der Hand. Will er mich verprügeln? Stumm zeigt er auf den Knüppel, dann auf mich und dann in die Finsternis. Rasch begreife ich: Er schickt mich Holz holen! Um fünf Uhr morgens! Zu verdutzt, um abzulehnen, taste ich mich kurz darauf durch das verholzte Gebüsch rings um die Anlage. Bloß nicht fallen in der Dunkelheit!

Eine Woche bin ich jetzt hier. Eine Woche, in der ich viel für mich sein durfte, in der ich ins Weite geschaut oder, an die verputzte Mauer gelehnt, mit meinem Schmuck beschäftigt war. Und natürlich bin ich Anuva Baba bei seinen täglichen Arbeiten zur Hand gegangen. Aber er scheint der Meinung zu sein, dass ich mehr Aufgaben übernehmen soll. Okay. Mache ich gern. Aber nicht um fünf Uhr morgens, das werde ich ihm nachher erklären. Mit diesem Plan und einem Bündel vertrockneter Äste, von denen spitze Zweige in alle Richtungen abstehen, kehre ich zum Tempel zurück.

Drei Wochen später sitze ich auf der Terrasse beim Morgentee und muss mir eingestehen: Mein Plan ist nicht aufgegangen. Gestern Abend erst habe ich Anuva Baba wieder meine Uhr gezeigt, auf die Fünf gedeutet und den Kopf geschüttelt: Geht nicht! Wie an den anderen Tagen hat er verständnisvoll genickt – und doch wieder in aller Herrgottsfrühe an meine Tür geklopft. Vielleicht kann er keine Uhr lesen?

Ich schaue zu ihm hinüber. Vorhin, als ich mit dem Holz zurückgekehrt bin, hat er damit Feuer gemacht. Gleich wird er Mehl in eine Schale füllen und sie mir hinschieben: Brotteig zu kneten ist mein Job. Er wird sich währenddessen mit den Linsen für den Dal beschäftigen und sie sorgsam von Steinen reinigen.

Eigentlich ist es schön so. Wir arbeiten Hand in Hand.

Anfangs hab ich viel gefragt und auf Englisch vor mich hingeplappert: »Tell me, please, where is …« Doch mittlerweile lasse ich es sein und nehme einfach, was ich benötige. Wir brauchen die Worte nicht, wir verstehen uns anders. Nie zuvor bin ich einem Menschen begegnet, der so sehr mit den Augen und mit Gesten sprechen kann.

Und das Schweigen tut mir gut. Es hat mir immer gutgetan. Wenn ich schweige, verändert sich meine Wahrnehmung. Das Hier und Jetzt wird klarer, präsenter. Doch bislang war es mit Alleinsein verbunden. Jetzt schweige ich in Gemeinschaft – eine neue und wertvolle Erfahrung. Denn obgleich wir nicht miteinander sprechen, schwingen Impulse und Gedanken hin und her.

Seine Augen fragen mich: Wie geht es dir, Sabrina? Alles okay?

Und du, Anuva Baba? Darf ich dir etwas schenken?

Gern.

Ich schmunzele in mich hinein und freue mich schon auf die Überraschung, die ich ihm bereiten werde. Als ich das nächste Mal in Pushkar bin, um ein Paket mit fertigem Schmuck in die Schweiz zu schicken, bringe ich Süßigkeiten mit – zuckrige Gebilde aus Teig, Milch und Honig. Während ich sie auspacke, glänzen Anuva Babas Augen wie Sterne. Auch das Öl habe ich gekauft, mit dem die Inderinnen ihre Haare pflegen. Er massiert es gern in seine langen Strähnen ein – es duftet intensiv und langanhaltend. Zuletzt wickele ich Bidis aus, indische Zigarillos. Die rauchen wir an den Abenden auf der Terrasse. Wir schauen bis zum Horizont und hören dabei mit wippenden Knien Musik aus meinem Walkman. Ein Ohrstöpsel für ihn, einer für mich. Längst habe ich aufgehört, mich zu wundern: Dieser Sadhu strebt die Heiligkeit an, und trotzdem kann er die einfachsten irdischen Dinge genießen. Das verträgt sich bestens, finde ich. Auch so eine Erkenntnis.

Leichtfüßig springe ich auf meinen Flipflops den Abhang zu Oonas Gehöft hinunter und schwenke die leere Lota. Nachher werde ich sie, mit Milch gefüllt, wieder hinauftragen. Und Honig will ich mitnehmen, unsere Vorräte gehen zur Neige. Anuva Baba selbst besitzt nichts – alles, was er braucht, bekommt er von Oonas Familie.

Ja, es geht mir gut hier. Ich merke es daran, wie ich mich bewege. Meine Muskeln sind durch das ständige Herumklettern auf den Geröllfeldern kräftiger geworden. Auch meine Seele hat Kraft geschöpft. Die feste Struktur unserer Tage hier oben gibt mir Halt. Disziplin hab ich auch vorher schon gekannt, dank Omas Erziehung. Aber dies hier ist anders als die Arbeit in der Boutique oder der Bürojob in der Schweiz. Hier ist das Herz dabei.

Ich halte inne und schaue mich um. Da oben liegt der Tempel, von hier aus ist er halb hinter Büschen verborgen.

Wie gern ich den alten Sadhu habe! Er ist wie ein Großvater für mich oder wie der Vater, den ich nie gekannt habe. Ein liebevoller Vater, der mich sein lässt, wie ich bin.

Nachdenklich lasse ich die Lota sinken und setze mich auf einen großen Stein am Wegrand. Mein Blick fällt auf meine rechte Hand: Die Hennazeichnung ist längst verblasst. Für Anuva Baba ist es überhaupt nicht wichtig, dass ich eine Frau bin, denke ich zum wiederholten Mal. Auf einmal spüre ich, wie befreiend das für mich ist. Der Sadhu hat keinerlei Erwartungen an mich. So vieles fällt da weg: das schmerzhafte Spiel von Begehrt- und Abgelehntwerden und die Auseinandersetzung mit den männlichen Ansprüchen, die ich oft als blockierend erlebt habe, als einengend und bedrohlich. Die Erwartung, dass ich mich als Frau anzupassen hätte, endete meist in Rebellion meinerseits.

Wie anstrengend das immer gewesen ist!

Jetzt fühle ich mich ganz und gar angenommen. Denn Anuva Baba und ich sind nichts als zwei Seelenwesen, die miteinander leben. Alle Äußerlichkeiten sind bedeutungslos geworden. Meine knöchellangen, wild gemusterten Kleider, die ich mir in Delhi besorgt habe, schlabbern um mich herum, und niemanden stört es. Zwar wird Ria gleich, wenn ich unten auftauche, wieder ihren Kamm zücken, aber ansonsten muss ich keinen Gedanken mehr daran verschwenden, ob ich in meiner Erscheinung und meinem Verhalten die Erwartungen anderer erfülle. Auch das ist Freiheit.

Ich bin frei, frei, frei! Mit diesem Refrain im Kopf schnappe ich mir meine Lota und hüpfe den restlichen Weg hinunter zum Gehöft.

Stunden später: Unser Tagewerk ist beendet, wir sitzen draußen und schauen bis zum Horizont. Die rote Abendsonne scheint mir ins Gesicht und wärmt es. Ich spüre das Wesen von Anuva Baba neben mir und dass er mein Innerstes wahrnimmt. Doch plötzlich steigt eine Welle von Traurigkeit in mir auf, von Sehnsucht und Verletztsein, mir wird heiß und kalt, und ich kann die Tränen nicht zurückhalten. Was mache ich eigentlich an diesem Ort am Ende der Welt? Wer weiß überhaupt, dass ich hier bin? Ich könnte verlorengehen, und niemand würde es erfahren, niemand würde nach mir suchen. Wenn Oma das wüsste! Der Gedanke an meine Großmutter lässt die Tränen noch mehr fließen.

Anuva Baba schaut zu mir herüber. Er drückt meine Hand, steht auf und geht. Mit Tee, einer Decke und einer Bidi kehrt er kurz darauf zurück. Er legt die Decke um mich, ich trinke den heißen Tee, und abwechselnd ziehen wir an der Bidi. Schon ziemlich getröstet, lächele ich ihn an und lege mich schließlich müde und erschöpft auf die Seite. Im Halbschlaf nehme ich noch wahr, wie er mit leisen Schritten die Terrasse verlässt.

Am nächsten Morgen wache ich von allein auf, denn ich friere. Verwundert betrachte ich den Himmel über mir, der sich hell zu färben beginnt. Der Himmel? Langsam kehrt die Erinnerung an den gestrigen Abend zurück. Ich schaue mich um: Neben mir sitzt Anuva Baba mit Tee und Fladenbrot. Ich fühle mich wie erschlagen. Was ist passiert? Mechanisch setze ich mich auf, ergreife das Brot, das Anuva Baba mir reicht, und beginne zu essen.

Er schaut mich prüfend an: Was ist los, Sabrina?

Ich weiß es ja selbst nicht, denke ich und wage ein schiefes Lächeln.

Du bist traurig.

Aber mir geht es gut hier bei dir.

Etwas fehlt. Was?

Eben das muss ich herausfinden. Was lässt mich so traurig sein, so allein im tiefsten Inneren, immer wieder?

Wie gestern Abend sucht mein Blick den Horizont, als könnte ich dort die Antwort entdecken. Aber es gibt keine Antwort, noch nicht. Da spüre ich plötzlich Anuva Babas Hand an meinem Rücken – zwischen den Schulterblättern liegt sie, auf Herzhöhe, mit leichtem, liebevollem Druck. Hab keine Angst, Sabrina, scheint die Hand zu sagen. Du bist stark. Was auch immer deine Seele an alten Erfahrungen hinter sich herziehen mag – du wirst weitergehen und finden, wonach du suchst.

Unwillkürlich richte ich mich auf. Kind, halte dich gerade, höre ich meine Großmutter sagen.

Du hast mir den Rücken gestärkt, Oma. Und Anuva Baba tut es jetzt auf seine Weise. Ich bin nicht allein.

Mit diesem Gedanken drehe ich mich zu dem Sadhu um, der seine Hand jetzt wieder sinken lässt. Wir lächeln uns an und beginnen in schweigender Übereinkunft unsere Arbeit.

An Ende dieses Tages erlebe ich die Puja, das hinduistische Morgen- und Abendritual, mit besonderer Intensität. Auf dem blumengeschmückten Altar in Anuva Babas Raum sind die Götter in kleinen Bildern und Statuen gegenwärtig: der tanzende vierarmige Shiva, seine freundliche Gattin Parvati und ihr gemeinsamer Sohn, der elefantengestaltige Ganesha.

Ein steinerner Lingam in seiner Yoni erinnert an die heiligen Kräfte des Männlichen und Weiblichen, und hoch über dem Altar hängt auf Glanzpapier ein Abbild der Urmutter Durga, auf ihrem Löwen reitend. Sie soll die Gerechten beschützen und das Böse vernichten. Auch ein Korb voller Blüten und Kupfergefäße mit Speisen stehen für die Zeremonie bereit.

Andächtig nimmt Anuva Baba im Schneidersitz vor dem Altar Platz, den Rücken kerzengerade. Vor ihm liegen ein Glöckchen und eine Damaru – eine zweiseitige Handtrommel mit darangebundenen Schlagsteinchen. Zehn Minuten lang spielt er beides zugleich, den Blick ehrfürchtig auf die Gottheiten gerichtet. Er schwenkt die Damaru wie in Trance, im Sekundentakt treffen die Schlagsteinchen die beiden Trommelfelle. Dann bläst er in ein großes Schneckenhorn und schwenkt Räucherstäbchen über dem Altar. Mit einer Blüte berührt er immer wieder die Herzgegend einer der Statuen und führt sie zurück zu seiner Stirn und an sein Herz. Dabei summt und brummt er vor sich hin.

Ich folge still seinem Beispiel, lasse den Duft eines Räucherstäbchens aufsteigen und schmücke Shivas und Parvatis Statuen mit Rosenblüten. »Lieber Gott, steh mir bei«, bitte ich lautlos, »zeig mir den Weg.« Mir ist, als ob das heilige Elternpaar meiner Kindheit in diesen beiden indischen Göttern zurückgekehrt ist. Andächtig beobachte ich, wie Anuva Baba die Opfergaben bereitet: Er begießt den Lingam in seiner Yoni mit Milch und Honig, füllt Milchreis für alle Götter in eine kleine Schale und entzündet ein Butterlämpchen – dieses zeremonielle Feuer wird über Stunden brennen. Nichts von alldem hinterfrage ich. Die Unterschiede zwischen den

Religionen sind mir gleichgültig. Das Ritual spricht zu meinem Herzen, nicht zum Verstand.

Zuletzt steckt mir Anuva Baba mit seinen knochigen Fingern ein Stück einer besonderen Süßspeise in den Mund, die Blattgold enthält. Jetzt wird er noch lange vor seinem Altar meditieren. Ich selbst ziehe es vor, auf der großen Terrasse in den dunkelroten Horizont zu blicken, Musik zu hören und mich meiner Sehnsucht zu stellen.

Fast ein halbes Jahr lebte ich nun schon am Rand der Wüste Rajasthans. Langsam ging mir das Geld aus. In Europa wartete ein Container voller Schmuck und Handarbeiten auf mich, und bald begann dort die Zeit der Märkte. Ich musste zurück. Dabei konnte ich mir kaum vorstellen, wieder die Rolle der alten Sabrina zu spielen. Nur die Aussicht, meine Großmutter wiederzusehen, freute mich. Auch wenn ich ihr keine Details über meine Indienreise erzählen würde. Dass ihre Enkelin ohne jede Errungenschaften der Zivilisation auf einem Berg lebte, einem alten Mann bei seiner Hausarbeit half und ansonsten ins Weite schaute, das würde Oma bei aller Liebe nicht verstehen.

Und doch war es genau das Richtige für mich. Das Gleichmaß der Tage hier oben, das wortlose Verstehen mit Anuva Baba hatten mich gestärkt. Ich hatte mich auf meine innere Kraft besonnen.

Ist nicht so schlimm, versicherte ich mir deshalb, sobald der Gedanke ans Abreisen aufstieg. Ich verkaufe mein Zeug, und danach bin ich wieder hier. Ganz einfach.

Doch so einfach war es nicht. Denn etwas in mir widersetzte sich meinen Plänen. Jedes Mal, wenn ich mir vor

Augen hielt, dass ich hierher zurückkehren würde, kam der Einwand: Du musst weiter.

Ich will hier sein. Ich komme wieder.

Nein. Geh weiter.

Aber wohin? Und warum?

Du bist noch nicht am Ziel, sagte dieser Widerspruchsgeist in mir dann, als ob er keine weiteren Fragen dulde.

Zuletzt führte ich die stummen Zwiegespräche beinahe jeden Tag, und sie endeten immer gleich. Ich war ratlos. Woher kam nur diese Unruhe, kaum dass ich eine vollendete Erfahrung gemacht hatte? Wer oder was trieb mich da an?

Ich konnte es nicht sagen. Nur dass ich weitermusste, das stand als unverrückbare Gewissheit fest, als ich endlich meine Sachen packte.

Anuva Baba hockte daneben und beobachtete, wie ich meine Kleider einsammelte, das Schaffell, den restlichen Schmuck.

»Ich muss zurück«, sagte ich. »Geld verdienen.« Wie sollte ich ihm das andere erklären? Er nickte mir zu. Vermutlich ahnte er es ohnehin.

Zum letzten Mal sitzen wir zusammen und schauen in die Abendsonne. Mein Herz ist schwer, schon wieder weine ich. Anuva Baba schiebt seine rechte Hand unter mein Kinn, fängt ein paar Tränen auf und mischt sie mit dem roten Pulver, das er für seine Puja verwendet, zu einem Kügelchen. Dann holt er ein Butterlämpchen und legt das rote Kügelchen hinein. Als es sich aufgelöst hat, zündet er den Docht an, nimmt das Gefäß in beide Hände und reicht es mit geschlossenen Augen der Sonne dar. Atemlos schaue ich zu.

Mir ist, als ob mein Herz in tausend Teilchen zerspringt.
Zuletzt stellt er die Lampe auf den steinernen Außenaltar, der
sich in einer Ecke der Terrasse befindet, und lässt mich allein.
In dieser Nacht liege ich davor und schaue in den Himmel.
Riesengroß wächst in mir das Gefühl der Dankbarkeit für
alles, was ich hier erfahren habe.

Am nächsten Morgen berühre ich als Zeichen der Hochach-
tung und Verehrung Anuva Babas Füße, wie ich es gelernt
habe, und er segnet mich, indem er mir aus Asche und rotem
Pulver einen Punkt auf die Stirn zeichnet. Mir ist, als würde
ich meinen Vater verlassen. Ich verspreche ihm nicht, wiederzukommen – wir wissen beide, dass es ein Abschied für
immer ist. Mit Tränen in den Augen klettere ich den Hang
hinunter und winke dem Alten zwischendurch immer wieder,
bis seine Gestalt hinter einer Wegbiegung verschwunden ist.

7

Die Kriegerin in mir

Ich blieb drei Monate in Europa, dann hatte ich sämtliche Waren verkauft. Diesmal würde das Geld sogar für mehr als nur ein Dreivierteljahr in Indien reichen. Ich regelte Miete und Versicherungen und bereitete alles für meine Reise vor. Zuletzt fuhr ich nach Hilden, um meine Großmutter zu sehen.

Oma sprüht vor Lebenskraft und will beim Nachmittagskaffee alles über meine Reise wissen. Aber ich wähle sorgfältig aus und verwandele Anuva Babas Bergklause in einen gehobenen Ashram, das ist für meine damenhafte Großmutter immer noch fremdartig genug.

»Ich wusste, dass du eines Tages deine Flügel weit spannen würdest«, kommentiert sie meine Erzählungen. Ich nicke lachend und widme mich hingebungsvoll ihrem köstlichen Apfelkuchen. Ach Oma, wenn du wüsstest! Ich habe dich sehr lieb. Aber nicht einmal du kannst mich vor dieser unsichtbaren Kraft schützen, die mich vorwärtstreibt.

Am Morgen meiner Abreise aus Hilden gehe ich noch einmal zur Magnolie. Es ist September, Altweibersommer, und die Blätter stehen dicht an dicht. Ich denke an das Kind im Gipsbett, das einst unter ihnen gelegen hat. Wie dankbar ich Oma und dem guten Doktor Werner bin!

Dann wandern meine Gedanken nach Indien, und Zweifel an meinem Weg steigen auf. Es fühlt sich an, als würde ich in zwei Stücke geschnitten, weil ich dieses Gefühl der Sicherheit und Geborgenheit nicht loslassen will, das ich bei Oma verspüre. Soll ich nicht doch zu Hause bleiben, mich mit der Männerwelt versöhnen und eine Familie gründen? Aber nein! Mein Selbst, mein Kern, meine Unruhe, meine Hoffnung! Diese Sehnsucht und die Trauer, die ich bei Anuva Baba auf dem Tempeldach erlebt habe, die kann ich mit größter Wahrscheinlichkeit weder durch Heirat noch durch Kinderkriegen heilen.

»Verstehst du das?«, frage ich leise und lege meine Hand an den Stamm.

Gestärkt steige ich danach ins Auto und fahre zurück in die Schweiz. Auf dem Rücksitz liegt, gut verpackt, ein großes Stück Apfelkuchen. Ich werde wiederkommen, ganz sicher. Lieber Gott, beschütze meine Oma!

Zwei Tage später sitze ich im Flugzeug nach Delhi. Diesmal habe ich ein Fünfjahresvisum und nur den Hinflug gebucht: Fünf Jahre Zeit, mich zu finden oder zu verlieren. Die Vorfreude kribbelt im ganzen Körper. Oder ist es Reisefieber?

Quatsch, rede dir nichts ein! Du bist Profi.

In Pahar Ganj habe ich ein Zimmer in dem Hotel mit der schönen Dachterrasse gebucht. Dort stelle ich mein schmales Gepäck ab – ich bin nur mit dem Nötigsten gereist – und mache mich nach der obligaten Dusche auf den Weg, die restlichen Dinge zu besorgen.

Vor dem Hotel bleibe ich kurz stehen, atme den schon vertrauten Geruch der Gasse ein und schaue dem Treiben zu, als sich plötzlich die Menge teilt. Die Menschen weichen zur Seite – für ein Auto, vermute ich und will warten, bis es vorbeigefahren ist. Doch auf einmal wird es totenstill, und eine Gruppe splitternackter, kahlgeschorener Männer kommt die Gasse herauf. Sie sind mit Asche eingerieben und tragen Ketten um Hals, Arme und Fußgelenke. Jeder hat einen Dreizack in der Hand, und so, wie sie marschieren, scheinen sie unmittelbar zum Kampf bereit. Ihre Augen blitzen wie Feuer, aber sie starren nur geradeaus und schauen niemanden an. Auf die anderen Leute scheinen sie furchteinflößend zu wirken, denn die halten die Hände gefaltet und den Kopf gesenkt.

Ich stehe wie angewurzelt und kann meinen Blick nicht von den fremdartigen Männern lösen. Plötzlich schaut mir einer von ihnen direkt in die Augen. Eine mir unbekannte Kraft kommt mir entgegen, und mein Herz beginnt wild zu schlagen.

»Was sind das für Männer?«, frage ich einen Einheimischen neben mir.

»Es sind Naga Babas, eine gefährliche, kriegerische Sadhu-Kaste.« Der Mann flüstert, und ich strenge mich an, nichts zu verpassen.

»Die wahren Meister unter ihnen sind fähig, menschliche Illusionen zu zerstören«, fährt er fort. »Sie können deine unreinen Gedanken lesen und bestrafen dich für sie. Den reinen Seelen aber gewähren sie Schutz und Liebe.«

Liebe? Das kann ich mir beim besten Willen nicht vorstellen.

»Schauen die Leute vor Angst auf den Boden?«

»Nein, aus Ehrfurcht.«

»Und warum sind sie nackt, diese Naga Babas?«

»Sie sind Mönche, auch Priester. So zeigen sie ihre Reinheit und dass sie sich von allen Verführungen abgewendet haben.«

Während der Mann noch spricht, sind die Naga Babas vorbeigezogen. Ich schaue ihnen nach, bis die Menge auf der Gasse sich hinter ihnen wieder geschlossen hat.

Sehr nachdenklich sitze ich an diesem Abend im Chai-Shop und warte auf Susanne. Die Naga Babas haben mir für einen Augenblick eine Seite Indiens offenbart, die mir völlig unbekannt ist. Eine faszinierende, aber anscheinend auch gefährliche Seite. Der Blick des aschebedeckten Kriegers geht mir nach. Aus welcher Tiefe er kam! Als ob dieser Mann alles über die Welt wüsste und sämtliche Abgründe selbst durchlebt hätte. Zu gern würde ich mehr über die Naga Babas erfahren.

»Hey, Sabrina!« Mit flatterndem Sari weht Susanne herein, strahlend, abgehetzt. Wir fallen uns in die Arme.

»Und?«, sagt sie, noch außer Atem, »Wie war's in good old Europe?«

»Alles verkauft«, lache ich.

»Bei mir gibt es Neues.« Sie lässt sich auf den Stuhl neben mir fallen und winkt den Shopinhaber herbei. »Ich hab mich verliebt.«

»Erzähl!«

»Er ist Franzose. Ich hab ihn in Goa getroffen, am Strand.«

»Ein Urlaubsflirt!«

»Mehr«, sagt sie, »viel mehr. Jean ist so …« Hilflos lächelnd zieht sie die Schultern hoch. Es hat sie richtig erwischt, und ich werde neugierig. »Lern ich ihn mal kennen?«

»Im Moment ist er in den Bergen. Er forscht über die traditionelle Musik hier in Indien.«

»Spannend!« Dann meldet sich die Geschäftsfrau in mir. »Und wovon lebt er?«

»In Frankreich hat er Straßenmusik gemacht. Das will er hier auch – da, wo viele Touristen sind.«

Ein Aussteiger, wie wir. Aber ob Straßenmusik hier so viel einbringt?

»Außerdem läuft mein Kleidergeschäft super«, setzt sie noch nach. »Wir kommen klar.«

»Ich freu mich für dich«, sage ich und meine es ehrlich. Aber da ist noch etwas. Beneide ich sie? Die Euphorie solcher Anfänge habe ich oft erlebt. Ein Traum, aus dem man früher oder später erwacht, um mit seinen eigenen Schwächen oder auch Stärken konfrontiert zu werden. Nein, ich beneide meine Freundin nicht. Trotzdem, ich würde ihn gern kennenlernen, diesen Jean. Nur um zu erfahren, was das für ein Mann ist, der die selbstständige, unabhängige Susanne derart fesseln kann.

»Wie lange bleibst du diesmal?«, reißt sie mich aus meinen Gedanken.

»Für immer.« Es sollte ein Scherz sein, doch im Moment glaube ich es selbst.

Susanne nickt. »Ein Traum. Lebe ihn, wenn du kannst.«

Ich nippe an meinem Chai und lasse den Blick über die Gasse wandern. Indien! Wie glücklich bin ich, wieder hier zu sein. Diesmal bin ich bereit, mich ganz zu verlieren und hinzugeben und alle Situationen und Umstände, die mir begegnen, ohne Angst anzunehmen. Der Lebensstrom in diesem Land ist so chaotisch und unkontrollierbar! Umso mehr bin ich gezwungen, auf meinen Instinkt zu hören. Die Herausforderung gefällt mir. Sie schärft meine Sinne und gibt mir das Gefühl der wilden Freiheit, das ich so sehr liebe.

Mein Weg führte mich zunächst Richtung Nordosten, nach Haridwar und Rishikesh. Dann zog es mich südwärts nach Rajasthan. Ich hatte mich völlig in die Gegend dort verliebt. Kurz überlegte ich, ob ich Anuva Baba aufsuchen sollte, aber mein Gefühl sagte mir etwas anderes. Ich war von ihm fortgegangen, wie man das eigene Elternhaus verlässt: Die Kindheit ist vorbei, es gibt kein Zurück. Meine Sehnsucht musste ich woanders stillen.

So reiste ich nach Jodhpur und Jaipur, wo es besonderen Schmuck und Textilien gab. Unterwegs machte ich meist in Ashrams Halt. Bevor ich abreiste, legte ich jeweils hundert Rupien zu Füßen der Tempelpriester und ließ mich segnen. Mit der Zeit bemerkte ich jedoch, dass nicht alle Sadhus wirklich religiös waren. Manche hatten diesen Weg gewählt, um trotz Armut überleben zu können. Andere tarnten sich mit dem orangen Gewand, weil sie polizeilich gesucht oder politisch verfolgt waren. In einem Ashram begegnete ich einem Schriftsteller, der in seinen Büchern die Missstände im Land und die Korruption der Regierung angeprangert hatte und sich nun versteckt halten musste. Von ihm erfuhr ich eine Menge über die Politik und vor allem die Polizei in Indien. Inständig hoffte ich, niemals mit ihr zu tun zu bekommen. Eine trügerische Hoffnung, wie sich später zeigen würde.

Fast ein Dreivierteljahr war inzwischen vergangen. Der Frühling kam, und bald würde es heiß werden in Rajasthan. Ich beschloss, wieder nordwärts zu ziehen, Richtung Berge.

Dort war es kühl, ich würde eine ruhige Bleibe finden und meine innere Suche fortsetzen können. Statt des Zettelziehens hatte ich mittlerweile eine andere Variante des Zielfindens entwickelt: Ich legte meinen Kugelschreiber auf die Landkarte und drehte ihn. Wo die Spitze hinzeigte, dorthin wollte ich gehen. Wenn mir das Ergebnis nicht gefiel, drehte ich einfach erneut. Diesmal jedoch war es perfekt: Das Städtchen Almora am Rande des Vorderen Himalaja sollte mein Ziel sein.

Ich laufe. Setze einen Fuß vor den anderen, Schritt für Schritt. Meine Flipflops habe ich weggeworfen, einer war kaputt. Seither gehe ich barfuß und sehr aufrecht. Ich bin frei und selbstbestimmt, wie eine Kriegerin auf ihrem Weg. Nichts kann mir schaden oder mich aufhalten.

Der Weg ist sandig und von Steinen übersät. Er führt neben der Hauptstraße entlang, auf der Tag und Nacht der Verkehr vorüberbraust: Autos, Töffs, Lastwagen. Manchmal sitzen Männer auf den Ladeflächen der Laster, im Vorbeifahren johlen sie zu mir herüber. Kurzes Erschrecken – was mache ich, wenn sie anhalten? Aber dann weiß ich wieder: Ich bin geleitet und geschützt. Oder es wird geschehen, was geschehen muss.

All meine Habe trage ich in meiner großen peruanischen Stofftasche bei mir. Sie hängt mir mal rechts, mal links über der Schulter, oder sie liegt auf meinem Rücken, gehalten durch ein breites Band über meiner Stirn. Das habe ich mir von den indischen Bauern abgeschaut. Wild sehe ich aus in den Pluderhosen und der Sari-Bluse, mehrere Tücher und Schals und manchmal die Decke um mich geschlungen. Der Straßenstaub sitzt mir in den Haaren, die sich langsam zu

Rastas verfilzen, er sitzt in den Ohren, die Lippen sind rissig geworden.

Egal.

Schlimm jedoch, wenn der Hunger kommt, der Durst. Oder diese Traurigkeit, von der ich nicht weiß, woher sie rührt. Mit dem Handrücken wische ich die Tränen ab und verschmiere sie mit dem Staub auf meinem Gesicht. Kein Grund, anzuhalten. Ich gehe weiter, ich gehe da durch. Ich muss da durch.

Was machst du hier? Die alte Frage in meinem Inneren.

Ich härte mich ab.

Ach so, ja.

Ich bin auf dem Pilgerweg. Auch eine Antwort.

Oder: Ich suche eine ruhige Bleibe in den Bergen. Da, wo es kühler ist. Zum Himalaja will ich, nach Almora. Niemand hat gesagt, dass das ein Sonntagsausflug wird.

Schau, da vorn ist ein Chai-Shop.

Ein paar Stühle stehen abseits der Straße, daneben zwei Kordelbetten. Hier kann ich ausruhen. Dieses Gefühl, wenn der erste Tropfen Tee die Lippen berührt, wenn ich mich hinlegen darf! Als es dunkel wird, ziehe ich mir meine Decke über den Kopf. Wieder habe ich eine Bleibe für die Nacht.

Danke dir. Danke euch.

Mein altes Gebet begleitet mich ununterbrochen, seit ich beschlossen habe, zu Fuß weiterzugehen. »Schluss jetzt«, habe ich mir vor einer Woche gesagt, als der klapprige Bus schon wieder mit einer Reifenpanne am Fahrbahnrand gestrandet war. Zu wandern ist besser als auf einer Holzbank zu sitzen, mit Hühnern neben mir und mit Einheimischen, die im schlimmsten Fall während der Fahrt ihr Geschäft zum Fenster hinaus verrichten.

Doch das ist es nicht allein. Mein Urvertrauen will ich auf diese Weise kultivieren. Die Askese am eigenen Leib erproben, die ich bei Anuva Baba und bei Besuchen seiner Glaubensbrüder gesehen habe. Wie karg ist unser Dasein am Rande der Wüste Rajasthans gewesen! Und doch haben wir genug besessen, mussten uns niemals sorgen. So will ich jetzt auch leben: ohne jede Annehmlichkeit, ganz den elementaren Bedürfnissen verpflichtet. Ich versuche Vergangenes hinter mir zu lassen, zu verzeihen und Gott näher zu kommen, indem ich ganz ins Sein vertraue.

Ich laufe wieder, seit fünf Stunden schon. Und ich hab solchen Hunger. Aber weit und breit ist nichts zu sehen. Nur die dicht befahrene Straße mit meinem Feldweg daneben, mit den paar Bäumen und etwas Gestrüpp am Rand. Ich schwitze, bin erschöpft. Vielleicht kann ich versuchen, einen der Maulwürfe zu fangen, die auf dem Acker dort ihre Hügel aufgeworfen haben? Nur – wie sollte ich den erwischen? Ich komme zu keinem Resultat und beginne zu schimpfen. Lieber Gott, du siehst doch, dass ich Hunger und Durst habe! Ich kann bald nicht mehr.

Ich gebe die Verantwortung ab und gehe weiter. Eine Viertelstunde später wird hinter einem der Bäume am Straßenrand ein Chai-Shop sichtbar.

Danke!

Wenige Tage später sind die Schrunden an meinen Füßen zu klaffenden Rissen geworden. Das Blut vermischt sich mit dem

Sand auf dem Weg, und ich kann kaum noch laufen. Ein Bus hält auf der anderen Straßenseite. Ich hinke hinüber, und er nimmt mich mit in die nächste Ortschaft. Setzt mich dort ab, und als er weitergefahren ist, sehe ich eine Apotheke. Der Besitzer schlägt bei meinem Anblick die Hände über dem Kopf zusammen und schickt mich ins Hinterzimmer, wo mir die Füße gewaschen werden, die Wunden gereinigt, gesalbt und verbunden. Auf neuen Flipflops kann ich weitergehen.

Tag für Tag lerne ich: Ich muss sagen, was ich will, laut oder lautlos. Ich muss meine inneren Beschützer fragen und um Hilfe bitten. Es bleibt mir keine andere Wahl. Und wenn ich es tue, kommt Hilfe.

Jeden Abend spanne ich meine Hängematte zwischen zwei Bäumen aus. Obwohl dreißig Meter entfernt die Autos hin und her rasen, fühle ich mich sicher. Ich liege am Straßenrand, und vor dem Einschlafen denke ich an die aschebedeckten Naga Babas in Pahar Ganj.

Entkräftet und abgemagert komme ich schließlich bei einem kleinen Ashram in Almora an. Die letzte Woche habe ich Bauchkrämpfe und Durchfall gehabt. Ich schleppe mich zu einem der Kordelbetten, die in einer Art Wintergarten für Gäste bereitstehen, breite meine Felle aus und lasse mich daraffallen. Endlich liegen dürfen! Und gut, dass ich der einzige Gast bin!

Tagelang bleibe ich auf meinem Lager, denn die Krämpfe lassen nicht nach. Ich habe Fieber und stehe nur noch auf, um mich zu erleichtern. Essen kann ich nichts mehr. Es ist auch niemand da, mit dem ich Englisch reden, den ich um Hilfe bitten könnte.

Ich könnte hier sterben, und niemand würde es merken.

Schlimm?

Vielleicht.

Das glaubst du doch selbst nicht, dass du keine Angst vorm Sterben hast!

Vorm Sterben schon. Aber nicht vor dem Tod.

Bedeutet dir dein Leben wirklich nichts? Warum hast du dann so verzweifelt deinen Weg gesucht? Das macht doch keinen Sinn! Und deine Oma, die für dich gekämpft hat, als du Kind warst? Alle Anstrengung umsonst, Oma, denn deine Enkelin, die gibt jetzt auf. Die isst nichts mehr, weil ihr Körper nicht mehr mag, und dann schaut sie einfach mal.

Halt die Klappe, verdammt!

Und wenn du noch nicht zu Ende wärst mit allem hier?

Ganz leise taucht dieser Gedanke auf, doch dann überschwemmt mich eine neue Welle von Krämpfen.

Eines Morgens kommt ein alter Inder an mein Bett. Er hat mich wohl schon länger unbemerkt beobachtet.

»You pain?«

Ich blicke auf, nicke nur schwach und schließe meine Augen wieder.

»He, you!« Er fasst mich an die Schulter.

Mühsam schaue ich ihn an. Er hält mir einen Beutel mit Knoblauch und eine Flasche Whisky entgegen.

»You take this five time a day.« Dann drückt er mir drei Knoblauchzehen in den Mund und wartet, bis ich sie zerkaut habe. Ätzend scharf ist der Knoblauch, er treibt mir die Tränen in die Augen. Der Alte zwingt mich, mit Whisky nachzuspülen. Das brennt wie Feuer und wirft mich vollends um, denn ich trinke fast nie Alkohol. Doch wenigstens sind so die

Krämpfe besser zu ertragen, und die Sorge um meinen Zustand verschwindet in einem gnädigen Nebel.

Stunden später kehrt der Mann zurück und kontrolliert, ob ich seinen Anweisungen Folge leiste. Schon beim Gedanken an die Prozedur wird mir schlecht, doch er ist unerbittlich. Zwei Tage lang kommt er mehrmals, bringt mir am Morgen Milchreis und flößt mir seine Kur ein. Nach dieser Folter lasse ich mich stets aufs Bett fallen und genieße den Rausch, der die Schmerzen verschwinden lässt. Wenn ich später erwache, merke ich, wie es mir langsam besser geht.

Siehst du, du bist nicht gestorben.

Ich soll wohl weitergehen. Auch wenn ich keine Vorstellung habe, wie und wohin.

Warte einfach ab, Sabrina. Es hat sich noch immer etwas gezeigt.

Bald kann ich das leichte Essen zu mir nehmen, das der Mann mir nun bringt. Inzwischen bin ich so gekräftigt, dass ich mich auch über eine weitere Wirkung der Knoblauchkur freuen kann: Keine Mücke, keine Wanze hat mich seither mehr angefallen, selbst wenn mein Körper immer noch von den Bissen und Stichen übersät ist, die ich mir unterwegs geholt habe.

Ich sitze aufrecht auf meinem Bett und löffele Linsen mit Reis. Der Alte hockt daneben und schaut mir zu: »Good?«

»Very good!« Noch das letzte bisschen kratze ich vom Teller. »I'm so grateful, Gopal!« Es kommt aus tiefstem Herzen. Mein Retter ist, das weiß ich bestimmt, ein Gesandter von oben. Innerlich verneige ich mich vor meinen himmlischen Helfern.

Er lächelt. »You want see my home?«

Warum nicht? Meine Neugier aufs Leben ist zurückgekehrt. Eines Mittags begleite ich Gopal nach Hause. Zum ersten Mal seit längerer Zeit laufe ich wieder aufmerksam und mit Freude durch die Natur, vorbei an Wiesen und Äckern. Ich atme tief die frische Luft ein und spüre die Frühlingssonne auf meinem Gesicht. Es ist so gut, am Leben zu sein. Es ist gut, in diesem Körper zu sein, der eben doch gesund werden wollte.

Gopal lebt außerhalb des Ortes auf einem Gehöft. Seine uralte Mutter empfängt uns, vor dem Haus auf einem Baumstumpf sitzend, mit einem breiten Lächeln. Zwischen einer ihrer vielen Zahnlücken steckt eine übergroße Pfeife. Ihre Augen strahlen, und unzählige Falten durchziehen ihr sonnengegerbtes Gesicht. Gopals Frau wendet die Fladenbrote über dem Feuer und winkt uns, Platz zu nehmen.

Nach dem Essen zeigt Gopal mir seinen Hof, und in einer plötzlichen Eingebung frage ich ihn nach einer Bleibe für mich. Vielleicht ist es meine Bestimmung, erst einmal an diesem Ort zu sein?

»Come with me«, sagt er und geht mir voran. Der Weg führt einen Hang hinab durch einen lichten Wald, über ein Flüsschen hinüber und wieder bergan, vorbei an Mohnfeldern. Als ich mir schon Gedanken mache, ob Gopal mich richtig verstanden hat, bleibt er stehen und deutet auf ein kleines Plateau mit einer Holzhütte und ein paar Bäumen darum herum. Ich halte den Atem an: Vor mir tut sich ein unendliches Tal auf. Die Sonne bescheint den Dunst, der über der Tiefe liegt, und rechts und links erheben sich bewaldete Berghänge. Ich glaube mich wie in einem Traum. An solch einem mystischen Ort muss meine Seele zu Hause sein!

Wir laufen auf die Hütte zu. Sie besteht aus einem Raum mit Feuerstelle. Etwas unterhalb befindet sich ein Stall mit einer Kuh. Hier, so erklärt mir Gopal, könne ich kostenlos wohnen, solange ich wolle. Einzige Bedingung: Ich müsse mich um Kumi kümmern, die Kuh. Jeden Tag müsse ich sie spazieren führen und dafür sorgen, dass sie ein paar Grashalme findet.

Ich willige sofort ein. Das Ganze erinnert mich an die Kuhställe in der Schweiz, die sich auch meist in bester Lage befinden. Hier werde ich mich wohlfühlen und einige Zeit sein können – ach was, hier werde ich für immer bleiben! Auf einmal weiß ich: Dies ist mein Platz, hier werde ich leben. Es fühlt sich großartig an.

8

Herbst im Himalaja

Vier Tage dauert es, dann kann ich die Hütte beziehen. Gopals Frau hat den Boden mit einer frischen Schicht aus Lehm und Kuhfladen überzogen. Während der Belag noch trocknet, hilft ihr Mann mir, alles Wichtige für meinen Hausstand zu besorgen: eine Matratze, ein paar Töpfe, eine Wäscheleine. Holz gibt es ausreichend hinter der Hütte, und zum nächsten Shop laufe ich eine Stunde den Berg hinauf. Die Einkäufe werden mich an Gopals Hof vorbeiführen, wo ich frisches Gemüse bekomme. So ist für alles gesorgt, und voller Enthusiasmus beginne ich mein neues Leben.

»Hallooo, Kumi Devi!«

»Hallo!« Ich winke den Kindern zu, die unter den Bäumen einen schlappen Ball hin und her kicken, und verstaue das soeben gekaufte Mehl in einem von Kumis Tragekörben. Ich könnte ihnen mal einen neuen Ball besorgen, geht es mir durch den Kopf. Dann führe ich die Kuh weiter zum Fluss, Wäsche waschen. Sie schleppt geduldig alles, Einkäufe wie Wäsche.

Das Lachen der Kinder verklingt, und nichts ist mehr zu hören außer dem Rauschen der Blätter im Wind und den Vogelstimmen. Ja, ich lebe wieder für mich allein, wenn man Kumi nicht mitrechnet. Doch ich habe keine Sorge, zur

Eremitin zu werden wie beinahe schon einmal in Thailand. Meine regelmäßigen Wege zu Gopal, zum Einkaufen und an den Fluss sind wie dünne, aber feste Fäden, die mich mit der Außenwelt verbinden. Dank der Kuh bin ich hier ohnehin bekannt wie ein bunter Hund.

»Kumi Deviii«, erschallt es wieder, als ich an den Fluss komme. Ein paar Frauen sind schon bei der Arbeit. Ich lade alles ab und hocke mich zu ihnen auf die großen Steine am Ufer. Mit einer Bürste verteile ich Waschpulver auf meinen Blusen und ziehe sie durchs klare Wasser. Der Fluss glitzert in der Sonne, die Frauen plaudern und lächeln mir immer wieder zu: »You good? Later shower?«

»Very good. Yes, later shower.« Ich ziehe die tropfnasse Wäsche aus dem Wasser und wische mir mit dem Unterarm das Haar aus dem Gesicht. Ja, es ist perfekt hier. Die Schrecken der Wanderung sind in weite Ferne gerückt, die Kriegerin kann ausruhen. Jeden Morgen wache ich mit großem innerem Frieden im Herzen auf, und ich frage nicht, woher dieses Gefühl kommt. Ich nehme es als Geschenk.

Die Wäsche habe ich fertig. Mitsamt meinem Wickelrock, meinem Lungi, setze ich mich nun in den Fluss und wasche mir die Haare. Dann kommt Kumi an die Reihe. Sie steht bereits bis zum Bauch im Wasser und wartet mit vorwurfsvollem Blick darauf, dass ich sie endlich überall nass mache.

»Halt still, Süße!« Ausgiebig bürste ich ihr Fell, das gebrochen weiß ist und nur an Stirn, Nase und Ohren ins Bräunliche changiert. Ihre großen, seidigen Ohren liebe ich besonders. Zuletzt streichle ich sie an der zarten Stelle über der Nase und stecke ihr ein paar Gräser zu, die ich vorhin für sie gepflückt habe.

Kumi erinnert mich an ein Kalb in dem Dorf bei Luzern, wohin wir zuerst gezogen waren. Seine Geburt hatte ich miterlebt, deshalb hatte der Bauer gesagt, es sei meines, und ich durfte es Johanna nennen – nach meiner Großmutter. Täglich rannte ich nach den Schularbeiten zum Stall, bürstete und fütterte das Kälbchen, ließ es an meinem Finger nuckeln und zog mit ihm auf die Weide. Sogar melken durfte ich Johanna, als sie größer wurde. Der Bauer zeigte es mir, und stolz trug ich danach meinen Milchkrug nach Hause. Die Kuh tröstete mich über den Abschied aus Hilden hinweg, und als wir zwei Jahre später das Dorf verließen, weil wir nach Chur zogen, weinte ich tagelang um sie.

Kumi ist eine gute Zuhörerin. Auf unseren Wegen erzähle ich ihr vom Leben in der Schweiz, von meinem einsamen Strand in Thailand und von Anuva Baba. Auch von Oma erzähle ich ihr und von der Magnolie in Hilden. Ich schmücke uns beide mit Blumen und Blättern oder stecke uns Federn an, die der Steinadler verloren hat. Kumi Devi nennen mich die Leute – Beschützerin, Schwester, Mutter von Kumi. Und wenn Touristen sich in diese abgelegene Gegend verirren, schicken sie sie zu mir, was störend sein kann oder auch schön. Manche Besucher übernachten bei mir. Dann machen wir abends Musik, rauchen Bidis und kommen in einen guten Flow miteinander. Wenn diese Gäste wieder abgereist sind, kommt mir das Alleinsein plötzlich komisch vor, und ich benötige einige Stunden, bis ich wieder in meinen Rhythmus gefunden habe.

Monate sind vergangen, der Sommer geht dem Ende zu, und immer noch lebe ich hier auf dem Plateau.

»Los, Kumi, mach schon!« Ich schiebe die Kuh von hinten an, bis sie sich wieder in Bewegung setzt. Es ist früher Abend, wir kommen von unseren Besorgungen zurück, und meine vierbeinige Freundin bleibt alle paar Meter stehen, denn sie hat keine Lust auf den Stall. Hätte ich auch nicht an ihrer Stelle. Ein Wunder, die nächsten hundert Meter schaffen wir am Stück. »Brav, Kumi!« Ich laufe flott voran, damit die Kuh gar nicht erst auf die Idee kommt, noch mal anzuhalten. Zehn Minuten später steuern wir die Hütte an.

Was wäre, wenn jetzt jemand auf dich warten würde?

Wie?

Wenn jemand für dich gekocht hätte oder sich einfach nur freuen würde, dass du wieder da bist.

Still! Ich vermisse nichts. Man kann sich auch zu zweit einsam fühlen.

Kurz darauf setze ich mich an den Rand des Plateaus. Im Licht der untergehenden Sonne erscheinen die gegenüberliegenden Berghänge gestochen scharf. Ich ziehe mir die Adlerfeder aus dem Haar und streiche damit über meinen Handrücken. Ganz weich fühlt sie sich an.

Fehlt mir vielleicht doch jemand? Ein Mensch, der zu mir gehört, zu dem ich gehöre?

Die Feder hat ein Streifenmuster und endet in einer dunklen Spitze.

Flügel bräuchte ich.

Wie ist es mit dem Vertrauen, mit der Liebe? Beides wollte ich hier in Indien lernen. Aber geht das überhaupt allein? Ich bin so viel allein gewesen in meinem Leben. Mit dem Gipsbett hat es angefangen. Nur die Hände konnte Oma mir halten, nur über den Kopf streicheln, und selbst das war mir zu viel, weil ich so eingeschnürt war. Ist das etwa mein Programm? Stecke ich vielleicht immer noch im Gipsbett? In einer unsichtbaren Schale, die mich einengt und mich von anderen Menschen trennt?

Nein, Sabrina. Denk an das Mädcheninternat. Denk an all deine Reisen: Immer wieder hast du gespürt, wie gut es dir tut, dich zurückzuziehen, weil du dir dann selbst ganz nahe bist. Deine Schale schützt dich auch. Deine wichtigsten Entscheidungen hast du immer getroffen, wenn du allein mit dir warst und die unbändige Sehnsucht deines Herzens spüren konntest.

Aber wenn mir doch jemand fehlt?

Wer denn bloß?

Das ist es ja. Ich weiß es nicht. Aber wie soll ich Liebe entwickeln, wenn niemand da ist.

Du kannst das Leben lieben. Die Menschen, die dir begegnen. Das Universum. Es ist immer etwas da, das du lieben kannst. Zuallererst nimm dich selbst an. Verzeih dir deine Schwächen und arbeite an der Reinheit deines Herzens.

Wie kann ich das tun?

Indem du ehrlich Dankbarkeit empfindest – an jedem Tag. Dann öffnet sich dein Herz und wird überflutet mit guten Gefühlen.

Na ja. Das geht tatsächlich auch ohne Partner.

Als die Abendsonne hinter dem Bergkamm verschwunden ist, stecke ich mir die Adlerfeder wieder ins Haar und sammele ein paar Gräser für Kumis Betthupferl. Dann trete ich den Rückzug in die Hütte an.

Wahrscheinlich muss ich diese Zustände des Zweifelns annehmen und darf sie nicht mehr hinterfragen. Irgendeinen

Sinn müssen sie haben. Von hier wegholen, so beschließe ich, kann mich jedenfalls niemand. Niemand außer mir selbst.

An diesem Abend gehe ich früh zu Bett, und orientalische Oboenklänge tragen mich in den Schlaf.

Immer wieder dachte ich in den folgenden Wochen über das Alleinsein nach. Meine innere Ruhe verschwand, und das wohlbekannte Gefühl des Weitermüssens regte sich. Ich tat es als alte Neigung ab und versuchte es auszusitzen, doch es blieb und verstärkte sich. Unmöglich, es zu ignorieren. Eine kleine Veränderung, so dachte ich schließlich, würde mir vielleicht guttun? Ja, das war es! Ich würde eine Erkundungsreise machen, wie ich sie liebte, meine Sinne durch Abenteuer fordern und dann zurückkehren.

Was aber sollte mit Kumi werden? Ich wollte sie weder allein lassen noch mit einer Kuh durch die Lande wandern. So schlug ich Gopal vor, auf seinem Hof einen Stall zu bauen, und engagierte dafür einige Männer aus der Nachbarschaft. Als Kumi in ihrem neuen Heim stand und noch eine Ziege zur Gesellschaft bekommen hatte, konnte ich beruhigt aufbrechen. Meine Schlaf- und Kochutensilien ließ ich in der Hütte, denn Gopal versicherte mir, dass niemand anderer Zutritt haben würde. Wir vereinbarten: Sollte ich nach einem Jahr nicht zurückgekehrt sein, würde alles der Familie gehören. Nur meinen Walkman nahm ich mit. Ich steckte die Stöpsel in die Ohren und zog los. Sieben Tage, länger wollte ich nicht unterwegs sein.

Man konnte es Spazierengehen nennen, was ich da machte. Ich kam nur langsam voran, ließ mich von der Landschaft verzaubern und hatte keine Ahnung, wo ich war oder in welche Richtung ich ging. Immer tiefer führte mich der Weg in den Vorderen Himalaja hinein. Hier waren die Berge so hoch wie in den Alpen. Ich kam teils mit dem Ochsenkarren, teils zu Fuß vorwärts und übernachtete in einfachen Hotels oder in kleinen Tempeln. Einheimischen wie Touristen fiel ich vermutlich auf, denn schon wieder sah ich nicht gerade sonderlich gepflegt aus – mit Rastahaaren und Rissen in der Kleidung, nachdem ich einmal durchs Gestrüpp gekrochen war. Als ob ich aus einer Höhle gekommen wäre.

Die sieben Tage waren längst vorüber, und immer noch ging ich weiter. Einmal machte ich länger Halt bei ein paar Europäern – weißen Rastas, die mich in ihr Haus einluden. Wir kochten, wanderten und trommelten bis tief in die Nächte hinein, feierten und diskutierten und hatten viel Spaß. Es waren ehemalige Zahnärzte, Lehrer und ein Literaturprofessor darunter – alles Aussteiger, was mir großen Respekt abnötigte. Gern wäre ich länger geblieben, doch irgendetwas schob oder zog mich weiter.

Wie eine Schlafwandlerin reiste ich nun, ohne Ziel, ohne Gefühl für Raum und Zeit. Nur dass ich vorwärts musste, spürte ich. So als ob ich nicht Halt machen durfte, wenn ich irgendwann einmal wirklich auf den Grund meiner Seele blicken und das erkennen wollte, was dort auf Erlösung wartete. Das Herz hat eben doch die stärkste Anziehungskraft. Aber warum dauerte meine Suche so lange? Lag es daran, dass ich immer noch kein klares Ziel hatte? Immerhin wollte ich keinen Widerstand mehr leisten, sondern mich einfach vom Weg führen lassen. Ich wollte mich dem Fluss des Lebens hingeben.

Hungrig wie ein Wolf komme ich in einem abgeschiedenen Dorf an. Meine Hände, die Füße und das Gesicht sind rot vor Kälte – ich habe nicht gemerkt, dass es langsam Herbst geworden ist. Nun stehe ich zwischen ein paar Häusern, die wie hingewürfelt in einer Flusssenke verstreut liegen. Es muss später Nachmittag sein, weit und breit ist keine Menschenseele zu sehen, geschweige denn ein Restaurant oder gar ein Hotel. Ratlos drehe ich mich um mich selbst. Soll ich einfach rufen oder irgendwo anklopfen?

»Idhar aa jao«, sagt plötzlich eine Stimme auf Hindi hinter mir – »Komm her!« Eine Frau steht in einer Haustür und winkt mich zu sich. Drinnen sitzt ihre Familie eng um den Ofen. Man macht mir Platz, und ich bekomme Tee. Wie lieb von ihr, mich einfach hereinzuholen und vor dem Erfrierungstod zu retten!

»From where you are?« Einer der Jungen spricht etwas Englisch.

Ich erkläre es ihm. »Kann ich irgendwo übernachten?«

»Hier sind nur kleine Läden und eine Apotheke.«

Das habe ich ja prima hinbekommen. Und jetzt – innerer Blick nach oben – möge bitte ein neuer Plan in Kraft treten, ja?

»Auf der anderen Seite vom Fluss«, sagt der Junge jetzt, »da gibt es einen Tempel.«

Ein Ashram, Gott sei Dank! Fast muss ich schmunzeln, so perfekt ist dieser neue Plan.

»Da kannst du übernachten. Wenn Guruji gute Laune hat.«

»Guruji?«

»Ja. Ein sehr weiser Sadhu. Sehr mächtig. Du kannst hingehen, kein Problem.«

Ich will mich schon bedanken und aufbrechen, doch der Junge möchte mir noch etwas mitteilen: »Sieh ihm nicht in die Augen. Respekt, verstehst du?«

Ich nicke, auch wenn ich nicht ganz begreife.

Kurz darauf verabschiede ich mich von der Familie. Ich will den Tempel noch vor dem Dunkelwerden erreichen. Inständig hoffe ich, einen gutgelaunten Guruji vorzufinden.

9

Guruji

Ich überquere den Fluss und laufe den Hang hinauf, wie der Junge es beschrieben hat. Angestrengt spähe ich in die Dämmerung: Keine Spur von einem Tempel! Nur eine Hütte wird langsam zwischen verstreuten Bäumen und Büschen sichtbar. Eine Glühlampe hängt am Außendach und beleuchtet die nähere Umgebung. Schräg unterhalb, so erkenne ich im Näherkommen, befindet sich ein halbfertiges Gemäuer, dem das Dach fehlt. Wenige Minuten später stoße ich auf einen niedrigen, mit Felsbrocken gefassten Brunnen. Noch ein paar Schritte, dann stehe ich vor einer kleinen Treppe aus Steinplatten, die zur Hütte hinaufführt.

Mein Herz klopft, als ich die Stufen emporsteige. Das windschiefe Holzhäuschen scheint nur drei Wände zu haben, denn die Vorderfront ist mit schweren Wolldecken verhängt. Langsam schiebe ich eine davon zur Seite. Ein Raum wird sichtbar, in dessen Mitte vier Männer um ein Feuer herumsitzen. Ein fünfter thront an der Stirnseite etwas erhöht auf einem Holzbett. Es ist mit einem Tigerfell bedeckt und dient tagsüber wohl als Sitz, als Asan, wie die Inder sagen.

Ist das die richtige Unterkunft? Egal, ich habe keine Wahl, es ist dunkel und furchtbar kalt. Ich gebe mir einen Ruck und trete ein. Wortlos rücken die vier Männer zusammen, und ich finde einen Platz an der Stirnseite, vor dem Asan.

Totenstille. Alle sehen ins Feuer. Verstohlen strecke ich meine Hände und Füße aus und spüre, wie sie wieder warm werden. Plötzlich streift ein Hauch meine linke Wange. Ich wende den Kopf und blicke direkt in ein Paar riesiger Augen. Vor Schreck schaue ich gleich wieder geradeaus. Jetzt sagt eine tiefe Stimme links von mir etwas auf Hindi. Sofort entsteht Bewegung im Raum, wenig später kocht Wasser auf dem Dreibein über dem Feuer. Wer ist das neben mir mit den großen Augen und der eindrücklichen Stimme? Ich wage noch einen Seitenblick und erstarre: Der Mann auf dem Asan ist splitternackt. Sein ganzer Körper ist mit Asche bedeckt, ein zotteliger Bart ziert sein Gesicht, und die langen hellbraunen Haare sind an der Schläfe zu einem Knoten geschlungen. Schlagartig sehe ich die Wilden in der Gasse von Pahar Ganj vor mir, und ich höre wieder die Worte des Einheimischen: »gefährliche, kriegerische Sadhu-Kaste«. Mir wird ganz flau im Magen – ich bin bei einem Naga Baba gelandet!

Kurz darauf reicht mir der Krieger-Priester einen Metallbecher mit Tee. Ich nehme ihn und vermeide dabei, den Mann anzuschauen. Nun verstehe ich die Ermahnung des Jungen. Vielleicht sollte ich doch schnell wieder verschwinden.

»From where you coming now?«, dringt die tiefe, ein wenig raue Stimme an mein Ohr.

»From Almora.« Ich rühre mich nicht. Dabei bin ich sonst die Erste, die den Menschen in die Augen blickt.

»Welcome here.«

»Thank you.« Bloß nicht aufschauen.

»Are you hungry?«, fragt der Naga Baba neben mir beharrlich weiter. Auf einmal klingt seine Tigerstimme ganz weich.

Ich öffne den Mund, um zu antworten, und sehe ihn gegen meinen Willen nun doch an. Da durchfährt es mich wie ein Blitz. Mein Atem stockt, mir wird schwindlig, und ich kann nur noch in die großen, unendlich tiefen Augen dieses Mannes schauen, der meinem Blick beharrlich standhält. Welche Aufrichtigkeit in diesen Augen liegt, welche Wärme und Liebe! Als ob sie in mein Innerstes sehen. Als ob wir einander schon ewig verbunden sind.

Vorsicht, Sabrina!, rufe ich mich zur Ordnung. Jetzt will er prüfen, ob du eine reine Seele hast. Will dich hypnotisieren oder deine Gedanken lesen.

Ich fühle mich wie ein offenes Buch, in dem er blättern kann. Mein Blick reißt sich von seinem los und sucht Halt im Feuer. Himmel, ich wollte doch nur ein kleines Pilger-abenteuer zur Klärung meiner Gefühle und keine derartige Explosion! Wo bin ich hier hingeraten? Eine Form der Liebe liegt in der Luft, die ich nicht einordnen kann. Ich habe das Gefühl, darin zu baden – und der süßliche Duft, der diesen kleinen Tempel durchweht, ist zusätzlich betörend. Viel habe ich schon über die spirituellen Meister des Himalaja gelesen, die mit ihrer seelischen Kraft für die ganze Welt arbeiten. Nie konnte ich mir vorstellen, wie es sein würde, solchen Menschen zu begegnen. Ob er wohl einer von ihnen ist? Meine Ängste und Anspannungen, auf einmal sind sie weg – nur durch die Ruhe und Wärme dieses Hindumönchs und Priesters neben mir und durch das unsichtbare Band, das ich zwischen uns spüre.

Bevor ich mir weiter darüber klar werden kann, bemerke ich, wie alle uns anstarren und wie unanständig es auf sie wirken muss, dass ich ihrem Dorfheiligen so ins Gesicht geschaut habe. Noch immer habe ich seine Frage nicht beantwortet. Wie lautete sie überhaupt? Beschämt blicke ich ins Feuer und fasse nicht, was da gerade geschieht. Vielleicht ist das die Liebe, von der die Schüler dieser spirituellen Meister in ihren Büchern berichten. Wie eine erotische Anziehung fühlt es sich jedenfalls nicht an.

Sabrina, sage ich mir mit dem letzten Rest an klarem Verstand. Neben dir sitzt nichts als ein verstaubter, bärtiger Rastaman – noch dazu in einer sehr spartanischen Umgebung. Du bist übermüdet und brauchst unbedingt Ruhe. Und bei Sinnen bist du auch nicht mehr.

Allerdings! Ich muss ja verrückt sein, zu glauben, dass ich für diesen nackten, mit Asche eingeriebenen Wilden in einer Holzhütte im Himalaja etwas empfinde. Und dass ich für ihn auch nur die geringste Bedeutung habe, kann ich mir sowieso gleich abschminken. Ich werde ihn nicht mehr anschauen. Punkt.

Aber was tun mit der plötzlich geweckten unglaublichen Sehnsucht nach einer tiefen Verbindung – danach, um meiner selbst willen geliebt zu werden, ganz ohne Angst? Dieser aschebedeckte Priester hat mich angeschaut, wie kein Mensch zuvor es je getan hat.

Jetzt verschwindet er und kehrt, in einen orangen Wickelrock gekleidet, zurück. Er setzt einen Topf mit Reis auf das Dreibein über dem Feuer und knetet in Windeseile Chapatiteig zu Fladen. Während er sie backt, köcheln Linsen über einem Gaskocher. Als alles fertig ist, nimmt der Priester mit drei Fingern etwas Reis, Linsen und Brot und wirft sie als Opfer für die Götter in die Flammen. Ich verfolge jede seiner Bewegungen, sie erscheinen mir wie ein heiliges Ritual. Dann füllt er die Speisen in bereitstehende Blechteller und reicht mir zuerst.

»Thank you.« Zutiefst verlegen nehme ich meinen Teller entgegen.

»Welcome, Didi.« Er nennt mich Schwester – wie schön das klingt, wie vertraut.

Sich selbst bedient der Naga Baba zuletzt. Wir essen schweigend. Nur das Knistern des Feuers ist zu hören.

Als die Teller geleert sind, verlassen die Männer einer nach dem anderen die Hütte, nachdem sie sich vor dem Gastgeber verneigt haben und mit einem Aschepunkt auf der Stirn gesegnet wurden. Ich bleibe mit ihm allein zurück. Es ist ausgeschlossen, dass ich gehe. Wohin auch?

Eine ganze Weile sprechen wir nichts.

»Wie heißt du, Didi?«, klingt es da plötzlich auf Englisch sehr leise neben mir.

Fast ungewollt drehe ich den Kopf in seine Richtung, unsere Blicke treffen sich erneut. Wieder dieser Sog! In mir dreht sich alles. Er sitzt immer noch auf seinem Asan und schaut mich forschend an, den rechten Ellbogen auf dem Knie abgestützt, das Kinn in der rechten Hand.

»Sabrina.« Ein Wunder, dass ich das noch weiß.

»Du kommst von weither, Didi?« Jetzt lächelt er mir zu, dabei werden wunderschön geschwungene Lippen unter dem Bart sichtbar.

»Ich bin aus der Schweiz.«

»Oh, wie schön«, ruft er erheitert aus, »viele Berge, wie im Himalaja!«

»Das stimmt.« Mehr fällt mir nicht ein.

»Was suchst du hier, Didi?«

»Ich brauche nur einen Platz zum Schlafen für heute Nacht, Babaji.« Ich gebrauche die ehrende Anrede für Sadhus, die ich von Anuva Baba her kenne.

»Kein Problem. Du kannst hier liegen.« Er zeigt auf den Boden links von der Feuerstelle, springt auf und flitzt wie ein Wiesel von einer Ecke in die andere.

»Hier, Didi« – und schon fallen mir drei Decken vor die Füße, Staub steigt aus ihnen auf. Zwei falte ich mir als Unterlage, mit der dritten decke ich mich zu, und meine Tasche nehme ich als Kissen. Natürlich bleibe ich angezogen.

Der Priester beobachtet meine Nestbauerei und hebt anerkennend den Daumen, als ich mich endlich eingerichtet habe.

»Gute Nacht, Didi.«

»Gute Nacht, Babaji.«

Ich lege mich hin und schließe die Augen. Kurz noch denke ich an die Wanzen, die sich in den Decken sicher schon freudig die Rüssel reiben. Dann füllt die Anwesenheit dieses Mannes mein ganzes Inneres aus. Guruji haben die anderen ihn genannt, genau wie der Junge unten im Dorf. Hier in Indien ist das ein Ehrentitel für religiöse Lehrer. Guruji! Wieder und wieder sage ich in Gedanken zärtlich seinen Namen. Das Knistern der Flammen im Ohr, schlafe ich schließlich ein.

Ein lautes Scheppern weckt mich am nächsten Morgen. Ich halte die Augen geschlossen und versuche zu erfassen, wo ich bin. Allmählich kehrt die Erinnerung an Guruji zurück, und mein Herz beginnt zu rasen bei dem Gedanken, mit ihm im selben Raum zu sein.

Sei stark, ermahne ich mich selbst. Lass dir nichts anmerken. Du sagst jetzt Guten Morgen, packst deine Sachen, bedankst dich und verschwindest.

In diesem Moment steigt mir der Rauch der Feuerstelle in die Nase. Ich muss husten und richte mich auf. Mein Blick fällt auf Guruji, der auf seinem fellbedeckten Asan sitzt und höchst fit wirkt.

»Good morning, Deviji«, höre ich seine tiefe, raue Stimme.

»Namaste«, grüße ich zurück. Andächtig lege ich die Handflächen vor der Brust aneinander und sehe ihm in die Augen. Sein Lächeln lässt mir schon wieder den Atem stocken. Er scheint geduscht und seine Dreadlocks gewaschen zu haben. Was für ein beeindruckendes Antlitz er hat – ohne die Asche im Gesicht! Sein Körper schimmert nougatbraun, und jung sieht er aus. Die Haare sind nicht, wie gestern Abend, zu einem Nest am Kopf gewickelt, sie hängen lang herunter und kringeln sich über den Rand des Asans. Er trägt den Lungi, den traditionellen orangen Wickelrock, dazu hat er eine rotgeränderte Wolldecke über den Schultern liegen. Es ist frisch, und die Holzkohle glüht nur noch wenig. Durch den halbgeöffneten Vorhang sehe ich den Morgennebel vorüberziehen. Auch ich lege mir eine meiner Decken über die Schultern, um nicht zu frieren.

Er reicht mir einen Becher mit Tee.

»Thank you, Guruji.« Die Anrede scheint ihn zu freuen, er quittiert sie mit einem anerkennenden »Aah«.

In kleinen Schlucken trinke ich meinen Tee, während seine Augen – ich spüre es mit jeder Faser – immer noch auf mich gerichtet sind. Mein Herz schlägt bis zum Hals. Schließlich erwidere ich seinen Blick und muss lachen. Wie offen und neugierig er mich anschaut, ohne jede Scheu, dafür voller Liebe. So verlegen bin ich in meinem ganzen Leben noch nicht gewesen.

Dann sitzen wir da, ohne zu sprechen. Doch das Schweigen ist lauter, als Stimmen es sein könnten. Eine Kommunikation findet statt, die nicht in Worte zu fassen ist. Ich werde noch verrückt. Besser, ich verschwinde jetzt gleich – hier herumsitzen kann ich sowieso nicht länger, das fällt ja nur auf.

Doch während ich noch die Decken zusammenfalte und dabei überlege, ob ich nach Almora zurückgehen soll, kommt sie – die Frage aller Fragen: »Was für Pläne hast du?«

Was soll ich sagen – dass ich auf der Suche nach dir gewesen bin? »Ich weiß nicht«, platze ich heraus. »Ich reise. Sammele Erfahrungen. Eigentlich lebe ich in Almora.«

»Sehr gut. Du solltest eine Weile hier im Dorf bleiben.«

»Warum?«

»Nächste Woche findet ein großes Fest statt. Mit vielen Ritualen, mit Essen und Tanz. Das ganze Dorf wird geschmückt.«

Erwartungsvolles Schweigen auf seiner Seite.

Und nun? Essen und Tanz klingt gut. Trotzdem – ich kann auf keinen Fall im Tempel bleiben. Hier würde ich nach einer Woche als aufgelöstes Etwas enden.

Er beobachtet mich, und ich spüre eine Autorität, die keine Absage duldet. »Weißt du vielleicht, wo ich wohnen kann?«, frage ich schließlich.

»Warte hier. Nachher kommen Leute aus dem Dorf. Ich frage sie.«

Danach sagen wir beide nichts mehr. Ab und an schaue ich zu ihm hinüber, dann treffen sich unsere Blicke. Seine

Anziehungskraft ist unbeschreiblich. Doch endlich meldet sich die kritische Stimme in mir. Pass auf, meine Liebe, sagt sie streng, du kannst nicht mehr richtig denken.

Ich gebe der Stimme recht und beschließe, dass ich jetzt wirklich rausmuss. Mit der Zahnbürste und meiner Lota verlasse ich ohne jede Erklärung die Hütte und gehe erst einmal zum Brunnen. Tief atme ich dort die frische Luft ein und versuche, wieder klar zu werden. Wo bin ich eigentlich gestern Abend heraufgekommen? Ein sandiger Pfad schlängelt sich den Abhang hinunter und mündet dort in einen breiten Weg, der zur Brücke führt. Auf der anderen Talseite stehen die paar Häuser, die das Dorf ausmachen. Dahinter geht es wieder den Berg hinauf.

Noch einen Moment sitze ich auf dem Brunnenrand und lasse die Landschaft auf mich wirken, die nun immer deutlicher aus dem Dunst hervortritt. Trotz ihrer herbstlichen Kargheit wirkt sie freundlich – mit verstreuten Wiesen, Baumgruppen und Gebüsch. Im Frühling muss es hier wunderschön sein.

Dann fülle ich endlich die Lota mit Wasser und klettere den Abhang hinunter, Richtung Fluss, auf der Suche nach einer geeigneten Stelle für meine Notdurft. Es braucht rund zweihundert Meter bis zum Fluss und noch einige weitere, bis ich das passende Gebüsch finde.

Auf dem Rückweg klopft mein Herz so stark, dass ich meine, man müsse es schon aus weiter Ferne hören. Am Brunnen bleibe ich erneut stehen. Sabrina, sage ich mir energisch. So oft schon hat dein Herz geklopft, und so oft hat es danach furchtbar wehgetan. Jede Wette, dass das hier ein Test von oben ist, ob du dich wieder von der Männerwelt einlullen und von deinem Weg abbringen lässt. Also verschwinde endlich von hier, such dir eine Bleibe und führ das ruhige, mit Gott verbundene Leben, das du dir vorgenommen hast.

Mit diesem Entschluss steige ich wieder die Stufen zur Hütte hinauf und schiebe den Vorhang beiseite. Guruji sitzt auf seinem Asan und zeigt lächelnd auf den Eckplatz links davon: Dort soll ich sitzen. Offensichtlich hat er neue Scheite aufgelegt, denn das Feuer brennt kräftig. In seinem Schein und in dem wenigen Tageslicht, das durch den Deckenvorhang dringt, sehe ich den Raum nun erst richtig. Er mag wohl fünfundzwanzig Quadratmeter groß sein und dient wie bei Anuva Baba als Wohnung und als Tempel. Das Feuer, das in einer Vertiefung brennt, ist Koch- und Opferstelle in einem – die Inder nennen sie Dhuni. Aber der Boden dieses Tempels ist rissig und voller Löcher, und von der rauchgeschwärzten Decke hängen Staubfetzen herunter. Auf den Querbalken der Seitenwände stehen Becher, Schüsseln, Lotas, Kartons und anderes Zeug wild durcheinander. Metallboxen mit Mehl und Gewürzen, ein paar Blechteller und ein Eimer befinden sich griffbereit am Boden, und schmutzige Decken liegen in kleinen Haufen um den Dhuni herum. Schön ist nur der blütengeschmückte Altar – mit Heiligenbildern, Statuen des tanzenden Shiva und seines Sohnes Ganesha sowie einer goldgerahmten Abbildung von Shivas Geliebter Parvati. Ganz vorn liegt, aus poliertem Stein gefertigt, ein Lingam in seiner Yoni.

Verstohlen sehe ich auf die Uhr: halb acht. Jetzt könnte ich mich höflich verabschieden. Doch da beginnt der Naga Baba, Räucherwerk ins Feuer zu werfen, und von draußen sind Stimmen zu hören. Gleich darauf kommen ein paar Männer und eine alte Frau herein. Sie verbeugen sich vor ihrem Priester, der sie mit der Asche aus dem Dhuni segnet, und setzen sich schweigend. Jetzt ergreift Guruji ein Muschelhorn und bläst so kraftvoll hinein, dass das Echo von der anderen Seite des Tals widerschallt. Dann nimmt er eine Handtrommel mit Schlagsteinchen in die rechte und ein Glöckchen in die linke Hand, schließt die Augen und legt los. Eine halbe Stunde lang ist nichts zu hören als der Klang der Trommel und des Glöckchens. Die Rhythmen und der süße Duft des Räucherwerks nehmen mich ganz gefangen, und ehrfürchtig spüre ich die spirituelle Hingabe dieses Mannes. Für einen Moment schließe ich ebenfalls die Augen.

Immer mehr Menschen sind währenddessen hereingekommen. Als der Raum zum Bersten voll ist, beginnt Guruji zu singen. Die vibrierenden Töne verweben sich zu einem Klangmuster, dem ich mich vollkommen überlasse. Ganz leicht fühle ich mich, voller Liebe und guter Gedanken. Hoch und weit fort trägt mich Gurujis Stimme. Die indischen Heiligen schauen so freundlich herüber, sie lächeln mich liebevoll an wie einst die Muttergottesstatue in der Mariengrotte. Tränen schießen mir in die Augen, alles verschwimmt. Erst als die anderen beginnen, mitzusingen und zu klatschen, fasse ich mich.

Nach etwa einer Stunde ist die Puja-Zeremonie beendet. Sofort setzt Geschäftigkeit ein. Mit einem Fingerschnipsen und einem Blick dirigiert Guruji die Leute. Jeder scheint zu wissen, was er tun soll: Einer schleppt Holz herbei, ein Zweiter den gefüllten Wasserkessel, wieder andere reichen Milch und weitere Zutaten. Der Naga Baba hockt an der Stirnseite des Dhunis und bereitet darüber den Tee zu.

Schweigen. Jeder schlürft seinen Tee. Schließlich unterbricht Guruji die Stille, indem er einen ganz in Weiß gekleideten Mann anspricht. Der kommt zu mir herüber, setzt sich und stellt sich in flüssigem Englisch vor. Er heißt Pradeep und führt die Apotheke unten im Dorf. Sein rundes Gesicht glänzt, als ob er eine Extraschicht Creme aufgetragen hätte.

»Guruji sagt, du willst hierbleiben?«, fragt er, während nun auch die anderen Gäste sich leise unterhalten.

»Für das Fest, ja. Und wenn es mir gefällt, vielleicht noch etwas länger.« Wie weggeblasen sind meine Pläne, fortzugehen. Etwas in mir sehnt sich danach, mehr über Guruji zu erfahren. Ich will wissen, ob nur ich diese unglaubliche Energie spüre, sobald unsere Blicke sich begegnen. Und ich muss herausfinden, was es ist, das uns verbindet – auch wenn das wehtun könnte. Es kann doch kein Zufall sein, dass ich hier gelandet bin. Wenn ich jetzt fortgehe, werde ich diesen Mann nie aus dem Kopf bekommen.

»Eine Familie aus dem Dorf hat ein leeres Holzhaus«, unterbricht der Apotheker meine Gedanken. »Ich kann dir helfen zu verhandeln.« Er steht auf. »Man sieht es von hier oben.«

Wir verlassen den Raum. Draußen zeigt Pradeep auf die andere Talseite, und tatsächlich, in etwa dreihundert Metern Luftlinie steht mitten auf einer Wiese über einem Abhang ein kleines Haus. Merkwürdig, denke ich, wieder eine Art Plateau, wie mit Kumi. Obwohl ich eigentlich abgelegener wohnen möchte, erkläre ich mich mit einer Besichtigung einverstanden. Wir kehren in den Tempel zurück, und Guruji lädt mich für den Nachmittag zu Tee und süßem Gebäck ein. Meine Freude darüber lasse ich mir nicht anmerken, als ich mich für den Segen vor ihm verneige. Dann folge ich dem Apotheker hinunter ins Tal.

»Wie heißt Guruji wirklich?«, frage ich unterwegs.

»Shri Shankar Giri Maharaj«, antwortet Pradeep, ohne anzuhalten. »Er stammt aus einer Maharadscha-Familie in Gujarat.«

»Wie kam er hierher?« Ich möchte am liebsten alles wissen.

»Eine lange Geschichte«, lacht Pradeep und bleibt nun doch stehen. Wenn er lacht, werden seine Augen zu kleinen Schlitzen. »Zu lang für diesen kurzen Weg.«

Auch ich muss jetzt über mich selbst und meine Neugier schmunzeln. »Erzähl sie mir irgendwann.«

»Ja, Didi. Beim Tee.«

Der Apotheker gefällt mir. Er ist ausgesucht höflich und interessiert sich für die Welt, aus der ich komme. Wir plaudern miteinander, bis wir auf der anderen Talseite die Anhöhe erreicht haben.

Das Häuschen scheint sauber, es bietet genug Platz zum Wohnen und Schlafen sowie einen Küchenraum mit Feuerstelle. Ich besichtige alles und trete wieder nach draußen. Am Berghang auf der gegenüberliegenden Seite ist winzig klein der Tempel zu sehen.

»Sieh mal, Pradeep«, ich zeige hinüber, »dort drüben.«

»Guruji sieht alles«, schmunzelt der Apotheker.

»In meine Hütte sieht er nicht hinein«, gebe ich leicht schnippisch zurück. Und denke: aber in mein Herz.

Ich vereinbare mit den Besitzern eine günstige Miete und mache mich gleich ans Einrichten. Pradeep zeigt mir, wo ich alles Nötige bekomme. Zwei Stunden später habe ich die Sachen besorgt, und Pradeeps Sohn schleppt mir meine Einkäufe nach oben. Die Hausbesitzerin bringt mir einen großen Besen und Milch. Jeden zweiten Tag, so verabreden wir, kaufe ich einen Liter bei ihr.

Ich fege mein neues Zuhause aus und verteile meinen Besitz. Inzwischen ist es Nachmittag geworden – eilig laufe ich hinunter und auf die andere Seite des Flusses. Ich will pünktlich bei Guruji erscheinen.

Wie heute Morgen ist seine Hütte zum Bersten voll. Es scheint, als wäre das ganze Dorf gekommen. Während der Zeremonie halte ich mich im Hintergrund, doch immer, wenn unsere Blicke sich treffen, öffnet sich mein Herz, und ich spüre eine seltsame Art der Hingabe und Verehrung. Gleich darauf schüttele ich innerlich den Kopf über mich. Gut, dass ich nun eine eigene Bleibe habe! Ich muss mir dringend über mich selbst klar werden.

Mit den Ersten, die gehen, breche ich auf. Guruji segnet mich zum Abschied, indem er mir mit der Spitze seines Daumens etwas Asche auf die Stirn zeichnet. Ich könne stets bei ihm essen, sagt er in gebrochenem Englisch, und dass er mir von seiner Seite des Flusses aus jeden Tag um die Mittagszeit einmal zuwinken werde. Ich lächele ihn an und empfinde eine Verbundenheit, die schon schmerzt.

10

Wo warst du all die Zeit?

»Pradeep, wie lange kennst du Guruji schon?« Wir sitzen vor meinem Häuschen. Die Linsen, die ich zum Säubern mit ins Freie genommen hatte, bleiben ungeputzt, denn der Apotheker hat mir vorhin, übers ganze Gesicht strahlend, eine gefüllte Lota mitgebracht: »Mittagessen. Von Guruji, für dich.« Und dass der Priester wissen wolle, wie es mir gehe.

»Gut«, sagte ich und nahm die Lota.

»Du fühlst dich wohl hier?«

»Es ist wunderbar.« Mit dem Arm beschrieb ich einen Kreis, der alles einschloss – mein gemütliches Holzhaus, die Wiese, das Dorf im Tal, den Fluss, die Brücke und den Berghang auf der anderen Seite mit Gurujis Tempel. Pradeep braucht nicht zu wissen, welchen Kampf ich seit Tagen mit mir ausfechte.

Eine Woche bin ich jetzt hier, und der Naga Baba hat Wort gehalten. Jeden Mittag steht er im Freien und winkt zu mir herüber. Dann winke ich zurück. Wenn ich meinen Aussichtspunkt am Rand der Wiese noch nicht erreicht habe, wartet er, bis ich auftauche. Nach dem Winken bleiben wir eine Weile wie angewurzelt stehen und schauen. Manchmal fließen bei mir Krokodilstränen vor lauter Sehnsucht, und ich muss an die wenigen Menschen denken, die ich liebe und vermisse. Warum tut Liebe weh? Wohin soll das noch führen?

Zu Gurujis Zeremonie bin ich nicht mehr gegangen. Ich will nicht bei ihm sein und dabei wissen, dass ich ihm niemals mein Herz erklären darf. Lieber halte ich Abstand, auch wenn es mich beinahe irre macht, die seelische Einheit mit diesem Mann so stark zu spüren und ihn dabei nicht erleben zu können. Immer wieder frage ich mich: Was sind meine Gefühle? Nehme ich auch die seinen wahr? Sind wir wirklich so verbunden?

Und nun dieses Geschenk, dieses Essen. »Er bittet dich zum Tee«, erklärt Pradeep jetzt. »Heute Nachmittag um vier.«

Das, so höre ich an seiner Stimme, ist keine Einladung, sondern die Aufforderung zu einer Audienz. Ihr muss ich wohl Folge leisten. »Wie lange kennst du Guruji?«, wiederhole ich meine Frage.

Statt einer Antwort steht der Apotheker auf, führt mich an den Rand des Abhangs und zeigt ins Tal, wo der Fluss sich an den kleinen Häusern vorbeischlängelt: »Schau, die Wiese am anderen Ufer.«

»Die mit den Pferden?«

Am Fluss leben ein paar Pferde, die niemandem gehören. Sie weiden und spielen miteinander, und manchmal geht eines zu diesem oder jenem Bauern, stellt sich unter und bekommt zu fressen. Nach ein paar Tagen kehrt es dann zu den anderen zurück.

»Siehst du den großen Baum auf der Wiese?«

Ich nicke. Darunter steht eine Klause.

»Dort habe ich ihn kennengelernt«, sagt Pradeep. »Vor mehr als dreißig Jahren.«

Gespannt höre ich zu.

»Er kam hier an und setzte sich unter den Baum. Die Hütte

darunter gab es noch nicht. Er saß einfach unter dem Baum, dessen Äste schon damals genug Schutz boten, er betete und achtete auf das Feuer. Der Priester, bei dem er aufgewachsen war, hatte die Welt nach einer Feuerzeremonie verlassen, einfach so, im Sitzen. Er hatte die höchste Weisheit erlangt. Danach war Guruji geraume Zeit als Pilger unterwegs, bis er endlich zu uns kam. Ich war damals ein kleiner Junge und durfte ihm oft zu essen bringen. Alle Kinder brachten ihm Essen. Den Erwachsenen gegenüber war er zurückhaltend, doch mit uns Kindern spielte er oft.«

»Wie schön«, sage ich leise. Ich sehe den kleinen Pradeep vor mir, wie er einen Blechteller mit Linsen oder Reis zu Guruji trägt. Ganz vorsichtig, damit er nichts verschüttet. Und Guruji, der junge Guruji mit pechschwarzen Haaren und riesengroßen Augen, er lächelt dem Kind zu, das so ernsthaft zu ihm kommt, er streicht ihm über den Kopf und segnet es mit einem Bindi aus Asche auf der Stirn.

»Irgendwann sah ich, dass Guruji eine Narbe am Rücken hat«, fährt Pradeep fort. »Eine Schussverletzung. Er hat gegen die Briten gekämpft wie alle Naga Babas früher.«

Ich nicke und denke wieder an die Krieger in Pahar Ganj.

»Schon damals gab es Pferde unten auf der Wiese«, fährt Pradeep fort. »Manchmal fing er eines ein und ritt darauf, dann kam das ganze Dorf, um zuzuschauen. Er kannte sich sehr gut mit Pferden aus. In seinem Orden war er für sie verantwortlich gewesen.«

»Und wie ging es dann weiter?«

»Nach sieben Jahren hat ihm das Dorf die Hütte unter dem Baum gebaut. Darin hat er gewohnt, bis ihm ein Maharadscha das Grundstück oben am Hang geschenkt hat. Dort haben sie dann aus Holzstämmen, die sie aus dem Parvati River gefischt haben, den Holztempel errichtet. Seitdem lebt er da.«

»Aber was macht er die ganze Zeit? Sitzt er immer nur im Lotossitz auf seinem Asan?«

Da muss der Apotheker lachen. »Er arbeitet sehr hart. Allein die Askese, die es braucht, um höchste Weisheit zu erlangen, braucht viel Disziplin. Er verbringt die Tage damit, die Mantras zu singen. Er liest die Schriften oder meditiert und betet für die Welt und die Menschen. Oft ist er so ins Gebet versunken, dass er seine Umgebung völlig ausblendet. Er hat das höchste Ziel des Yoga schon erreicht – er hat erkannt, dass die Wirklichkeit, wie wir sie wahrnehmen, nur eine Illusion ist. Man könnte sagen, er fährt Lift zwischen Himmel und Erde.«

»Ihr vertraut ihm, nicht wahr?«

»Guruji ist das Herz des Dorfes.«

»Warum sieht sein Tempel dann so ärmlich aus?«

»Was heißt arm?« Fragend zieht Pradeep die Schultern hoch. »An den verschiedensten Orten in Indien hat er Leuten geholfen und sie geheilt. Manche davon sind sehr reich, sie machen ihm wertvolle Geschenke und bauen ihm Tempel aus Marmor. Wenn Guruji umherreist, um seine Schüler zu besuchen, wohnt er darin.«

»Aber er kehrt immer wieder hierher zurück«, ergänze ich.

Pradeep nickt. »Besitz bedeutet ihm nichts. Du wirst sehen: Was ihm gebracht wird, verschenkt er sofort weiter.«

»Und es gab nie eine Frau?« Ich schaue den Apotheker nicht an.

»Das gehört zur Askese. Bis vor wenigen Jahren durften

Frauen sich ihm nicht einmal nähern. Aber jetzt kommen sie auch zur Zeremonie. Übrigens gibt es auch Sadhus, die irgendwann doch eine Familie gründen, nachdem sie über alle Dogmen und Vorschriften hinausgewachsen sind.«

Ist es nicht einsam so ohne Nähe und körperliche Berührung?, frage ich mich, und dann fällt mir ein, dass ich diesen Teil der Askese schon länger teile, wenn auch aus anderen Gründen. Meine Ehrfurcht vor dem Naga Baba wächst von Minute zu Minute. Er scheint genau das zu fühlen und zu leben, wonach ich strebe. Er könnte mein Lehrer sein, mein Meister. Zu gern möchte ich ihm meinen Respekt erweisen. Ob ich ihm einfach etwas Schönes schenke – Räucherwerk, Tee, Bidis? Aber nein, ich habe eine bessere Idee.

»Hör zu, Pradeep«, sage ich verschwörerisch. »Ich möchte Guruji meine Aufwartung machen. Eine richtige kleine Guruseva mit allem, was dazugehört.«

Der Apotheker schaut überrascht. »Woher kennst du das?«

»Aus Rajasthan.« Ich erzähle ihm von meiner Zeit bei Anuva Baba. Pradeep ist begeistert, und wir machen uns auf, die Zutaten zu besorgen: Honig, Milch, Blüten, Rauchwerk, zwei Kilo Getreide, Linsen, Reis und Tee. Eine Kokosnuss finden wir auch, die soll der Naga Baba segnen und aufschlagen, um die Milch dem Feuer darzureichen.

Wir kommen in dem Moment zum Tempel, als Guruji sich mit der Asche des heiligen Feuers überschütten will. Er steht in voller Nacktheit vor uns, und wieder sehe ich seine wirkliche Hautfarbe, die nougatbraun ist wie bei allen Brahmanen und fast golden glänzt. Mein Herz rast, als er mich begrüßt und aus seinen großen Augen anlächelt. Schnell hocke ich mich zu Pradeep an den Dhuni. Die Feuerzeremonie vorbereiten dürfen auch Laien, nur die Opferung selbst ist den Priestern vorbehalten. Guruji verschwindet und kehrt in seinem orangen Lungi wieder.

Außer uns dreien ist niemand im Tempel, umso unmittelbarer erlebe ich alles. Mit Gesang und Trommelschlägen leitet Guruji die heilige Handlung ein, bevor er die Opfergaben dem Feuer übergibt. Ununterbrochen rezitiert er dabei Texte in Sanskrit und wirkt schon wieder ganz in sich versunken. Ich sitze aufmerksam dabei. Zwar verstehe ich kein Wort, aber meine Gedanken und Gefühle überschlagen sich. Ganz zuletzt gießt Guruji die Kokosmilch über den Lingam aus Marmor. Dann verklingt der letzte Ton, die Schalen sind leer.

Wir sitzen schweigend. Nur das Feuer knistert, das soeben die Opfergaben verschlungen hat. Guruji wendet sich mir zu: »Du hast den Göttern ein großes Geschenk gemacht.«

»Es war wunderschön«, erwidere ich. Und bevor er noch etwas sagen kann, bricht es aus mir heraus: »Ich möchte mehr wissen. Über diese Art der Spiritualität. Darüber, wie ich ein gutes und liebevolles Leben führen kann.«

Ein Lächeln fliegt über Gurujis Gesicht. Wenn er lächelt, verliert er alles Ehrfurchtgebietende der Naga Babas. Dann ist er einfach nur ein Mann, der sich freut. Ein schöner und ferner, ein unerreichbarer Mann. Am liebsten würde ich jetzt seine Hand nehmen und ihm meine tiefe Verehrung gestehen.

Spinnst du?, ruft meine innere Stimme. Du müsstest sofort gehen!

Ist ja gut.

Sei froh, dass du hier sitzen darfst. Vor ein paar Jahren hättest du draußen bleiben müssen.

Wenn schon, sage ich trotzig. Ich will doch nur in seiner Nähe sein. Ich möchte in seiner Aura der warmen Stärke und des Schutzes sein und diese andere Art von Liebe spüren.

Er ist Hindumönch und Priester. Schon vergessen?

Nein, gebe ich kleinlaut zu.

Er ist für alle da, nicht nur für dich. Du bist bald wieder weg.

Ich weiß. Leider.

»Erzähl von dir«, setzt Gurujis Stimme der Diskussion in meinem Inneren ein Ende. »Wie hast du gelebt, dort in der Schweiz?«

Da breite ich vor ihm mein früheres Leben aus. Der Naga Baba stellt immer mehr Fragen. Sie zeigen, dass er keineswegs der Hinterwäldler ist, den man in diesem abgelegenen Dorf vermuten würde.

»Jetzt bin ich an der Reihe«, wende ich mich schließlich energisch an den Apotheker. »Ich wüsste so gerne, wie Guruji Priester geworden ist.« Ihn direkt zu fragen wäre mir zu aufdringlich erschienen. Guruji aber lacht nur, nickt und beginnt selbst von seiner Kindheit zu erzählen. Davon, wie er sich mit sieben Jahren von seinen Eltern trennen und fortan bei seinem spirituellen Lehrer leben musste, weil er der jüngste Sohn war – die Opfergabe an die Götter dafür, dass sie die Familie mit so viel Glück bedacht hatten.

»Mit sieben!«, flüstere ich. Wie es wohl ist, als so kleines Kind die Familie verlassen zu müssen? Aber dann fällt mir ein, dass ich Ähnliches erlebt habe, damals, als ich von Oma weggeholt wurde. Auch ich war sieben – und habe seither immer nach einer Heimat gesucht. Wie Guruji? Nein! Er hat seine Bestimmung längst gefunden, hier in diesem kleinen Bergdorf, in diesem schäbigen Tempel.

»Vierzehn Jahre lang hat Guruji seinem Lehrer im Himalaja gedient«, erzählt jetzt Pradeep anstelle des Priesters weiter. »In dieser Zeit hat er tiefe Einsichten über den Weg der menschlichen Seele empfangen. Er hat gelernt, andere zu heilen und sich selbst und seine Körperfunktionen vollkommen zu beherrschen.«

Ich bin tief beeindruckt.

»Als sein Lehrer starb, wurde Guruji Wandermönch. Er kämpfte mit den anderen Naga Babas gegen die Kolonialmacht der Engländer und kam zuletzt hierher, wie ich dir vorhin erzählt habe.«

»Die Menschen im Dorf müssen sehr glücklich darüber sein.«

Für einen Moment schweigen wir drei. Dann stehe ich auf – es wird Zeit zu gehen. Der Apotheker bietet mir an, mich zu begleiten. Guruji und ich blicken uns an, und ich glaube zu spüren, was er mir sagen will. Soll ich wiederkommen? Oder ist das nur eine Wunschvorstellung von mir?

Morgen ist das Dorffest, denke ich.

Wir lassen uns segnen und verabschieden uns.

Am nächsten Morgen scheint die Sonne durch meine Tücher vor dem Fenster und tränkt den Raum mit Gelb und Orange. Eine frische Brise weht herein, und ich atme tief. Habe ich nicht das beste Leben der Welt? Ich bin so voller Ruhe, Freude und Zufriedenheit, so heil und ganz in meinem Inneren. Gleich werde ich Feuer machen und an meinem Schmuck arbeiten. Den schönsten Stein will ich aussuchen und mit Silber zu einem Armband verbinden. Und später wird Pradeep mich für das Dorffest abholen.

Zwar ist Guruji nicht körperlich bei mir. Aber ich fühle

mich umhüllt von seiner Anwesenheit und seinem Geist. Ich träume und schaue und nehme alles mit verfeinerten Sinnen wahr. Als ob mir von überallher sein Namen und sein Wesen entgegenkäme. Ich freue mich so auf nachher.

Es kam anders als erwartet. Beim Fest war ich dabei und erfreute mich an allem – an den goldenen Götterstatuen, die herumgetragen wurden, am Essen und der Musik und an den jungen Leuten, die hinter vorgehaltenen Saris kicherten und flirteten. Aber als die Menge am Nachmittag zu Gurujis Tempel strömte, schloss ich mich nicht an.

»Bitte versteh«, bat ich den erstaunten Pradeep. »Ich bin sehr müde.«

Er ließ mich ziehen. Ich ging nach Hause und ließ mich auf mein Lager fallen. Mir war plötzlich klar geworden, dass ich einer falschen Hoffnung anhing, wenn ich glaubte, dem Naga Baba nahe sein zu können.

Seither sind fast drei Monate vergangen. Guruji habe ich nicht mehr gesehen. Ich versuche, Abstand zu gewinnen, und besuche ihn weder zu den Zeremonien noch zu den anschließenden Mahlzeiten, an denen immer auch ein paar von den Dorfbewohnern teilnehmen. Aber es ist unendlich schwer. Du musst abreisen, sage ich mir beinahe täglich, während ich an meinem Schmuck arbeite, während ich einkaufe oder mit anderen plaudere. Du musst die Illusion aufgeben.

Ja, das muss ich. Nur kann ich es nicht von jetzt auf gleich. Ich brauche Zeit.

Pradeep und ich sind Freunde geworden. Ab und zu kommt er vorbei. Dann unterhalten wir uns über Religion, über unsere Einstellungen zum Leben und vieles andere. Jedes Mal fragt er mich, warum ich Guruji nicht mehr besuche. Und immer antworte ich ausweichend.

Wie lange geht das noch so? Ich bin wie gelähmt.

Es ist später Vormittag, und ich sitze mit meiner Hauswirtin vor ihrer Kuh, um meinen Liter Milch abzuholen. Da kommt Pradeep den Weg herauf.

»Heute ist Vollmond«, sagt er.

»Ich weiß.«

Die Hauswirtin melkt ahnungslos weiter. Ich streichele die Kuh.

»An den Vollmonden gibt es ein besonderes Ritual. Guruji bittet dich teilzunehmen.«

Ich schaue auf und versuche in Pradeeps Augen zu lesen. Verdammt! Warum ist das nur so schwer? Ich möchte so gern hingehen.

Gerade jetzt, wo du etwas Abstand gewonnen hast.

Hab ich das?

Du wirst dich wieder in deinen Gefühlen verlieren.

Dann ist das eben so, beschließe ich in einer plötzlichen Aufwallung. Ich werde teilnehmen – und wenn es das letzte Mal ist, dass ich ihn sehe.

Ja genau. Du solltest endlich abreisen. Das wäre sowieso das Vernünftigste.

Klappe, sage ich und spüre, wie die innere Lähmung weicht. Auf einmal bin ich wieder die alte, unternehmungslustige Sabrina. Ich besuche das Vollmondritual und Punkt. Was danach wird, sehe ich dann.

»Vielen Dank, Pradeep!« Ich lächele dem Apotheker zu. »Ich werde kommen.«

Zusammen mit anderen Dorfbewohnern steige ich Stunden später den Hang hinauf. Alle haben wir etwas zu essen oder ein Opfer für die Zeremonie dabei. Die Luft ist klar, der Vollmond steht bereits am Himmel. Als ich die Hütte betrete, ist Guruji soeben dabei, Chapati vorzubereiten. Ein großer Linseneintopf köchelt auf dem Gasbrenner. Er schaut auf, und innige Zuneigung flutet mein Herz. Als er mir den Platz links neben ihm am Feuer zuweist, hält sein Blick den meinen fest.

Warum kommst du nie?

Sag du mir, wie das gehen sollte.

Ich setze mich und spüre seine Nähe wie einen Wärmestrom, der meinen Körper durchdringt.

Das Vollmondritual feiert die Weiblichkeit, wie sie in Gestalt des Mondes verehrt wird. Die Worte verstehe ich nicht, aber die Gesten und Gesänge berühren mich sehr. Und wieder lasse ich mich von Gurujis Stimme forttragen – in eine Welt, in der es keine Grenzen gibt, kein »Unmöglich«, keinen Widerstreit zwischen Verstand und Gefühl.

Wie stets folgt der Zeremonie ein gemeinsames Abendessen. Angelegentlich beschäftige ich mich mit meinem Teller. Noch immer sitzt Guruji rechts von mir, und wie bei unserer ersten Begegnung vermeide ich, ihn anzuschauen. Nur dass es diesmal andere Gründe hat.

»Everything okay?«, fragt er einmal.

Ich nicke. »Die Zeremonie war wunderschön.«

Meine Güte. Jetzt machen wir schon Konversation.

Der Abend ist weit fortgeschritten, als die Dorfbewohner einer nach dem anderen aufbrechen. Jetzt hattest du, was du wolltest, sage ich mir und will mich ebenfalls erheben. Doch mit einer kleinen Handbewegung bedeutet Guruji mir zu bleiben. Ich habe nicht die Kraft zu widerstehen. So sitze ich und warte, mein Herz klopft, und mein Bauch wird immer heißer. Was hat das alles zu bedeuten?

Als der letzte Gast gegangen ist, sitzen wir beide allein da. Es ist still, bis auf das Knistern des Feuers und das Klopfen meines Herzens, das ich laut vernehme. Wie unsicher und verlegen ich mich fühle!

Guruji sieht mich wortlos an, und plötzlich sagt er etwas auf Hindi.

Mein Blick hängt an seinen Lippen. Was hast du gesagt?

»Ich habe so lange auf dich gewartet.« Nun spricht er Englisch. »Wo warst du all die Zeit?«

Ich glaube mich verhört zu haben, aber er redet weiter: »Du bist die Seele, die seit vielen Leben zu mir gehört. Ich habe nur auf dich gewartet, die ganzen Jahre hindurch.«

Mein Gott, träume ich?

Und wieder seine Stimme: »Was antwortest du mir?«

In meinem Hals macht sich ein dicker Kloß breit, er hindert mich daran, irgendetwas herauszubringen. So kann ich nur nicken. Tränen der Freude und Erleichterung steigen mir in die Augen. »Ich fühle dasselbe«, sage ich endlich.

Langsam nimmt er meine Hand und streichelt sie.

Er berührt mich. Darf er das?, schießt es mir durch den Kopf. Als hätte er meine Gedanken erraten, legt er die Hand in meinen Schoß zurück.

Und nun? Das ist doch Wahnsinn, überhaupt nicht lebbar. Hau endlich ab, Sabrina, es wird immer schlimmer.

Doch dann schaue ich in Gurujis Augen, und sofort verstummen die Zweifel.

Eine ganze Weile sitzen wir so. Wir berühren einander nicht. Wir schweigen, lächeln uns an und müssen zwischendurch lachen angesichts unserer merkwürdigen Situation.

Schließlich stehe ich auf. »Ich muss nach Hause.« Es sind zu viele Augen aus dem Dorf auf den Tempel gerichtet, die jede Bewegung hier oben registrieren. Guruji segnet mich und lässt mich gehen.

In dieser Nacht bleibe ich noch lange wach. Ich liege auf meiner Matratze, schaue in mein Feuer und male mir eine Zukunft mit ihm aus, von der ich überhaupt nicht weiß, ob sie überhaupt lebbar ist. Wir werden einen Weg finden, denke ich, bevor ich gegen Morgen endlich einschlafe.

Wir fanden keinen Weg. Ich ging nun öfter zu ihm, doch nur zu den Pujas, den Morgen- und Abendzeremonien, denn ich wollte keine Gerüchte aufkommen lassen. Ich hatte das Gefühl, ich müsse ihn schützen. Wenn ich den Tempel betrat, leuchteten seine Augen. Immer wies er mir den Platz an seiner linken Seite zu, und bei jedem Abschied trug ich seine Segnung auf der Stirn mit mir fort wie ein Geschenk. Über das, was in jener Nacht gesagt worden war, sprachen wir nicht. Wir konnten es nicht, denn wir waren nie allein miteinander und versuchten nicht, das zu ändern. Doch seine und meine Worte standen im Raum wie etwas Großes, Schönes, Unfertiges, und ich konnte an nichts anderes mehr denken.

Weißt du eigentlich noch, was du ursprünglich mal wolltest?

Es ist früher Nachmittag, ich sitze an meinem Feuer und fädele ein Armband auf: Silber, Rosenquarz, Silber.

Mein Urvertrauen wollte ich stärken.

Ein Amethyst dazwischen. Das Violett passt gut.

Und? Hast du es gestärkt, dein Urvertrauen? Fühlst du dich jetzt stark?

Bei dieser Frage packt mich endlich die Wut. Was hier seit Wochen und Wochen stattfindet, sieht doch verdammt nach einem Irrweg aus: Wird die gute alte Sabrina ihrem Ziel, sich selbst näher zu kommen, treu bleiben? Oder wird sie sich in einer aussichtslosen Liebe verlieren?

Die Antwort ist klar. Und die Konsequenz daraus auch. Ich habe mir nicht meine Freiheit erkämpft und bei Anuva Baba eine Ahnung davon bekommen, wie sich innerer Friede anfühlt, um hier alles wieder aufs Spiel zu setzen. Deshalb muss ich fort von hier. Auch wenn es noch so wehtut.

Unzählige Male denke ich an diesem Nachmittag alles durch. Und immer gelange ich zu demselben Ergebnis. Schließlich lege ich den Schmuck beiseite. Ich werde packen, und was ich nicht brauche, bekommt meine Hauswirtin. Gleich morgen früh reise ich ab. Und jetzt gehe ich zu ihm und sage ihm Lebewohl. Das bin ich ihm schuldig, und mir selbst auch.

Er sitzt da wie erstarrt. »Wann kommst du zurück?«

Ohne eine Begründung habe ich ihm meinen Entschluss mitgeteilt, weiterzureisen. Und mit keinem Wort hat er widersprochen.

»Ich komme nicht zurück.«

Schweigen. Wahrscheinlich bin ich ihm doch nicht so wichtig.

Aber nein!, ruft die andere Stimme in mir. Er weiß, dass du

recht hast und dass ihm nur eines bleibt – sich wie ein Lehrer zu verhalten und dich ziehen zu lassen.

Schließlich räuspert er sich. »Wohin gehst du?«

»Nach Pushkar.« Ich hatte nicht darüber nachgedacht, aber es fühlt sich richtig an. Überhaupt ist es richtig so. Schau dich doch mal um in dieser Hütte. Wie willst du denn hier leben? Mit einem Mann aus einer völlig anderen Welt!

Ich weiß. Es sieht furchtbar schäbig und verdreckt aus hier. Und Guruji ist ein hinduistischer Mönch und Priester. Das ist entscheidend und nicht irgendwelche Seelenverwandtschaften.

Wie auf Befehl erheben wir uns beide. Es gibt nichts weiter zu sagen. Noch ein, zwei Minuten, und ich werde ihn nie mehr wiedersehen. Ich verneige mich vor ihm für den Segen, doch Guruji hebt abwehrend die Hand. »Warte einen Moment.« Er füllt etwas Asche vom Dhuni in ein buntes Stoffsäckchen. »Das soll dich beschützen.« Er drückt mir das Säckchen in die Hand.

Mein Hals schnürt sich zusammen, und Tränen steigen mir in die Augen. »Ich werde nichts vergessen«, flüstere ich.

Er nickt, segnet mich ein letztes Mal, und mit gesenktem Kopf verlasse ich die Hütte. Ich laufe die Treppe hinunter und am Brunnen vorbei, dann drehe ich mich um. Vor dem Tempel steht Guruji. Er schaut mir unverwandt nach.

11

Die Flucht

Der Bus Richtung Rajasthan hat Holzsitze, und ich werde ordentlich durchgerüttelt. Mir ist es egal. Mein Körper fühlt sich taub an, meine Seele ist bei Guruji. Es ist, als ob er neben mir in diesem wackelnden Bus säße – ich spüre und rieche ihn und heule und heule.

Habe ich wirklich richtig entschieden? Was, wenn ich dort oben gefunden hätte, wonach ich immer gesucht habe?

Und wie er mir nachgeschaut hat! Auf einmal bin ich wieder sieben, und Oma steht am Gartentor, sie winkt, während ich mich vom Rücksitz unseres Autos aus mit Blicken an ihre kleine Gestalt klammere, bis sie verschwunden ist. Immer wieder steht ein Mensch, den ich liebe, vor irgendeinem Haus, an irgendeinem Tor, und schaut mir nach, wie ich gehe. Warum nur muss ich andauernd fortgehen und aufgeben, was mir liebgeworden ist? Warum kann ich nirgends bleiben?

Komm zurück! Wir finden einen Weg.

Sagt er das?

Nein. Mein Bewusstsein spielt mir einen Streich.

Doch die Kriegerin in mir kann mit emotionaler Schwäche nichts anfangen. Sie braucht andere Gefühle, Zorn zum Beispiel. Zorn auf mich selbst – weil ich es zugelassen habe, dass ein Mann in mir so ein Chaos anrichten konnte.

Gut, dass du abgehauen bist, sagt die Kriegerin. Dich fängt doch auf der ganzen Welt kein Mann ein, egal ob in einer Schweizer Villa oder in einer schäbigen Holzhütte im Himalaja.

Genau. Rette sich, wer kann.

So steigere ich mich in meinen Zorn hinein, und je weiter wir nach Süden kommen, desto stärker fühle ich mich. Nach einer Weile kann ich es kaum erwarten, möglichst viele Kilometer zwischen ihn und mich zu bringen.

In Jaipur machte ich Halt, um Steine und Silber zu kaufen. Dann fuhr ich weiter nach Pushkar. Dort wollte ich neue Kraft schöpfen. Vielleicht würde ich wieder die Welt bereisen? Mein Körper sehnte sich plötzlich nach Nacktheit und Wasser, Sonne und Sand.

Der Pushkar-See liegt friedlich da, mit seinen Tempeln ringsum und den vielen Badetreppen. Ich starre aufs Wasser, meine Augen brennen. Meine Kiefermuskeln fühlen sich steinhart an, mein Herz ist ein Klumpen in meiner Brust. Ich versuche die Gedanken zu kontrollieren, doch meine Sinne lassen sich nicht zähmen: Seit dem ersten Atemzug am Morgen habe ich seinen Geruch in der Nase. Ich sehe sein Gesicht klar vor mir und seine Augen, die mir sagen, dass ich zurückkehren soll.

Alles Einbildung, nicht wahr?

Komm zurück!

Ich brauch dich nicht. Ich will das nicht. Ich muss weitergehen. Such dir wen anderen, Guruji, an den du dein Herz verschenken kannst!

Aber ich spüre ihn so deutlich. Er läuft neben mir, wenn ich durch die Stadt laufe, er sitzt bei mir, wenn ich arbeite, und er segnet mich, wenn ich zu Bett gehe. Der Konflikt zerreißt mich, und mir ist übel davon. Einen ganzen Monat bin ich jetzt hier, doch ich komme nicht zur Ruhe. Nicht einmal hier an diesem See, dem die spirituelle Sehnsucht so vieler Menschen gilt. Wie gern habe ich einst hier gesessen!

Mit einer müden Bewegung nehme ich mein Zeug und gehe zurück in meine Pension. Für die Schönheit dieser Stadt habe ich keinen Blick mehr.

An diesem Abend huste ich heftig, doch ich gebe dem keine Bedeutung. Ich bin woanders.

Beim Erwachen am nächsten Morgen hustete ich immer noch. Ich hustete den ganzen Tag und die ganze Nacht hindurch, und tags darauf hatte ich Fieber. Der Husten kam bellend, er schüttelte mich durch, und mein Brustkorb tat weh. Vielleicht war es eine Lungenentzündung? Ich schleppte mich zu einer Apotheke, wo ich Saft und Tabletten bekam. Sie halfen nicht. Die Tage vergingen, und ich wurde immer schwächer. Aber ich wollte in kein Krankenhaus, ich wollte keine Chemie.

Bekannte kamen vorbei. Sie brachten mir Früchte, ein in Papier eingewickeltes Kügelchen und Milch, die sie auf meinem Gaskocher erwärmten. Das Kügelchen war Opium. Viele hier im Ort würden sich damit heilen, sagten sie.

Egal, dachte ich und nahm es zusammen mit der Milch.

Die Wirkung ist unbeschreiblich. Der Husten hört auf. Ich schwebe und bin tiefenentspannt wie in der allerschönsten

Meditation. Nichts schmerzt. Ich esse von den Früchten, trinke Wasser und schaue in die Kerzenflamme, die neben meinem Lager brennt. Endlich schweigen die Gedanken. Meiner Seele tut nichts mehr weh. Keine Sehnsucht, keine Verzweiflung. Alles ist gut.

Sechzehn Stunden später ist der Husten wieder da. Die Schmerzen auch. Es fühlt sich schlimmer an als zuvor. Verzweiflung packt mich und eine ungeahnte Angst. Was soll ich nur tun? Neben meiner Matratze liegt noch ein zweites, größeres Kügelchen. Die Bekannten haben es dagelassen, bevor sie abgereist sind. Teile es und mach die Kur drei Tage, hieß es. Ich rolle mich auf die Seite und betrachte es lange. Drehe es zwischen den Fingern und schnuppere daran.

Was hättest du davon?

Ruhe. Ein bisschen.

Du weißt, was du riskierst?

Ich will das Opium nicht mehr sehen. Mühsam drehe ich mich auf die andere Seite. Bei jeder Bewegung kommt ein neuer Hustenanfall, mein Körper fühlt sich völlig zerschlagen an.

Auf dem Weg zur Toilette nehme ich das Kügelchen mit. Ein winziges Stück beiße ich noch davon ab, bevor es in der Dunkelheit des Lochs verschwindet.

Gut so.

Und dann? Wer kann mir jetzt noch helfen?

Susanne vielleicht?

Wer weiß, wo sie sich rumtreibt.

Dann gibt es nur einen Ort. Einen einzigen Menschen, der helfen kann und von dem ich zuverlässig weiß, wo ich ihn finde.

Guruji.

Schweigen.

Ich fahre zurück.

Ich horche auf Protest aus meinem Inneren, auf Zweifel, aber es bleibt ruhig. Unfassbar ruhig nach den Kämpfen der letzten Wochen. Als ob jetzt alles entschieden und auf einmal ganz richtig so wäre. Ich liege auf meiner Matratze, die Mittagssonne scheint durch die offene Tür. Die Angst ist fort, die Verzweiflung auch. Guruji, denke ich zwischen zwei Hustenanfällen. Guruji. Er ist tatsächlich die einzige Chance, nicht einsam in diesem Zimmer zu sterben.

Noch eine halbe Stunde bleibe ich so. Es ändert sich nichts. Der Name schwingt in mir, und nichts widerspricht. Da setze ich mich mühsam auf und raffe mein Zeug zusammen. Ich bin so schwach, dass ich kaum die Treppe hinunterkomme, und mein Gesicht ist nass vom Fieberschweiß. Ein Tuk-Tuk bringt mich zum nächsten Busbahnhof. Jetzt noch am Ticketschalter anstehen und den richtigen Bus finden! Halb ohnmächtig lasse ich mich schließlich auf den Sitz fallen.

Unterwegs musste ich mehrmals umsteigen, achtzehn Stunden lang hockte ich fiebrig und zitternd auf immer anderen Holzbänken. Mir war übel, und ich hustete mittlerweile rosa Auswurf, den ich in ein Taschentuch spuckte.

Guruji! Immerfort dachte ich nur seinen Namen, um mich aufrecht zu halten.

Es ist Nacht, als ich im Dorf ankomme. Ich kippe beinahe aus dem Bus hinaus. Schritt für Schritt schleppe ich mich den Hang hinauf. Einmal muss ich stehenbleiben, um mich zu

übergeben. Da, die Hütte ist schon zu sehen, jetzt hier entlang! Am Brunnen mache ich kurz Halt, spüle den Mund aus
und wasche mein Gesicht. Nun noch die kleine Treppe. Mit
letzter Kraft schiebe ich den Vorhang beiseite. Er sitzt in sich
versunken am Feuer und springt auf, als er mich sieht. Danach weiß ich nichts mehr.

12

Mein Herz wird ruhig

Das Feuer brennt hell. Ich liege auf der Seite, zwei Decken über mir, und schwitze und huste. Seit drei Wochen bin ich wieder bei ihm, ebenso lange pflegt er mich schon. Die meiste Zeit dämmere ich vor mich hin. Guruji wäscht mich jeden Tag mit der größtmöglichen Rücksicht und Fürsorge, die sich denken lässt. Er füttert mich und flößt mir Milch mit Honig ein, er kämmt mich und wäscht meine Kleider. Und wenn ich mal muss, begleitet er mich in den Garten, wo er einen Abort für mich eingerichtet hat – eine Grube, abgeschirmt durch Jutesäcke, die zwischen Holzpfeiler gespannt sind. Ich bin zu schwach, um allein zu gehen, ich kann aus eigener Kraft nicht einmal sitzen. Wenn ich über der Grube hocke, hält er mich mit beiden Händen fest, damit ich nicht hineinfalle. Ich bin zu krank, um mich dafür zu schämen.

Manchmal kommen die Dorfbewohner. Die Frauen massieren mich mit heißem Öl – sie glauben, das vertreibe die bösen Geister, die sich wegen meiner Schwäche in mir breitgemacht hätten. Die Leute bringen auch Medizin und gute Ratschläge mit, aber Shankar hört sich alles nur freundlich an und mischt dann seine eigene Arznei aus allerlei Wurzeln, Pülverchen und Körnern, die er zu apfelgroßen Kugeln formt und ins Feuer legt. Die Kugeln schmecken furchtbar bitter, aber er beharrt darauf: jeden Tag eine!

Shankar. So nenne ich ihn jetzt, wenn wir allein sind – bei seinem Vornamen. Wir sind uns noch nähergekommen, seit er mich pflegt. In seiner Fürsorge liegt unendlich viel Liebe und Verbundenheit. Täglich entzündet er Räucherstäbchen und schwenkt sie über mir, dabei berieselt er mich mit leise gesungenen Mantren.

Ans Sterben denke ich nicht, anders als vor einem Jahr in Almora. Ich will nicht mehr fort von der Erde, ich will bleiben. Hier, genau an diesem Ort will ich für immer sein, das weiß ich jetzt. Oder liegt es vielleicht daran, dass ich so krank bin? Beinahe ängstlich warte ich mit jedem Tag der Besserung darauf, dass das Gefühl des Weitermüssens sich wieder meldet. Aber es bleibt alles still in mir. Mein Herz ist ruhig und durchdrungen von dieser großen Liebe.

Eines Nachmittags wird der Vorhang beiseitegeschoben: Ein junger Mann im Sadhu-Gewand betritt die Hütte. Seine Rastahaare reichen fast bis zum Boden, und sein Oberkörper über dem orangen Wickelrock ist der eines Adonis. Noch immer kann ich nicht allein aufstehen, doch er grüßt mich ohnehin nur kurz und wendet sich gleich an Shankar. Seine Verehrung und Hingabe für ihn sind unübersehbar. Die beiden sprechen länger miteinander – wahrscheinlich erklärt ihm Shankar, wer ich bin und warum ich hier im Tempel sein darf, denn der fremde Sadhu schielt immer wieder zu mir herüber. Schließlich wendet er sich mir zu und stellt sich als Anil Baba vor.

»Ich bin Schüler von Guruji«, sagt er in flüssigem Englisch und fragt mich nach meinem Namen. Wir wechseln ein paar Worte, und rasch wird er mir vertrauter. Ihm scheint es ebenso zu gehen, denn er beginnt zu lächeln, was sein Gesicht noch hübscher macht. Gern würde ich länger mit ihm plaudern, doch ich kann nur schleppend reden, und so sagt Shankar nach wenigen Minuten, nun sei es genug.

Anil Baba bleibt zehn Tage. Schon bald gehen wir vertrauter miteinander um, und ich nenne ihn einfach bei seinem Vornamen – Anil. Oft sitzt er mit irgendeiner Arbeit neben meinem Lager und erzählt mir von sich: Seit seinem sechzehnten Lebensjahr ist er Gurujis Schüler, mittlerweile trägt er bereits das orange Gewand. Er lebt in seinem eigenen Tempel einige Kilometer entfernt, aber alle paar Wochen kommt er hierher, um Guruseva zu machen – um seinem Lehrer zu dienen, damit der in Ruhe meditieren kann. Diesmal kümmert er sich nicht nur um Shankar, sondern auch um mich, einschließlich des Fütterns. Wenn nichts zu tun ist, macht er lange Spaziergänge in ein anderes Dorf, das weiter oben am Berg liegt, denn dort leben entfernte Verwandte von ihm. Und obgleich er ein Sadhu ist, will er von mir alles über die westliche Welt wissen, über Musik, Autos, unseren Lebensstil. Ich schreibe es seiner Jugend zu und erzähle ihm bereitwillig. Als er wieder fortgeht, vermisse ich ihn und tröste mich schließlich damit, dass er ja bald wiederkäme.

»Kannst du dich mal zu mir umdrehen?«

Es ist Frühsommer, wir haben die Decken vor dem Eingang beiseitegeschoben. Shankar sitzt erhöht auf seinem Asan, seinem Bett, und ich, den Rücken dagegengelehnt, auf dem Fußboden davor. Durch die Öffnung am Eingang sind die Bäume vor dem Tempel sichtbar. Tief atme ich die frische Luft, die hereindringt. Immer noch muss ich jeden Tag die Arzneikugeln schlucken, Milch mit Honig trinken und Chapati mit viel Ghee essen. Doch ich spüre, wie meine Kräfte zurückkehren – und damit auch die Fragen, die ich vor meiner Flucht mit mir herumgetragen habe. Ich sollte nicht hier sein, denke ich jetzt wieder öfter. Ich sollte in mein kleines Holzhaus auf dem gegenüberliegenden Hang zurückkehren. Aber anders als vor meiner Flucht kann ich mir jetzt überhaupt nicht mehr vorstellen, von ihm wegzugehen, nicht einmal diese dreihundert Meter auf die andere Talseite hinüber. Warum nur kann ich nicht einfach hierbleiben?

So denke ich, und wenn ich lange genug nachdenke, werde ich traurig. Dabei scheint draußen die Sonne, und die Vögel in den Baumkronen zwitschern aus Leibeskräften.

»Bébé, schaust du mich bitte mal an?«

Seit er mich pflegt, sagt Shankar oft Bébé zu mir, wenn wir allein sind. Es klingt sehr liebevoll, sehr zärtlich. Ich wende mich zu ihm, und er streicht mir über den Kopf.

»Geht es dir nicht gut?«

Ach Shankar, wie soll ich dir das bloß erklären? Mein Herz zerspringt. Aber meine Gefühle sind nur Erdengefühle, du stehst bestimmt himmelweit darüber. Am liebsten würde ich dir sagen: Ich fühl mich hier zu Hause, ich bin angekommen bei dir. Ich möchte mein Leben lang hierbleiben und bin bereit zu lernen, was auch immer meine Seele benötigt, um zu wachsen.

Aber das kann ich nicht sagen, und so kommen mir nur die Tränen. Er fasst mir unters Kinn und zwingt mich, ihn anzuschauen.

»Meine Seele«, sagt er, »auch wenn du mich wieder verlässt: Wir waren schon immer zusammen. Es gibt nichts, was uns trennen kann. Weder in dieser Welt noch in der anderen.«

Ungläubig höre ich, was er sagt.

»Bébé, dein Platz ist hier!« Er zeigt nach links, wo ich all die Wochen über gelegen habe. »Nicht dort!«, jetzt zeigt er auf die rechte Seite der Feuerstätte und legt dann die Hand auf seine linke Brust. »Hier ist mein Herz, hier ist dein Platz«, er deutet wieder nach links auf mein Lager.

An seiner Herzseite soll ich sein! Bin ich ihm so wichtig?

»Du und ich sind eins.« Als hätte er meine stumme Frage gehört, spricht er weiter. »Wir bleiben zusammen. Du bleibst hier bei mir.« Er nimmt meine Hand und streichelt sie wie an jenem Abend, da er mir sagte, er habe so lange auf mich gewartet. »You are my Deviji.«

Er nennt mich Deviji – er spricht die weibliche Göttin in mir an, die die Inder in jeder Frau sehen. Da entspannt sich plötzlich etwas in mir. All die Wochen hindurch hat, ohne dass ich es wusste, immer noch ein Band um mein Herz gelegen wie in dem Märchen vom eisernen Heinrich – oder lag es schon mein Leben lang dort? Jetzt auf einmal löst es sich. »Ja«, sage ich, »ja!« Mit beiden Händen umschließe ich die seinen, ich lache und weine, alles durcheinander. »Ja, mir geht's genauso. Ich fühle dasselbe wie du. Ich will überhaupt nicht mehr weg, nie mehr, ich will bei dir sein für immer.« Atemlos halte ich inne. Er beugt sich zu mir hinunter, und wir legen unsere Stirnen aneinander. Bei uns beiden fließen nun die Tränen, und dann lachen wir wie die kleinen Kinder, weil wir uns endlich gefunden haben. Weil wir so überaus glücklich sind. Ganz still bleiben wir sitzen, er auf seinem Asan, ich davor, und schauen uns immer wieder in die Augen. Sein Blick ist so liebevoll, ich könnte darin versinken.

Eine kleine Ewigkeit später kommt ein Gedanke, ein vernünftiger Gedanke, wie ich finde: die Dorfbewohner! Was ist mit denen, was werden sie sagen? »Wie soll das gehen?«, frage ich Shankar leise. »Wie kann ich hier mit dir leben? Wir können unsere Liebe füreinander doch nie ausdrücken.«

Er lacht – ganz laut, als hätte ich soeben einen guten Witz erzählt. »Glaubst du, Gott hätte uns zusammengeführt, wenn er keinen Plan hätte?«, sagt er. »Er wirkt für uns. Es kommt ganz von selbst, glaub mir.« Fast schelmisch schaut er mich aus seinen großen Augen an. »Wir werden täglich unsere Liebe leben. Nur anders, als du es bisher kennst.«

Macht er sich über mich lustig? Nein, in seinem Blick liegt kein bisschen Ironie. Er meint es wirklich ernst. Ein letztes Mal streicht er mit der Hand über meine Wange. Dann steht er auf – es wird Abend, und bald kommen Leute aus dem Dorf zur Zeremonie. Ich ziehe mich auf mein Lager zurück und versuche, mich zu fassen. Wie soll man ein Glück verbergen, das den ganzen Körper ausfüllt, jede einzelne Faser? So viel Glück, dass es für einen Menschen fast zu viel ist?

An diesem Abend folge ich der Zeremonie mit besonderer Innigkeit. Ich bin heimgekehrt, denke ich immer wieder. Endlich weiß ich, wie es sich anfühlt, nach Hause zu kommen.

Shankar atmet ruhig. Er schläft auf seinem Asan. Ich hingegen wälze mich auf meinem Lager. Vor wenigen Stunden erst hat er mir auf seine Weise seine Liebe gestanden, und wir haben beschlossen, beisammenzubleiben. Jetzt schläft er, sorglos wie ein Kind. Mich aber treibt die Frage um, wie das gehen soll mit dem Zusammenleben hier oben. Dass alles von selbst kommen wird, kann ich mir nicht vorstellen. Wir werden uns etwas überlegen müssen. Obgleich ich tieferes Gottvertrauen üben will, bin ich doch auch eine Macherin, die nicht wartet, bis ihr vorgefertigte Lösungen angeboten werden.

Und außerdem – zum gefühlt hundertsten Mal drehe ich mich auf die andere Seite – ist dieser Tempel scheußlich dreckig. Das kann ich Shankar nur nicht sagen. Ich protestiere ja gar nicht, wenn ich kein Bett habe. Aber das Waschen ist ein Problem. Shankar wäscht sich zweimal am Tag von Kopf bis Fuß am Brunnen und reibt sich dann mit frischer Asche aus dem Dhuni ein. Für mich wärmt er Wasser auf dem Feuer, das ich in einer Ecke des Tempels über mich kippe – ganz schnell, während er draußen Wache schiebt. Dazu der ganze Dreck von ich weiß nicht wie viel Jahren, der hier in jeder Ritze sitzt, diese Käfer, die mir links zu den Ohren rein- und rechts wieder rauslaufen – das geht einfach nicht auf Dauer. Das halte ich nicht aus.

Deshalb liege ich wach und gehe im Geist alle Möglichkeiten durch.

Bis mir eine, wie ich finde, geniale Idee kommt: Ich werde Guruseva machen! Keine kleine wie neulich, mit ein paar Opfergaben, nein, eine richtig große: Ich werde den Tempel renovieren. Er ist so klein, das wird schnell gehen. Ich streiche die Wände und Decke, erneuere den Boden und die Textilien auch. Das löst mein Hygieneproblem, und die Leute im Dorf finden es bestimmt gut, denn es ist zugleich ein Dank an Guruji für die geduldige Pflege während meiner Krankheit.

Aber sofort taucht ein anderes Problem auf: Wird er das überhaupt wollen? Mit diesem Gedanken schlafe ich doch noch ein.

Am nächsten Morgen kommt Pradeep zu uns herauf. Ich erwarte ihn schon am Brunnen, denn ich muss zuerst seine Meinung hören. »Ich möchte Guruseva machen«, vertraue ich ihm an, »weil euer Priester mich geheilt hat. Eine große Guruseva. Ich möchte den Tempel schön machen. Meinst du, ich kann ihm das anbieten?«

Pradeep ist gleich Feuer und Flamme, und in seinem Beisein schildere ich Shankar, was ich vorhabe. Der nickt bereitwillig: »Thike – In Ordnung.« Ob er weiß, worauf er sich einlässt? Egal. Jetzt gibt es kein Zurück. Ich muss nur noch ein bisschen kräftiger werden.

»Poojan, idhar aa jao!« Ich rufe den netten hageren Mann herbei, der sich meist beim Tempel aufhält und uns bei den alltäglichen Arbeiten hilft. Er ist ein ungelernter Arbeiter um die vierzig und freut sich immer, wenn er etwas zu tun bekommt. Weitere vier Wochen sind vergangen, jetzt kann ich meinen Plan in Angriff nehmen. In der Bezirkshauptstadt kaufen wir Farbe, dickere Matratzen, Tücher, neue Decken, Boxen für Nahrungsmittel und Geschirr. Dazu auch geflochtene Matten für die Dorfbewohner, wenn sie den Tempel besuchen. Poojan schleppt alles von der Busstation hinauf – er ist begeistert, weil hier oben endlich einmal etwas passiert.

Tags darauf bietet sich für die Dorfbewohner unten ein ungewohntes Bild: Die Decken vor dem Tempeleingang werden abgenommen, und ein Gegenstand nach dem anderen fliegt heraus. Die alten Matratzen verbrennt Poojan im Garten. Anschließend holt er den ganzen Ruß von der Decke. Unterdessen mische ich mit angehaltenem Atem kiloweise Kuhdung und Tonerde, die er besorgt hat, und stelle damit

141

zunächst den Dhuni, die heilige Feuerstätte, und den Boden wieder her. Der Belag trocknet schnell, denn die Sonne scheint in den Raum hinein. Zuletzt streiche ich alle Flächen – Wände, Decke, Fußboden – in einer schönen Terrakottafarbe. Es sieht freundlich aus, frisch und sauber.

Shankar weicht uns die ganze Zeit nicht von der Seite. Mit leuchtenden Augen verfolgt er die Arbeiten. »Ist es okay, wenn ich's so mache?«, frage ich ihn hin und wieder. Er ist doch der Hausherr. »Thike – Okay«, lautet jedes Mal die Antwort. Er lässt mir völlig freie Hand.

Es ist fast Mitternacht, als wir mit allem fertig sind und Poojan strahlend heimgeht, in der Hand den Lohn für seine Arbeit. Die Nahrungsmittel sind in den neuen Boxen verstaut, und glänzende Blechteller stehen auf den Regalbrettern. Auf dem Asan liegen frische Decken über der neuen Matratze, darüber ein buntes Tuch. Auch das Tigerfell habe ich draußen ausgeklopft und gebürstet. Es ist ein besonderer Moment, als Shankar zum ersten Mal darauf Platz nimmt. Wie schön dieser Mann aussieht! Als ob die veränderte Umgebung seine innere Würde erst recht zum Ausdruck bringt.

»Darf ich ein Foto machen?« Ich möchte diesen Augenblick für immer bewahren. Ein Lächeln zeigt sich auf seinem Gesicht, als er in die Kamera schaut.

Auch für mich habe ich eine bequeme Matratze und Decken besorgt und damit meinen Platz links vom Feuer hergerichtet. Jetzt lege ich mich darauf und fühle mich wie im Himmel.

In dieser Nacht krabbelt nichts herum, ich muss nichts verscheuchen und kratze mich kein einziges Mal. Wie wenig Luxus es doch braucht!

Die Dorfbewohner kommen am nächsten Tag und sind beeindruckt: »Oh, wie wunderschön, Didi!« Und sie loben mich dafür, dass ich noch ein paar Wochen bleiben will, um Shankar, oder vielmehr Guruji, weiter die Ehre zu erweisen, weil er mir doch das Leben gerettet hat.

Diese ausgedehnte Guruseva ist zwar die offizielle Begründung für mein Hiersein, aber keineswegs nur vorgeschoben. Wie die spirituellen Schüler sich um das Wohl ihres Lehrers sorgen, so will ich mich jetzt weiter um ihn kümmern, und Poojan wird mir dabei helfen.

Wir sind allein. Es ist später Abend, die ruhigste Zeit des Tages. Der letzte Dorfbewohner ist gegangen, niemand wird mehr heraufkommen. Wir haben Zeit, uns auszuruhen. Zeit für uns. Noch sind die Decken vor dem Eingang zurückgezogen, denn draußen ist es trotz der späten Stunde warm.

Übereck sitzen wir, wie meist. Wir schauen ins Feuer oder blicken einander an. Noch nie konnte ich jemandem so lange und ohne mit der Wimper zu zucken in die Augen sehen. Noch nie habe ich einen Menschen mit einer so konstanten Energie aus Liebe erlebt. Liebe nicht nur zu mir, sondern zu allen, die ihn aufsuchen.

Wir sitzen und schweigen. Ich verlasse meinen Platz nicht. Überhaupt geschieht nichts, was wir vor anderen verbergen müssten. Wir küssen uns nicht, halten uns nur manchmal an den Händen oder führen die Stirnen für eine zärtliche kleine Weile zusammen, bis wir uns mit einem Nasenkuss wieder auf unsere Plätze zurückziehen. Oft lachen wir über uns selbst, über dieses merkwürdige Liebespaar, das wir sind. Sex ist unwichtig – für mich ohnehin, ich habe mich seit Jahren auf keinen Mann mehr eingelassen. Und Shankar ist Mönch, Priester. Wir sind einander auf einer anderen Ebene nah. Gefühle und Gedanken schwingen hin und her, sie tragen mich in eine tiefe Wesensnähe zu ihm. Ist es das, worauf ich mein Leben lang gewartet habe? All meine Träume, Pläne und Wünsche haben sich ins Nichts aufgelöst.

Meine Freunde in Europa würden mich für realitätsfremd und verrückt halten, wenn sie mich, die freiheitsliebende Genießerin, hier sähen. Shankar ist um einiges älter als ich, obgleich seine dynamische Ausstrahlung und seine falten-freie, samtene Haut darüber hinwegtäuschen. Und materiell kann er mir gar nichts bieten, aber danach habe ich ohnehin nie gesucht. Ich habe mich immer selbst ernährt. Es ist eine andere, eine spirituelle Nahrung, die ich von ihm bekomme. Ich weiß, dass er auch an mich denkt, wenn er meditiert, und nehme das als Geschenk. Am meisten spüre ich es in der Herzgegend und im Bauch. Ganz leicht, weich und offen bin ich dort auf einmal.

»Sag mir, Sabrina«, dringt Shankars Stimme durch meine Gedanken hindurch, »are you happy?«

Wie erwartungsvoll sein Gesicht aussieht! Ich ergreife seine ausgestreckte Hand und flüstere: »So sehr, Guruji.«

»Hast du Lust«, fährt Shankar fort, »irgendwann eine große Reise mit mir zu unternehmen?«

»Natürlich machen wir das.« Wir besiegeln es mit breitem Lächeln und einem kräftigen »Give me five«. Dann schweigen wir wieder zusammen.

Shankar hat in der Isolation gelebt, seit er sieben Jahre alt war. Abgeschieden von der Welt war er, nur mit seinem Leh-rer zusammen, und dann jahrzehntelang fast immer hier in den Bergen. Er kennt den Rückzug, wie ich. Er hält ihn aus und braucht ihn. Wie ich. Er, der Geistliche, und ich, die Einzelgängerin: Wer auf der ganzen Welt könnte mich besser verstehen?

Draußen ist inzwischen tiefe Nacht, und das Feuer wirft tanzende Schatten an die Wände. Dieser Tempel ist wie eine schützende Muschel für uns beide – wir sind darin geborgen. Shankar hat jetzt die Augen geschlossen, er ist ganz in sich versunken. Leise erhebe ich mich und gehe hinaus, ein paar Schritte nur, bis zum Brunnen. Ein Gedanke formt sich: Wir schauen uns nicht nur an, wir schauen auch gemeinsam in dieselbe Richtung – nach oben. Was zugleich bedeutet: an den Grund unserer eigenen Seele. Schon immer habe ich das versucht in all den Jahren. Aber jetzt erst begreife ich durch Shankars Vorbild, dass es Konsequenzen hat.

»Nimm dich selbst an – als Seele, die in diesem Körper steckt.« Wann habe ich das schon einmal gehört? Richtig: mein inneres Zwiegespräch auf dem Plateau bei Kumi! Damals habe ich mich allein gefühlt und nach Liebe gesehnt. Jetzt habe ich die Liebe gefunden. Ist es nicht endlich Zeit, mich selbst wirklich anzunehmen? Es zu lernen? Hier bei Shankar ist der beste Platz dafür.

Ein leiser Wind geht durch die Baumkronen. Ich setze mich auf den Brunnenrand und versuche meinen Gedanken weiter zu folgen.

Ich kann nur mehr Vertrauen entwickeln, wenn ich mich selbst annehme. Shankar lebt dieses Vertrauen durch und durch, das spüre ich bei jeder Zeremonie, bei jeder seiner Begegnungen mit denen, die Hilfe von ihm erbitten. Ich hingegen bin davon meilenweit entfernt. Ängste, Zweifel und

Unsicherheiten blockieren mein Vertrauen. Vielleicht hat mein spiritueller Weg ja gerade erst begonnen. Und wahrscheinlich werde ich mich erst an seinem Ende wirklich selbst gefunden haben. Wer sonst als Shankar sollte mich dabei begleiten?

Noch eine ganze Weile sitze ich am Brunnen, lausche dem Wind und versuche zu erfassen, worum es gerade geht. Dann beschließe ich, schlafen zu gehen. Zu Ende denken kann ich heute sowieso nichts. Wie gut, dass ich hier bin, nicht nur wegen meiner Liebe, denke ich, als ich die kleine Treppe zum Tempel wieder hinaufsteige. Nein, auch ohne sie ist meine Seele hier genau am richtigen Ort.

In den folgenden Wochen renovierte ich den Tempel weiter. Ich bemalte ihn von innen und außen mit Ornamenten, ließ das Dach reparieren und vor dem Eingang ein Vordach anbringen. Oft hielt ich mich hinter der Hütte in dem großen Garten mit den Mandelbäumen auf. Die Bäume erinnerten mich an die Magnolie in Hilden, schon deshalb liebte ich diesen Ort. Seit Shankar und ich uns gefunden hatten, musste ich öfter an die Magnolie aus meinen Kindertagen denken – an ihr Versprechen damals, als ich im Gipsbett unter ihr lag. Frei würde ich sein, so hatten ihre Blüten, ihre Blätter gewispert. Hatte ich an Shankars Seite meine Freiheit gefunden?

Im Garten hinter dem Tempel legte ich Gemüsebeete an, ich las, ruhte mich aus oder machte Schmuck. Shankar indessen betete, er kochte für mich Tee und grässlich schmeckende Kraftspeisen, die Wirkung zeigten. Manchmal, wenn ich mit meinen Ketten und Armbändern beschäftigt war, saß er neben mir. Er sang für mich, schaute zu und betrachtete die dicken Türkise von allen Seiten. Oder er las aus den Veden vor, mit einer Lupe bewaffnet und den Kopf tief über uralte Folianten gebeugt. Wenn Pradeep bei uns war, übersetzte er aus dem Sanskrit für mich. Ansonsten lauschte ich einfach den gemurmelten Worten. Einiges von dem, was ich durch Pradeep hörte, erregte meinen Widerspruch. Doch ich zwang mich, erst einmal nur zuzuhören. Shankar würde meinen Widerspruchsgeist noch früh genug erleben müssen.

Die meisten Leute im Dorf störten sich nicht daran, dass ich immer noch da war. Sie hatten begonnen, mich »Didi« zu nennen, »Schwester«. »Wo ist Didi?«, fragten sie Shankar, wenn ich in den Garten oder ins Nachbardorf gegangen war, um etwas zu besorgen.

»Didi kommt nachher wieder.«

Irgendwann freilich konnte ich die Augen nicht mehr davor verschließen, dass ich nach Europa zurückmusste: Mein Geld ging zur Neige. »Es ist nur für kurze Zeit«, sagte ich zu Shankar. »Ich komme wieder, so schnell ich kann.«

»Wann fährst du?«

»So bald wie möglich.« Ich wollte den Abschied nicht hinauszögern.

Schon eine Woche später räumte ich meine Sachen zusammen – Bettzeug, Seife und Creme, Bücher und meinen Walkman – und verschloss alles in einer großen Metallbox. Dann verneigte ich mich vor Shankar und ließ mich segnen. Wie schon einmal stand er vor dem Tempel und schaute mir nach, als ich ging. Aber diesmal winkte er. Ich winkte zurück und versuchte, nicht an die große Entfernung zu denken, die schon bald zwischen uns liegen würde.

13

Der Entschluss

September, die Zeit der Blüte ist lange vorbei. Auf dem Rasen liegen noch ein paar verwelkte Kringel – keine Spur mehr von dem leuchtenden Lila, in das sich die Magnolie jedes Frühjahr hüllt.

Ich bin nach Hilden gefahren, zu Oma, wie stets, wenn ich in Europa bin. Übermorgen geht es weiter nach Köln und von dort aus zurück nach Indien, mit einem Zwischenstopp auf Bali, wo Susanne mit Jean mittlerweile lebt. Ich habe selbst zwei Jahre auf der Insel verbracht und freue mich, meine Seelenschwester dort zu sehen. Noch nie habe ich es so eilig gehabt, Europa wieder zu verlassen. Alles hier ist mir fremd geworden: die Umgebung, die Menschen, das ganze Leben. Mit meinen Schweizer Freunden verbindet mich nichts mehr – als hätte ich nie zuvor eine innige Beziehung zu ihnen gehabt. Das macht mich traurig und ängstigt mich. Aber welch einen Reichtum habe ich dafür in Indien gefunden! Nur das Band zwischen Oma und mir ist so stark wie eh und je. Ihr knochenharter Humor und ihr lautes Lachen erinnern mich an meine Kindheit. Auch ihre Fürsorge genieße ich, obwohl ich längst zu alt dafür bin.

»Komm rein, Sabrina, es wird kühl!«

»Gleich!« Liebste Oma, du weißt ja gar nicht, wie kalt es im Himalaja werden kann, wenn ein einziges Feuer gegen die

Kälte ankommen muss, die durch alle Ritzen dringt. Und wie warm es trotzdem innerlich ist neben diesem einen Menschen, den man so liebt.

Von Shankar habe ich Oma nichts erzählt. Sie kennt nur die katholischen Priester hierzulande, es würde nicht in ihr Weltbild passen. Oder unterschätze ich sie? Manchmal überrascht sie mich mit ihren modernen Ansichten über die Liebe. Aber ich will es nicht drauf ankommen lassen.

Beim Abschied drücke ich meine Großmutter, so fest es geht. »Pass auf dich auf, Omi!«

»Kind! Ist es nicht langsam genug mit Indien?«

Niemals wird es genug sein, dachte ich, als ich kurz drauf im Flieger nach Bali saß. Nie könnte ich je wieder woanders leben. Aber solange Oma auf dieser Welt war, würde ich immer zu ihr zurückkommen.

»Und dann, wie stellt ihr euch das weiter vor?«

Mit Susanne streife ich über den Markt von Ubud auf Bali. Jean hat uns allein losziehen lassen, nachdem er mit uns Tee getrunken hat. Er gefällt mir – ein schmaler, dunkler Mann, gutaussehend, mit weichen Gesichtszügen. Heute Abend wird er wieder zu uns stoßen, doch jetzt besorgen wir erst einmal traditionell gemusterte Stoffe, die ich später in Europa verkaufen will.

»Schau mal!« Aus dem Wust an Kleidern zerre ich einen grünen Sarong hervor. »Ist der nicht schön?«

»Die Farbe steht dir. Aber wer weiß« – Susanne zwinkert spöttisch – »vielleicht trägst du bald sowieso nur noch Orange.«

»Warum das?« Ich lasse den Sarong sinken.

»Na ja. Du hast den Tempel renoviert und dich damit bedankt. Was kommt jetzt?«

»Im Dorf haben sie bisher nichts dagegen gehabt, dass ich da bin, und das wird auch weiterhin so sein«, sage ich und stopfe das Kleidungsstück zurück zwischen die anderen.

»Ich glaube nicht, dass das funktioniert.« Susanne stemmt die Arme in die Seiten. »Überleg doch mal. Ihr müsst es begründen, dass du noch da bist. Irgendwie.«

Sie hat recht. Über meiner Vorfreude auf Shankar habe ich dieses Problem ganz verdrängt. Vielleicht habe ich auch gedacht wie er: dass es sich schon von selbst regeln wird, im Vertrauen. Aber die Dorfbewohner müssen akzeptieren können, dass ich da bin. Außerdem ist Shankar in Haridwar, Rishikesh und an vielen anderen Orten bekannt, seine Schüler leben in ganz Indien verstreut. Was würden sie sagen, wenn der Meister, der Guru plötzlich Gefühle hätte wie ein ganz normaler Mann? Nein, ich darf seine Autorität nicht untergraben.

Wir gehen weiter von Stand zu Stand. Plötzlich bleibe ich stehen: »Susanne!« Ich packe sie am Arm. »Was hast du gerade mit dem Orange gesagt?«

»Ach, war nur ein Witz.« Sie winkt ab. »Du kannst doch keine Nonne werden.«

»Warum nicht?« Auf einmal scheint alles sehr einfach. »Warum kann ich nicht Sadhvi sein? Shankars Schülerin, ganz offiziell?«

Susanne schaut mich kopfschüttelnd an, sie lacht, dann wird sie ernst. »Kann sein«, sagt sie langsam. »Kann sein, dass das der Weg ist.«

Es ist der einzige Weg und ein sehr guter dazu. Davon bin ich überzeugt, als ich schließlich in Indien gelandet bin und den Bus Richtung Himalaja nehme. Es wäre noch nicht mal Taktik. Genau das will ich doch: bei Shankar sein und von ihm lernen. Wie alle Schüler. Es wäre am ehrlichsten so.

Einen Tag und mehrere Umsteigestationen später steige ich im Dorf aus. Die Straßen sind stockfinster, aber ich kenne den Weg wie keinen anderen. Rasch laufe ich über die Brücke und den Hang hinauf. Schon von Weitem sehe ich das kleine Außenlicht brennen. Inzwischen klopft mir das Herz bis zum Hals. Shankar weiß nicht, wann ich komme. Wie wird es sein zwischen uns?

Vor dem Eingang halte ich inne. Dann schiebe ich langsam die Decken beiseite, und sofort steigt mir der vertraute Rauch in die Nase. Der Dhuni glimmt noch. Shankar schläft, wie stets hat er die Decke ganz über seinen Kopf gezogen. Ich setze mich erst einmal an die Feuerstelle, um mich zu beruhigen, und schaue mich um. Wie schön es hier immer noch aussieht, sauber und aufgeräumt! Vorsichtig taste ich unter dem Altar nach dem Schlüssel für meine Blechkiste, den ich dort verstaut hatte. Doch als ich den Deckel öffnen will, klackt das Schloss, und Shankar schnellt auf. Seine Rastahaare hängen ihm ins Gesicht, er wirft sie zur Seite und erblickt mich. Wie ein Panther springt er zu mir herüber und umfängt mein Gesicht mit beiden Händen. Er drückt seine Stirn an meine, atmet laut durch die Nase aus, und ich nehme seinen rauchigen Moschusduft wahr. »Da bist du!«, sagt er heiser.

Eng umschlungen lassen wir uns am Feuer nieder. »Ich bin so glücklich, wieder bei dir zu sein«, murmele ich in seine Halsbeuge.

»Bébé!« Er zieht mich noch fester an sich. »Als du fort warst, habe ich angefangen, die Tage zu zählen. Ich habe für dich gebetet – und dafür, dass du gesund zurückkommst und dass du schnell wieder hier bist. Es hat so lange gedauert! Ich wusste nicht, wie das ist, zu warten.« Wieder und wieder streicht er mir über die Haare. »Ich kannte das bisher nicht.«

»Hast du niemals Sehnsucht nach einem Menschen gehabt?« Mein Mund berührt immer noch seine Halsbeuge.

»Als Kind habe ich meine Mutter vermisst. Und später meinen Lehrer, nachdem er gestorben war. Aber ich habe mir gesagt: Er geht ja nur weiter auf seinem Weg.« Seine Stimme klingt so warm und weich, ich schließe die Augen. »Mit dir, Bébé, mit dir ist es anders. Mein Herz hat jeden Tag geschmerzt, den du fort warst. Unsere Wege gehören zusammen. Ich habe dich nicht nach Ewigkeiten gefunden, damit ich dich jetzt wieder verliere. Du bist mein Leben, ohne dich will ich nie wieder sein.«

Nie hätte ich solche Worte von ihm erwartet. Ich hebe den Kopf und suche seinen Blick. »Du wirst mich nicht verlieren.« Jetzt zittere ich – vor Kälte oder weil ich so aufgewühlt bin? Shankar spürt es. »Warte, Didi, ich mache dir Tee.« Rasch holt er Holz für heißes Wasser und hilft mir, mein Lager einzurichten. Schließlich sitzen wir wieder an sein Bett gelehnt, Wange an Wange, und halten uns selig an den Händen. Mein Herz öffnet sich – mir ist, als könnte es die komplette Welt überstrahlen, und Wärme breitet sich im ganzen Körper aus. Wir verharren so, bis uns beinahe die Augen zufallen.

Schnell sprach sich am nächsten Tag im Dorf herum, dass ich wieder da war. Viele kamen herauf, um mich zu begrüßen, allen voran Pradeep, der sich sichtlich freute. Einige fragten mich, wie lange ich bleiben würde – bedankt hätte ich mich doch schon. Stets antwortete ich, dass ich weiter von Guruji lernen wollte. Doch ich spürte: Überzeugend wirkte das nicht.

Einige Abende später spreche ich mit Shankar über die Idee, seine Schülerin zu werden.

»Anders kann ich hier nicht bleiben«, schließe ich, nachdem ich ihm alles dargelegt habe.

Er schweigt, schaut vor sich hin. Was denkt er jetzt? Hoffentlich hält er mich nicht für eine durchgedrehte Europäerin auf Abenteuersuche. »Ich meine es ernst«, schiebe ich nach. »Ich will von dir lernen.«

Da hebt er den Kopf. Aus seiner Miene spricht mehr Skepsis als Begeisterung. »Willst du das wirklich?«

»Ja klar«, sprudele ich heraus.

»Du weißt, dass du andere Kleidung tragen musst?«

»Kein Problem!«

»Du wirst irgendwann deinen Besitz abgeben und im Feuer verbrennen müssen. Dann gehören dir nur noch die zwei Sadhu-Gewänder, zwei Decken und die Sadhu-Tasche.« Meine Metallbox mit den ganzen Sachen darin! Meine Bücher, Kleider, der Frauenkram – alles, was den Aufenthalt hier in der Wildnis etwas bequemer macht! Auf all das soll ich dann verzichten?

Shankar hat mein Erschrecken bemerkt, auf seinem Gesicht erscheint für einen Moment dieses hinreißend warme Lächeln. »Bébé, du verlierst die Welt nicht, wenn du Sadhvi wirst. Du fliehst nicht aus ihr.«

»Sondern?«

»Du sagst Ja zu ihr. Denn du konfrontierst dich mit all den Illusionen, die in dir sind. So wird die Welt viel klarer für dich.«

»Okay«, sage ich. Und denke insgeheim, dass ich vielleicht doch einiges retten werde, wenn es so weit ist. »Ich werde diesen Weg gehen.«

Er schaut mir lange in die Augen, als suche er in meinem Blick doch noch etwas, was dagegen spräche. »Du meinst es wirklich ernst?«

Spürt er das denn nicht? Ich kann nur nicken. Da nimmt er mein Gesicht in beide Hände. »Du machst mich sehr glücklich, weißt du das?«

Mit Pradeeps Unterstützung besprechen wir am nächsten Tag unser Vorhaben in allen Einzelheiten.

»Zuerst durchläufst du eine dreijährige Probezeit«, erklärt Shankar. »Du wirst üben, deinen Körper, deine Gefühle und deinen Geist zu kontrollieren.«

Das hört sich nach Arbeit an. »Was muss ich dabei genau machen?«, frage ich so naiv, dass er einen Lachkrampf bekommt. Und auch Pradeep kann sich ein Grinsen nicht verkneifen.

»Du wirst zuerst deine Gedanken und Gefühle reinigen«, erläutert Guruji weiter. »Damit wirst du lange beschäftigt sein.«

Das kann ja nicht so schwer werden. Ich habe doch größtenteils gute Gedanken.

»Nach drei Jahren wirst du in den Orden der Naga Babas aufgenommen. Aber da ist noch was«, sagt Pradeep. »Bist du bereit, deine Haare abzuschneiden?«

»Wie bitte?« Entgeistert starre ich ihn an.

»Sabrina, es geht darum, sich dem Höheren, Göttlichen zu öffnen. Darum, alles Eigene aufzugeben und die Zeichen deiner Persönlichkeit als Opfer darzubringen.«

Mich packt die pure Panik.

»Aber das kommt erst, wenn du in den Orden aufgenommen bist«, versucht Shankar mich zu beruhigen.

Na gut. Bis dahin fällt mir wohl eine Ausrede ein. Oder ich werde mich doch an den Gedanken gewöhnen.

»Sabrina, bist du dir sicher? Können wir es den Leuten sagen?« Forschend schaut Pradeep mich an.

Dieser Plan scheint Konsequenzen zu haben, die noch gar nicht überschaubar sind. Aber ich will mich darauf einlassen.

»Ja«, erwidere ich. »Ich bin mir sicher.«

Am darauffolgenden Sonntag verkündet Shankar den Dorfbewohnern nach der Zeremonie meinen Entschluss. Viele schauen mich wohlwollend an. Andere, vor allem ein paar Frauen, wirken skeptisch. Misstrauen sie mir? Oder beneiden sie mich?

Shankar spürt wohl meine Unsicherheit. »Bébé, thike – okay?«, fragt er mich strahlend. Ich nicke.

Sie werden es hoffentlich akzeptieren können, denke ich, als ich die Blechteller gestapelt und Poojan zum Abwaschen überreicht habe. Sie werden sich schon daran gewöhnen.

Nachdem alle gegangen sind, raucht Shankar eine letzte Bidi, dann legen wir uns hin. Wenige Minuten später verraten tiefe Atemzüge, dass er eingeschlafen ist. Ich hingegen wälze mich von einer Seite auf die andere, schaue mal die Wand an und mal das heilige Feuer, den Dhuni. Es ist meine freie Entscheidung, sage ich mir zum wiederholten Mal an diesem

Tag. Ich will lernen. Ich will meinen Charakter formen, mein Bewusstsein erweitern und Frieden für meine immer noch suchende Seele finden.

Was mich dabei wohl erwartet?

»Bébé, aufstehen!«

Von Weitem höre ich Shankars Stimme. Ich glaube zu träumen. Wie betäubt erhebe ich mich. Der Dhuni ist erloschen, und es ist einfach noch zu früh für mich: fünf Uhr.

»Hol Holz und mach Feuer.«

Entgeistert starre ich Shankar an. Das lässt ihn schmunzeln, aber er sagt nichts. Da weiß ich: Meine Zeit als Schülerin hat begonnen. Jetzt geht es darum, mein Ego zu schleifen. Aber muss das um fünf Uhr morgens sein?

Mürrisch krieche ich von meinem Lager, schleiche aus dem Tempel und suche in der Dunkelheit nach dem Holzstapel, den wir vor Tagen angelegt haben. Au, Mist! Ein dicker Splitter hat sich in meinen Mittelfinger gebohrt, der Schmerz durchfährt den ganzen Körper. Plötzlich bin ich hellwach. Es blutet stark, und so tappe ich, den Finger im Mund und Holzscheite unterm Arm, zum Tempel zurück. Was für eine Ungerechtigkeit! Wütend lege ich das Holz in den Dhuni und versuche mit den Streichhölzern ein Feuer hinzubekommen.

»Zeig mal!« Shankar greift nach meiner blutenden Hand und holt den Splitter mit einer Nadel heraus. Ich versuche, mir den Schmerz nicht anmerken zu lassen. Dieses Missgeschick habe ich meinen negativen Gefühlen zu verdanken, das weiß ich, und Shankar weiß es auch. Also bloß ruhig sein!

»Steck den Finger in die Asche!«

Wie? Soll ich mir eine Blutvergiftung holen?

»Los, die Asche ist sauber, das schließt die Wunde.«

Na gut. Ich tue, was er sagt. Und wirklich hört es auf zu bluten, die Wunde schließt sich.

Unterdessen hat Shankar einen Topf mit Wasser aufs Feuer gesetzt. Schweigend sitzen wir kurz darauf mit Tee da. Nur das Knistern des Feuers ist zu hören. Dann verlässt er mit seiner Lota den Tempel. Es wird eine Weile dauern, bis er zurückkehrt. Schnell wärme ich neues Wasser auf dem Dhuni und verschwinde damit hinter dem improvisierten Duschvorhang, um mich zu waschen. Dann siebe ich vorsorglich die Asche aus, mit der Shankar sich nach seinem Bad frisch einreiben wird. Anschließend essen wir Chapati, und Shankar gibt mir Anweisungen für den weiteren Tag – meinen ersten als Schülerin. Gleich nach dem Frühstück geht es an die Vorbereitung der Puja, der Morgenzeremonie. Shankar versenkt sich in tiefe Meditation, während ich den Tempel ausfege, den Schrein mit den Götterfiguren abstaube und frisch dekoriere – welch eine schöne Aufgabe, denke ich, während ich die Blüten arrangiere. Als alles getan ist, warte ich, bis Shankar aus seiner Andacht auftaucht und ins Schneckenhorn bläst, um die Dorfbewohner zur Puja zu rufen. Während der Zeremonie sitze ich mit mehr Konzentration dabei als zuvor. Ich bin jetzt Novizin, fühle mich für den Prozess mitverantwortlich. Die Zeit der Mal-gucken-was-kommt-Haltung ist vorbei.

Nach der Puja schickt mich Shankar ins Dorf, um rasch zu holen, was noch zum Mittagessen fehlt. Auch die Frauen gehen wieder hinunter und an ihre Arbeit. Die Männer bleiben oben, um zu politisieren. Ich sitze später daneben und klaube Steinchen aus dem Reis und den Linsen, die Shankar über dem Dhuni kochen wird. Es ist amüsant, ihn so lebendig diskutieren zu sehen, auch wenn ich kein Wort verstehe. Zwischendurch wird es auch mal laut, und am Schluss löst sich alles in Gelächter auf.

Doch die größte Herausforderung wartet nach dem Mittagessen auf mich. Bestimmt dreißig Dorfbewohner sind unsere Gäste gewesen, einige im Tempel, die anderen saßen draußen ringsherum im Gras. Nun verneigen sie sich vor Shankar und verlassen uns. Ihre Blechteller mit den Speiseresten jedoch sind überall verteilt zurückgeblieben. Ich schaue die Teller an. Schaue Shankar an. Der nickt: »Wasch sie ab.«

»Aber Poojan …«

»Poojan ist nicht da.«

Meint er das ernst? Rot vor Zorn sammele ich die Teller ein, marschiere zum Brunnen und schrubbe sie mit feuchter Kokosnussschale und Sand sauber. Faules Volk!, schimpfe ich in Gedanken. Die lassen sich bedienen, und ich muss alles saubermachen. Es ist einfach demütigend.

Derart aufgebracht bin ich, dass ich hinterher nicht einmal Mittagsschlaf halten kann. Und so sind die nächsten Stunden eine einzige große Anstrengung: wieder Holz holen, wieder Wasser für den Tee und die zweite Waschung des Tages erhitzen, wieder den Altar für die Abendzeremonie reinigen, dann das Abendessen für uns und die Gäste aus dem Dorf vorbereiten, der Puja beiwohnen, anschließend die Gäste bedienen …

»Das kannst du morgen abwaschen«, sagt Shankar, als ich die benutzten Teller erneut eingesammelt habe und mich anschicken will, zum Brunnen zu gehen. »Es ist genug.« Erschöpft stelle ich den Stapel ab, lasse mich auf mein Lager fallen und versuche, mich zu sortieren. Warum war es heute so schwer? Bei Anuva Baba habe ich auch viel gearbeitet und hier ebenfalls, außer während meiner Krankheit. Was ist so anders jetzt? Eine Weile kaue ich auf dem Problem herum. Dann weiß ich es: Ich bin jetzt seine Schülerin. Er gibt mir Befehle, sagt mir, was ich tun soll. Und die anderen lassen sich von mir bedienen. Das kränkt mein Ego ganz gewaltig.

Ist es das?

Ich schaue zu Shankar hinüber, der in einem seiner dicken Bücher liest. Jetzt spürt er meinen Blick und sieht lächelnd auf. Hab Mut, scheint er zu sagen. Es ist der richtige Weg.

Langsam macht die zornige Erstarrung in meinem Inneren einem Gefühl der Wärme Platz. Vielleicht ist es doch ganz stimmig so: Die stolze, freie Sabrina lässt sich befehlen und bedient andere. Eine bessere Methode, meine Gefühle hervorzulocken, sodass ich mich mit ihnen auseinandersetzen und daran wachsen kann, gibt es wohl wirklich kaum.

Ich schaue Shankar noch immer an, besänftigt inzwischen. Gern würde ich meine Hand in seine legen. Aber geht das noch? Schließlich sind wir jetzt Lehrer und Schülerin.

14

Mutter Erde

Entweder willst du lernen oder nicht. Und wenn nicht, dann ist es mir lieber, du packst deine Sachen und gehst.« Ungläubig starre ich erst Shankar an, dann Pradeep. Was soll das jetzt? Drei Wochen sind vergangen, und ich kann mich einfach nicht daran gewöhnen, dass ich jetzt im Tempel das Dienstmädchen für alle bin.

»Sabrina, der Weg eines Sadhus ist steinig und schwer.« Die Stimme des Apothekers klingt begütigend. »Anders kommst du nicht weiter.«

»Aber bin ich hier die einzig Doofe im Dorf? Zu nachtschlafender Zeit Holz holen, für manchmal zwanzig, manchmal fünfzig Leute Essen vorbereiten, endlos Teller abwaschen, das Ganze zweimal am Tag, und keiner von den Gästen krümmt einen Finger?«

»Wer in dir spricht so?« Shankar schaut mich forschend an.

Gute Frage. Klar kann ich nicht den ganzen Tag neben ihm sitzen und Däumchen drehen. Ich muss was tun. Doch das hier geht über meine Kräfte, physisch und vor allem psychisch. Anil würde mich vielleicht verstehen. Aber er ist seit meinem großen Entschluss noch nicht wieder bei uns gewesen. Auch Poojan ist nur selten da – als ob Shankar ihm Ferien verordnet hat. Ich bin mit Shankar allein, und selbst wenn er als Einziger den Dhuni entzünden und das Essen kochen darf, so habe ich mit der Vorbereitung der Speisen und den anderen Arbeiten immer noch unglaublich viel zu tun. Und wenn ich nicht gerade arbeite, soll ich meine Meditation fortsetzen – das heißt: ohne Ablenkung mein Innenleben aushalten. Dabei überschwemmen mich dann verwirrende Gedanken und widersprüchliche Gefühle. Ein undefinierbarer Groll setzt sich in mir fest, und der unmittelbare Drang, zur Ablenkung irgendetwas tun zu wollen, treibt mich in eine innere Zerreißprobe. Mein Körper wehrt sich gegen das stundenlange Sitzen in derselben Position, meine Beine kribbeln und brennen. Ich mache im Meditieren anscheinend überhaupt keine Fortschritte, und das nagt an meiner Motivation.

»Wer in dir spricht so? Wer oder was lehnt sich auf?«, wiederholt Shankar seine Frage. »Öffne den Mund und atme es aus, Bébé.«

Schweigen. Im Grunde weiß ich die Antwort. Mein Stolz ist es. Mein Ego. Und meine Ungeduld.

»Ich fühle mich so unverstanden«, sage ich leise.

Shankar lächelt. »Sabrina« – er legt seine Hand auf meine – »deine Umgebung und auch ich, wir dienen dir nur als Projektionsfläche, als Spiegel, in dem du dir selbst begegnest. Weich nicht aus. Stell dich den unangenehmen Gefühlen. Nur wenn du deinem Verlangen nach Ablenkung Grenzen setzt, wenn du Körper, Geist und niedrige Emotionen unter Kontrolle hältst, entwickelst du dich innerlich weiter.«

Ich nicke mechanisch.

»Wenn du arbeitest oder meditierst«, fährt Shankar fort, »vergiss, dass es der Mensch Sabrina ist, der handelt. Begrenz dich nicht auf deine momentane Tätigkeit hier auf Erden und auf das, was du in den Augen der anderen darstellen könntest. Du bist als Seelenwesen so viel mehr. Auf das Wie kommt es an, auf deine innere Geisteshaltung und dein Herz. Ohne die Verbindung zu deinem einsichtigen Herzen ist jede Handlung verlorene Zeit und Energie. Nimm alles, auch deine Schatten, in Demut an und entlass sie in die Hände Gottes. Lass ihn durch dich handeln. Mit dem, was du tust, gibst du ihm Raum.«

»Gott handelt durch mich?« Der Gedanke ist mir nicht ganz fremd. Aber seine Umsetzung konfrontiert mich mit Blockaden, von denen ich bislang nichts wusste.

»Er handelt durch dich, wenn du es zulässt und nicht deinem Verstand oder einer anderen Instanz in dir die Führung überlässt. Vergiss das Wort ›Warum‹. Alles hat seinen Sinn in deinem Leben.«

Gott handelt durch mich. Vor meinem geistigen Auge stehen sich unvermittelt mein Stolz und das Göttliche gegenüber. Wie klein der Stolz auf einmal wirkt, wie unwichtig. Ein trotzendes Kind ist er, das seinen Willen und die Anerkennung für seine guten Noten nicht bekommt. Dabei wird es völlig überstrahlt von dieser großen Kraft – von Geist, Energie, Liebe. Plötzlich sehe ich mich vor der Mariengrotte in Hilden sitzen, ganz in Licht gehüllt.

»You understand?« Immer noch schaut Shankar mich an.

Ja, vielleicht habe ich jetzt zum ersten Mal ansatzweise verstanden, worum es geht. Ich beginne, von meinem inneren Erleben zu erzählen.

»That's it, Didi«, ruft Shankar, als ich alles geschildert habe, und hebt anerkennend den Daumen. »Weißt du, was Bhakti-Yoga ist?«

Den Namen habe ich schon gehört. »Erzähl mir davon!«

»Es ist das Yoga der Hingabe an das Sein«, erklärt Pradeep an Gurujis Stelle. »Es gehört zu den großen Wegen im Yoga und besteht darin, alles, was man tut, als spirituellen Dienst anzusehen. Die Pujas, die Zeremonien am Morgen und am Abend, sind Bhakti-Yoga. Wenn Guruji seine Mantren singt, ist es Bhakti-Yoga. Wenn du den Altar reinigst und schmückst, ist es Bhakti-Yoga.«

»Wenn ich den Haushalt mache, auch«, ergänze ich und fasse einen Entschluss: Alles, was ich fortan tue, werde ich als Übung ansehen. Als Übung im Bhakti-Yoga. Als Hingabe an das göttliche Sein.

»Es wird leichter, Didi«, verspricht Shankar zum wiederholten Mal. »Ganz sicher wird es das. Aber nicht so bald.«

Shankar behielt recht mit dem, was er über Bhakti-Yoga gesagt hatte. Es sollte noch lange dauern, bis ich einigermaßen gelernt hatte, mein Glück nicht von der Befriedigung meiner Freiheitsbedürfnisse abhängig zu machen. Das ewige Verharren im Schneidersitz, das Frieren in den Wintermonaten, der Dienst für die mal wenigen, mal vielen Gäste aus dem Dorf ... All das stellte meine Geduld auf eine harte Probe. Unzählige Male schimpfte ich mit mir selbst und bezeichnete mich als völlig irre. Aber ich war entschlossen, durchzuhalten. Ich wollte die Askese zu meinem Lebensprinzip machen und lernen, was zu lernen war. Und um keinen Preis wollte ich Shankar verlassen. Ich wusste: Das Wohl meiner Seele hing davon ab, dass ich hierblieb. Schon sehr bald nach unserem Gespräch über Bhakti-Yoga jedoch wurde ich mit einem Ansinnen konfrontiert, das mich wieder tief zweifeln ließ.

»Sabrina, setz dich mal.«

Ich stelle die Milch ab, die ich soeben im Dorf geholt habe, und hocke mich neben Shankars Sitz, seinen Asan.

»Hör zu, ich muss dir etwas sagen.«

Was ist los?

»Wenn Frauen ihre Tage bekommen«, setzt er an, macht eine winzige Pause und spricht dann zögernd weiter, »dann kommen sie eigentlich nicht in den Tempel.«

Wie bitte?

»Und schon gar nicht dürfen sie im Tempel wohnen.«

»Warum das?«

Er sucht nach Worten, sagt etwas von Reinigungsphase, aber so richtig kann er es mir nicht erklären. Das kurze Gespräch beunruhigt mich, zumal meine Menstruation bald wieder bevorsteht.

Am nächsten Tag fängt er erneut davon an. »Wir haben einen Platz für dich gesucht«, sagt er, während ich Linsen säubere und er den Chapatiteig vorbereitet.

»Was für einen Platz?« Ich bin alarmiert.

»Einen Ort weiter oben am Berg, eine Höhle, in der du für dich sein und deine innere Reinigung durchlaufen kannst. Und wenn du zurückkommst, bist du ganz ausgeruht und wieder bei Kräften.«

»Ich soll in eine Höhle?« Schon bei der Vorstellung schwillt mir der Hals. »Hör zu, das kannst du mit mir nicht machen. Ich will das nicht.«

Es ist unser erster wirklicher Konflikt. Vergessen sind die bisherigen Auseinandersetzungen um das, was ich als Schülerin zu tun habe. Dies hier ist anders, hier geht es um meine Identität als Frau.

164

Und es geht um uns als Paar.

»Es ist Vorschrift«, sagt Shankar und schaut streng. Ich halte seinem Blick stand. Seine Miene wird für einen Moment weich und sehnsüchtig, doch gleich darauf verfinstert sie sich wieder. »Es muss so sein.«

Ein nichtssagendes Argument, gegen das trotzdem nicht anzukommen ist. Es fühlt sich an, als schlage man mir die Tür vor der Nase zu. Ich lasse die Schüsseln mit Linsen stehen und gehe hinaus. Soll er allein weitermachen. Ich brauche jetzt frische Luft.

Mit großen Schritten durchquere ich den Garten mit den Mandelbäumen, der sich hinter dem Tempel den Hang hinauf erstreckt, und folge dann ein paar schmalen Pfaden, bis ich weit über das Tal schauen kann. Von hier oben aus wirkt unsere Hütte sehr klein. Sichtbar ist auch das unfertige Gemäuer darunter – es hatte ein größerer Ashram werden sollen, doch dann war der Maharadscha-Familie, die ihn finanzieren wollte, das Geld ausgegangen.

Ich könnte ein Dach daraufsetzen lassen, fällt mir ein. Das ergäbe auch eine schöne Terrasse vor der Hütte. Aber erst mal sind jetzt andere Themen dran.

Ich setze mich auf einen großen Stein.

Was sind wir eigentlich für ein Paar, Shankar und ich? Wir lieben uns ganz unkörperlich, halten uns nur an den Händen oder legen für einen schönen Moment die Stirnen aneinander. Immer noch können wir ineinander versinken, wenn wir uns in die Augen schauen. Doch daneben gibt es längst die andere Beziehung: die zwischen Lehrer und Schülerin. Sie findet vor allem statt, wenn Dritte da sind – aber nicht nur dann. Auch wenn wir nebeneinander meditieren, wenn

Shankar ganz in seine Mantren versunken ist und ich übe, es ihm gleichzutun, sind wir kein Liebespaar. Auch dann sind wir Meister und Lehrling. Diese Rollen sind nicht vorgetäuscht, um das Dorf zu beruhigen, sie sind kein Theater, sondern ebenfalls echt.

Ich ziehe mein Wolltuch enger um mich. Wie schwierig es doch ist, die Doppelrollen zu leben! Es braucht so viel Gespür dafür, auf welcher Ebene wir uns jeweils befinden. Sind wir gerade ein Paar? Sind wir Lehrer und Schülerin? Und jetzt, wo es um meine Menstruation geht, prallen beide Rollen aufeinander. Als Frau wehre ich mich gegen die Zumutung, während meiner Periode ausquartiert zu werden. Als Schülerin müsste ich gehorchen.

Mit der Fußspitze male ich Kreise in den Staub. Was ist jetzt richtig? Zum ersten Mal, seit ich hier bin, ist Shankar mir fremd. Er folgt Regeln, mit denen ich mich schwertue. Welchen Sinn könnte es diesmal haben, mich seiner Forderung zu unterwerfen? Keinen, meine Liebe! Das hier ist einfach nur ein altes, frauenfeindliches Ritual.

Aber ich kann in seinem Beisein nicht gegen seine Kultur verstoßen!

Stimmt. Trotzdem ist jetzt eine Grenze erreicht.

Noch lange bleibe ich auf dem Stein sitzen. Dann steht mein Entschluss fest – ich gehe auf keinen Fall in die Höhle. Wir müssen eine andere Lösung finden.

Nach der Abendzeremonie mache ich keine Anstalten abzuwaschen. »Ich muss mit dir reden.« Innerlich schmunzele ich – mit dem Satz beginnen in Europa Beziehungsdiskussionen, er versetzt Männer in Alarmbereitschaft.

»Gibt es ein Problem, Didi?«

»Die Höhle. Die Höhle ist ein Problem.«

Er hebt beide Hände, als ob er zu einer Erklärung ansetzen will, doch ich komme ihm zuvor. »Shankar, Guruji, ich liebe und ehre dich. Ich will lernen. Aber diesen Teil eurer Kultur kann ich nicht akzeptieren. Ihr tut, als ob die Frauen unrein wären, wenn sie menstruieren.«

»Falsch. Sie reinigen sich.«

»Meinetwegen. Trotzdem gehe ich in keine Höhle.«

Wir schweigen, starren uns finster an. Und jetzt? Was für ein blödsinniges Kräftemessen!

Plötzlich entspannt sich Shankars Miene. »Bébé«, lächelnd nimmt er meine Hand und küsst sie, »ich kenne dich schon viele Leben lang. Eine Ewigkeit! Manchmal vergesse ich, dass du aus Europa kommst.« Jetzt tritt der verschmitzte Ausdruck in sein Gesicht, den ich so mag. »Weißt du, was ich schon lange haben wollte?«

»Nein, was?«

»Ein Gartenhäuschen.«

Verblüfft schaue ich ihn an.

»Eine kleine Hütte mit einer Feuerstelle, um die Mandeln im Garten rösten zu können. Und groß genug, damit dort jemand schlafen kann, wenn wir viel Besuch haben.« Mit beiden Händen umfasst er mein Gesicht. »Ach Didviji, du kommst hierher und bringst alles durcheinander, am meisten mich – du weißt nicht, wie sehr. Und ich bin glücklich, ich will dich nie wieder verlieren.«

»Du verlierst mich nicht«, flüstere ich.

Shankars Idee befreite mich aus meinem Zwiespalt. Nun musste ich nicht wählen zwischen meinem Selbstschutz einerseits und dem Respekt vor seiner Kultur andererseits, der mir ja ebenso wichtig war. Um keinen Preis hätte ich Guruji verletzen wollen, indem ich Regeln übertrat, die für ihn selbstverständlich waren – auch wenn ich selbst sie ablehnte.

Am nächsten Morgen suchten wir weit oben im Garten nach einer geeigneten Stelle, und im Handumdrehen entstand eine Art Gartenlaube: Poojan hob eine viereckige Grube aus und setzte vier hölzerne Eckpfeiler. Dazwischen stapelte er alte Holzlatten. Das Dach nagelte er ebenfalls aus Latten zusammen. Ein altes Rohr, dessen Ende geviertelt und aufgebogen wurde, um den Rauch besser einzufangen, führte von der Feuerstelle zum Dach hinaus. Etwas entfernt hinter einem Gebüsch wurde noch ein tiefes Loch gegraben, der Abort.

Wenige Tage später bezog ich die Laube zum ersten Mal. Poojan und Pradeep halfen mir, denn der Wechsel glich einem halben Umzug. Sogar eine Pritsche mit Kordelfläche hatten sie aufgetan, wie ich sie aus Rajasthan kannte, und Shankar spendierte eine Matratze dazu. Decken, Feuerholz, ein Dreibein, Töpfe, ein großer Wasserkrug und Lebensmittel wanderten hinüber. Im letzten Moment schnappte ich mir noch meinen Walkman, und Shankar steckte mir zum Abschied eine Paste als Medizin gegen die Schmerzen zu, bevor er mich segnete.

Am ersten Abend saß ich vor dem Eingang und schaute den Hang hinunter. Es fühlte sich komisch an. Ich war zu Hause und auch wieder nicht. Du wirst dich daran gewöhnen, sagte ich mir. Es ist ein Kompromiss. In meinem Unterleib meldeten sich die wohlbekannten Krämpfe, und so ging ich bald hinein, legte noch einmal Holz nach und zog die dicke

Decke am Eingang zu. Morgen muss ich keine Asche sieben, ging es mir durch den Kopf, bevor ich einschlief.

Stimmen wecken mich. Es ist taghell draußen, die Decke ist beiseitegeschoben, und auf der Schwelle sitzt Manju, eine junge Brahmanin aus dem Dorf, die mir sehr verbunden ist, und neben ihr eine zweite Frau. Das Feuer brennt kräftig, darüber siedet Tee. Verdutzt rappele ich mich auf. Die beiden haben frische Chapati und eine Lota voll Milch mitgebracht. Neben ihnen stehen zwei riesige Plastikflaschen mit Wasser.

»You sleep well?« Manju gießt mir einen Becher mit Tee ein.

»Was macht ihr hier?«

»Wir helfen dir, damit du dich ausruhen kannst.«

Verblüfft setze ich mich und trinke den heißen Tee. Doch viel Zeit zum Nachdenken bleibt mir nicht. »Zieh deine Kleider aus«, fordert Manju mich gleich darauf in ihrem spärlichen Englisch auf und packt Pflegeöl, Kämme, Seife und ein Kilo Watte aus.

»Warum das?«

»Wir wollen dich waschen.«

Zu verdutzt, um mich zu wehren, schäle ich mich aus meinen Kleidern. Die beiden Frauen waschen mich von Kopf bis Fuß, dann ölen sie mich ein. Ich lasse es geschehen, ohne ein Wort zu sagen. Noch immer bin ich ganz verwirrt.

Nach der Reinigung bekomme ich Frühstück. Anschließend soll ich mich wieder hinlegen.

»Warum?«, frage ich noch einmal mit Nachdruck. »Warum macht ihr das alles?«

»You enjoy«, erwidern sie. »You don't work now.« Ich soll nicht arbeiten, sagen sie. Ich soll mich ausruhen und es genießen. Doch gerade das fällt mir schwer. Seit ich im Gipsbett lag, bin ich nicht mehr von anderen versorgt worden, außer während meiner Krankheiten. Immerhin tut es gut zu liegen, denn die Unterleibskrämpfe sind heftig. Ich esse von der bitteren Paste, die Guruji mir als Medizin mitgegeben hat, stecke mir die Walkmanstöpsel ein und kann bald darauf mit »Enigma« im Ohr einschlafen.

Stunden vergehen. Die zwei erlauben mir nicht aufzustehen, außer wenn ich mich erleichtern muss. Sie sitzen vorn am Eingang und plaudern ununterbrochen. Nachmittags taucht kurzzeitig Poojan auf, er bringt neues Holz und Essen von Guruji und geht wieder. Kurz vor Sonnenuntergang verabschieden sich auch die Frauen. »Sleep well«, flüstert Manju und streicht mir über den Kopf. »Tomorrow we come back.«

Am nächsten Morgen sind die Frauen wieder da. Erneut darf ich nichts selbst tun. Diesmal versuchen sie mir die Haare zu kämmen, die sich schon zu Dreadlocks verfilzen. »Au, au«, jammere ich, wenn sie wieder an einem Knötchen hängenbleiben. »Oh, very sorry, Didi«, ruft Manju dann aus und schüttelt scheinheilig grinsend den Kopf.

Später bereiten die beiden das Mittagessen vor, dann verschwinden sie. Am frühen Abend kommt Poojan und schleppt ein paar Steine an, damit ich mir einen persönlichen kleinen Altar bauen kann.

Nach drei Tagen habe ich in die ungewohnte Situation hineingefunden. Ich werde mit allem versorgt und gehätschelt wie ein Baby. Immer wieder wird mir erklärt, dass ich mich ausruhen und ganz auf meinen Körper besinnen solle, denn dies sei eine spezielle Woche für die Frau. Die Brahmaninnen, so erzählt mir Manju, genössen alle dieses Privileg. Wenn sie menstruierten, würden sie von ihren weiblichen Angehörigen bedient. Denn sie sollten in Ruhe den Reinigungsprozess durchlaufen.

Wieder und wieder höre ich diese Erklärungen. Was soll ich von ihnen halten? Ich verzichte darauf, mit Manju zu diskutieren, denn ich bin dankbar für die warmherzige Zärtlichkeit, mit der sie, ihre Freundin und auch Poojan sich um mich kümmern. Sie haben mir weit mehr geschenkt als nur körperliche Fürsorge.

»Ihr wart sehr gut zu mir«, sage ich am vorletzten Tag zu Poojan. Wir sitzen draußen in der spärlichen Nachmittagssonne, er schnitzt an einem Stück Holz herum.

»Alles okay, Deviji«, lacht er. »We are family.« Und dann verrät er mir, dass Shankar beinahe stündlich nach mir gefragt habe.

Niemand wartet vor dem Tempel, als Manju, ihre Freundin und ich am Morgen des letzten Tages hinuntergehen. Doch drinnen steht warmes Wasser bereit.

»Du musst dich reinigen, Sabrina«, erklärt Manju. »Dich selbst waschen, Haare waschen, alles waschen.« Ein letztes Mal helfen mir die beiden. Dann erst darf ich zu Shankar. Mittlerweile sitzt er auf seinem Asan. Ich verbeuge mich vor ihm, meine Hände berühren seine Füße, meine Stirn, danach drückt er mir zweimal den Segenspunkt auf: mit Asche aus dem Dhuni und mit einer roten Paste, die er vom Altar nimmt. Ich lasse es geschehen und setze mich auf meinen gewohnten Platz am Feuer. Die Frauen verschwinden.

»Geht es dir gut?« Shankars Blick umfängt mich liebevoll. Ich lege meine Hände vor der Brust zusammen und strecke sie ihm lachend entgegen. Ja. Es geht mir gut.

Als meine nächste Regelblutung nahte, bereitete ich mich noch besser vor: Was wollte ich mitnehmen? Batterien für den Walkman? Eines meiner Bücher? Mir sollte nicht langweilig werden in der Laube. Wieder kamen Manju und ihre Freundin, sie massierten mir die Füße und bemalten meine Handflächen. Ich schlief viel, ich ging weiter den Hang hinauf spazieren und wenn ich allein war, sang ich auch. Beim dritten Mal nahm ich Edelsteine mit und machte ein wenig Schmuck. Von Zyklus zu Zyklus freute ich mich mehr auf meine Laube, und in mir wuchs eine kleine Pflanze der weiblichen Selbstakzeptanz. Ich erinnerte mich daran, wie es in Europa ist: Da werfen viele Frauen eine Tablette ein und machen weiter. Sie tun, als wäre nichts, und drücken das Unwohlsein weg. Wie viel besser erging es mir hier! Natürlich wusste ich, dass die respektvolle und liebevolle Art, wie mit mir während meiner Menstruation umgegangen wurde, in diesem Land eine absolute Ausnahme darstellte. Aber ich konnte den Kompromiss akzeptieren, den Shankar und ich gefunden hatten, und ich erlaubte mir, seine schönen Seiten zu genießen.

Ich stehe am Eingang meiner Gartenlaube, es ist angenehm warm draußen. Wie oft bin ich jetzt hier gewesen? Mir ist, als ob ich diesen Ort schon zu allen Jahreszeiten kenne. Von Mal zu Mal fühle ich mich mehr genährt hier, fühle mich regelrecht als Königin in meiner kleinen Behausung.

Tief atme ich ein, die Nachmittagssonne bescheint mein Gesicht, und in den Zweigen da vorn zwitschert schon seit Stunden ein Vogel. Wie viel Mühe er sich für sein Weibchen gibt! Auf einmal weitet sich alles in mir, mein Herz öffnet sich, und ich muss meine Arme ausbreiten. Ich möchte so gern alles umfangen und an mein Herz ziehen, ich möchte die ganze Welt umarmen und mit Liebe überschütten – mit mütterlicher Liebe. Mutter Erde, denke ich, und lasse mich langsam zu Boden sinken, ach Mutter Erde. Du trägst und stützt mich, ich bin ein Teil von dir, und du bist ein Teil von mir. Wie glücklich bin ich, eine Frau zu sein.

15

Eifersucht

Ich habe ein Holzbett bekommen, es misst zweimal zwei Meter. Shankar hat es mir bauen lassen, nachdem mein Rücken vom Liegen auf dem Fußboden immer mehr schmerzte. Das Bett steht etwas zurückgesetzt im Raum. Ich habe ein großes, dichtgewebtes Tuch davorgehängt und mir damit einen Ort geschaffen, an den ich mich bei schlechtem Wetter zurückziehen kann. So sehr ich mich von Shankar geliebt und angenommen fühle, so sehr brauche ich doch meinen eigenen Raum. Ich brauche ihn, um zuweilen meine Tränen fließen zu lassen. Ich hinterfrage sie nicht, lasse sie einfach kommen und gebe ihnen die Aufgabe der Seelenreinigung. Bhakti – für mich bedeutet es die Hingabe an meinen selbstgewählten Lebensweg, in letzter Konsequenz und Eigenverantwortung.

Ein Jahr ist jetzt vergangen, seit ich Shankars Schülerin wurde. Noch immer lebe ich im Tempel. Ich habe mich eingewöhnt, erfülle meine Pflichten und bemühe mich um Gleichmut und Ausdauer bei den Meditationen. Manchmal allerdings, wenn mir alles zu eng wird, reiße ich aus. Dann fliege ich für ein paar Tage zu Susanne nach Bali oder woandershin. Auch in der Schweiz bin ich wieder gewesen, um meinen Schmuck zu verkaufen. Shankar lässt mich gewähren. Er weiß, dass ich meine Übungen unterwegs beibehalte und dass ich zurückkomme. »Auf dem Berg ist es einfacher als im Dschungel«, pflegt er zu sagen.

Im Dorf aber sind nicht alle glücklich über mein Hiersein. Manju hat es mir eines Nachmittags erzählt, als wir die Bohnen gossen, die ich mittlerweile angepflanzt habe. Vor allem vier Frauen, korpulent wie Sumoringerinnen, stören sich an meiner Nähe zu Guruji.

»Sie wollen ihn für sich haben«, sagte Manju an jenem Nachmittag. »Sie dürfen nie im Tempel schlafen und verstehen nicht, warum du das darfst.«

»Weil ich weder Mann noch Kinder habe und weil mein Weg ein anderer ist.«

Sie spritzte mir Wasser ins Gesicht, und wir lachten.

Ich schrecke hoch: Etwas bewegt sich an meinem Hals. Schlaftrunken fasse ich hin, will es entfernen, doch das Ding klebt. Es fühlt sich fleischig an. Ich schreie auf, reiße es ab, Shankar macht Licht – und wir starren auf einen dicken Tausendfüßler, der sich in meiner Hand windet. Entsetzt schleudere ich ihn weg. Shankar packt das Tier mit der Zange und wirft es ins Feuer.

Zitternd sitze ich da. Meine rechte Halsseite brennt. »Was war das?«, flüstere ich.

»Er kann dir nichts mehr tun!« Shankar streicht mir über die Wange und schaut sich meinen Hals an. »Nicht so schlimm«, versucht er mich zu beruhigen. Innerhalb von zehn Minuten hat er eine Brennnesselpaste angerührt und mir auf den Hals aufgetragen.

Wir legen uns wieder hin. In dieser Nacht finde ich keinen Schlaf mehr. Mein Herz hämmert, und am Hals brennt es.

Am nächsten Morgen sehe ich in meinem Taschenspiegel ein langes, rot geschwollenes Mal, das sich quer über meine rechte Halsseite zieht. Trotzdem habe ich mich wieder etwas beruhigt. Wir leben hier nun einmal in der Wildnis. »Der Tausendfüßler«, frage ich, als wir bei Tee und Chapati sitzen, »gibt es so etwas öfter hier?«

Shankar setzt zu einer Antwort an, zieht dann aber nur die Schultern hoch und schweigt. So als ob er nichts sagen dürfte.

Kurz darauf besuchen uns befreundete Ordensbrüder. »Snake, snake!«, schreit einer von ihnen mitten in der Nacht, wieder macht Shankar Licht, und wir sehen eine pechschwarze Schlange mit dickem Kopf über den Boden gleiten. Sie verschwindet in der steinernen Abflussrinne des Tempels, über der ich mich zu waschen pflege. Einen vollen Kanister Benzin schütten die Männer hinterher, um sicherzugehen, dass sie wirklich tot ist, und ich bekomme Angst, dass sie die ganze Hütte abfackeln. Der Aufruhr ist groß. Auch Shankar wirkt sichtlich besorgt. Noch Tage danach habe ich ein komisches Gefühl, wenn ich über der Rinne stehe.

Wochen später schließlich, ich will mich soeben zum Schlafen hinlegen, fühle ich unter dem Laken etwas Hartes. Ich reiße das Laken zurück: Da sitzt ein kleiner, heller Skorpion und peitscht mit seinem Schwanz. »Jetzt ist es genug«, murmelt Shankar mit grimmigem Gesicht. Er packt den Skorpion mit der Zange, sticht einen Nagel in das noch zappelnde Tier und hämmert es auf die hölzerne Schwelle der Hütte.

Seither war Ruhe. Nichts griff uns mehr an, und die vier eifersüchtigen Frauen, von denen Manju mir erzählt hatte, betraten den Tempel nie wieder. Das Mal an meinem Hals blieb als knallrote Narbe. Kurz darauf kam es zu einer erneuten Konfrontation.

»Was hab ich dir getan?« Anil und ich sitzen einander gegenüber, zwischen uns brennt der Dhuni. Shankar auf seinem Asan liest in einem Buch.

»Anil, bitte, warum ignorierst du mich so?«

Etwas ist anders geworden mit Anil, meinem Freund, meinem Bruder. Im ersten Jahr meines Noviziats haben wir uns die Guruseva für unseren Lehrer geteilt. Wir haben gemeinsam den Haushalt gemacht und den Altar für die Zeremonien gereinigt, wir sind zusammen zum Einkaufen ins Dorf gegangen oder in die Bezirkshauptstadt gefahren. Immer war es lustig mit Anil. In den Geschäften sagte er mir vor, was ich auf Hindi verlangen sollte, und wenn ich es dann nachsprach, schüttelte er sich vor Lachen, weil ich statt »bitte ein Pfund Tomaten« »ich möchte Sie heiraten« gesagt hatte. Ich dagegen nannte ihn wegen seiner Empfindlichkeit »Didi – Schwester«. »Bleib stark, Didi«, spottete ich, wenn er sich wieder mal am heißen Topf die Finger verbrannt hatte und jammernd zum Brunnen rannte, um sie zu kühlen.

Einmal sind wir sogar zusammen nach Delhi gefahren, um ein Auto für unsere kleine Tempelgemeinschaft zu kaufen. In der Stadt übernachteten wir in einem Ashram und zogen von Händler zu Händler, bis wir einen türkisfarbenen Jeep mit zwei Längsbänken und viel Stauraum fanden. Bevor wir zurückfuhren, lief uns in Pahar Ganj eine Bekannte von Anil über den Weg – Jutta, eine Deutsche aus Darmstadt. Sie sah reichlich abgerissen aus, hatte scharfe Falten um den Mund und schlechte Zähne, aber ich schob meine Vorurteile beiseite und verstand mich schließlich ganz gut mit ihr. Mittlerweile habe ich Jutta schon ein paar Mal getroffen, wenn ich in Delhi war. Sie lebt von der Schmuckherstellung wie ich und ist bereits zwei Jahre nicht mehr in Deutschland gewesen. Ich mag ihre Klugheit, ihren Witz und bin froh, nach Susannes Weggang in Pahar Ganj wieder jemanden aus Deutschland zu kennen.

Anil freute sich damals, dass ich den Kontakt zu Jutta hielt. Er meinte, das täte ihr gut. Doch zwischen ihm und mir ist es nicht mehr wie zu Beginn, und das bedrückt mich. Seit einiger Zeit weicht er mir aus. Wenn ich mich spätabends zu ihm an den Brunnen stellen will, um ihm zu helfen, nimmt er mir das Glas aus der Hand und fordert mich auf, schlafen zu gehen. Seine Körperhaltung hat sich verändert – der einst so stolze Rastaman läuft jetzt oft mit hängenden Schultern herum. Dann wieder drischt er auf den Chapatiteig ein, als hätte der ihn geärgert. Er schaut mich nicht mehr an, wenn er den gefüllten Teller energisch vor mir abstellt, und meinen Dank quittiert er mit einem gemurmelten »Thike – Okay«. Er macht keine Witze mehr und verwickelt mich auch nicht mehr in Gespräche über Europa wie einst. Und wenn Shankar mit mir spricht, sitzt er auf seinem Platz mir gegenüber und schaut seinen Lehrer mit hungrigem Blick an. In solchen Momenten fühle ich mich wie ein Eindringling.

Anil hängt an Shankar wie an einem Vater. Von Pradeep habe ich erfahren, dass er aus einer zerrütteten Familie stammt und nie bei einem Priester gelebt hat. Irgendwann hat er einfach das orange Gewand angezogen und beschlossen, Sadhu zu sein. Als er Shankar traf, wich er ihm nicht mehr von der Seite. Jetzt ist er Anfang dreißig und immer noch sein Schüler. Deshalb habe ich begonnen, mich für ein paar Stunden zurückzuziehen, wenn er bei uns ist, damit er seinen Lehrer auch einmal für sich allein hat. Aber das scheint nicht zu genügen. Die Spannung zwischen uns nimmt immer mehr zu. Wenn wir zu dritt um den Dhuni sitzen so wie jetzt, ist die Luft zum Platzen dick.

»Was hab ich dir getan?«, wiederhole ich nun meine Frage.

Er antwortet nicht. Shankar blickt von seinem Buch auf: »Sprich!«

Da schaut Anil Guruji an und sagt auf Englisch zu ihm: »Du magst mich nicht mehr.« Es folgt eine Debatte auf Hindi, der ich nicht folgen kann. Gurujis Augen funkeln, seine Stirn ist gerunzelt. Nach ein paar Minuten beschließe ich, mich einzumischen und das Problem direkt anzusprechen. »Was hat das mit mir zu tun?«, unterbreche ich die beiden.

Anil schaut mich an. »Ich habe das Gefühl, Guruji mag dich mehr als mich«, sagt er auf Englisch.

Natürlich! Er ist ja nicht naiv. Er schläft mit uns in einem Raum, er muss spüren, was Shankar und mich verbindet.

Und noch etwas kommt hinzu. Wie war es damals, als wir für den Autokauf nach Delhi fuhren? Im Bus alberten wir herum, ich drohte, ihn in Pahar Ganj zum Barbier zu schleifen, damit man endlich sein hübsches Gesicht unter dem Bart sähe. Doch plötzlich wurde er ernst und schaute mich an. »Du bist so jung«, sagte er. »Willst du nicht lieber eine Familie haben?« Ich muss sehr überrascht gewirkt haben. Er lief rot an, blickte aus dem Busfenster und sagte nichts weiter. Der Moment ging vorbei.

Was für ein Gefühlswirrwarr!, seufze ich jetzt innerlich. »Guruji liebt dich so sehr«, rede ich auf ihn ein. »Und ich hab dich lieb wie einen Bruder. Wir freuen uns, wenn du zu uns kommst.«

Doch Anil zuckt nur mit den Schultern und schaut mit versteinertem Gesicht ins Feuer.

»Sie ist meine Parvati«, sagt Shankar schließlich. »Ob dir das nun gefällt oder nicht.«

Damit ist das Gespräch beendet. In einer anderen Situation hätte es mich sehr gefreut, dass Shankar mich Parvati nennt – nach der treusorgenden Ehefrau Shivas. Aber jetzt fühle ich mich nur unbehaglich.

Anil will ein richtiger Sadhu werden, sage ich mir, als wir schlafen gegangen sind. Auch er muss lernen, sein Schicksal anzunehmen. Und ich versuche mich mit einer Formel zu beruhigen, die ich von Shankar übernommen habe: Es ist nicht mein Karma. Das bedeutet so viel wie: Greif nicht in die Lernaufgabe deiner Mitmenschen ein, denn sie müssen daran wachsen können. Es bedeutet auch: Das geht mich nichts an. Eine Menge Dinge gibt es, die Shankar nichts angehen. Wenn er bestohlen wird zum Beispiel. Immer wieder schenken ihm dankbare Leute Geld. Er steckt es unter seine Matratze – aber er behält es nicht für sich. Bei nächster Gelegenheit kauft er davon Lebensmittel und macht andere Menschen damit satt. Doch die Dorfbewohner wissen von dem Versteck, und manch einer bedient sich dort. »Ist nicht mein Karma«, sagt Shankar, wenn wieder einmal Geld fehlt. Oder die Cannabisfelder weiter oben am Berg. Wir alle kennen sie – sie gehören zu jenem Dorf, in dem Anils Verwandte wohnen. Die Bauern dort streifen das Harz von den Blütenständen und drehen daraus zwischen den Handflächen kleine Stangen: Das ist das indische Charas. Manchmal kommt die Polizei und fackelt die

Felder ab. Doch die Bauern legen immer wieder neue an, es ist ihre einzige Einnahmequelle. Mir behagt der Gedanke an die Felder da oben überhaupt nicht. Aber auch sie sind nicht Shankars Karma. Er lädt sich nichts auf, was nicht seins ist.

Bald nach diesem Abend kehrte Anil in seinen eigenen Tempel zurück. Fortan besuchte er uns seltener. Er kam nur noch zu besonderen Anlässen, um Shankar zu dienen. Oder er traf sich bei uns mit Rahul – einem Busunternehmer aus Haridwar. Rahul trug Brille, Schnauzbart und stets weiße Hemden, er war kein Sadhu, sondern hatte Frau und Kinder. Doch er betrachtete sich als weltlichen Schüler Gurujis. Bei seinen Besuchen brachte er uns stets viel zu essen mit, und manchmal begleitete er Anil zu dessen Verwandten den Berg hinauf – damit der keinen Blödsinn anstelle, scherzte er dann. Wann immer wir verreisten, war Rahul es, der alles organisierte – Zelte, Taxen, einen Sonderbus. Anfangs dachte ich noch, das müsse reine Hingabe und Liebe zu Shankar sein.

16
Mein Weg nach innen

Es dämmert, als ich erwache. Verschlafen setze ich mich auf. Es ist Winter geworden, meine Füße sind kalt wie ein Eisblock, der Atem dringt als Rauchschwade aus Mund und Nase. Die Decken am Eingang bewegen sich, Shankar kommt herein, die Arme voller Feuerholz. Seit es so kalt ist, übernimmt er das Holzholen für uns beide und schleppt auch das Wasser aus dem Brunnen in die Hütte.

Etwas ist anders geworden zwischen uns. Wenn wir allein sind, kämmt er mir die Haare, er macht mir Tee, massiert mir zuweilen die Füße. Das ist keine erotische Geste, sondern Ausdruck seiner Liebe und Verehrung – undenkbar für die Inder, dass ein Guru jemandem auf diese Weise dienen würde! Undenkbar auch, dass ein Mann den Widerspruch einer Frau dulden würde, wie er es mittlerweile tut. Zwar bin ich weiterhin seine Schülerin, und als solche folge ich seinen Anweisungen. Aber wenn wir allein sind, gebe ich ihm durchaus Kontra.

»Hör mal, wir sind jetzt ein Paar«, sagte ich ihm neulich, als es besonders kalt war.

»Ja, und was heißt das?« Seine Augen weiteten sich fragend.

»Der Mann beschützt die Frau«, erklärte ich. »Wenn's der Frau gut geht, geht's dem Mann auch gut. Deshalb verehrt ihr ja das Weibliche – damit es euch nährt. Also muss der Mann sich um die Frau kümmern, damit sie unversehrt bleibt.«

»Ach ja?«

»Ja genau. Und deshalb bleib ich jetzt mal hier sitzen, und du gehst Holz holen.«

Da lachte er und schlug sich mit der Hand auf die Knie vor Vergnügen. Doch er verstand. Längst weiß ich, dass ihm meine Rebellion auch gefällt. Manchmal, wenn ich mich auflehne, tritt ein kleines Glitzern in seine Augen. Es verrät mir, dass er die Kämpferin in mir mag und gern seine Kräfte mit mir misst.

Sorgfältig schichtet er jetzt das Holz in einer Ecke auf und legt ein paar Scheite in den Dhuni. Innerlich muss ich schmunzeln über den Blick, mit dem er sich danach mein lobendes Nicken abholt.

Ich fülle den Kessel, setze ihn aufs Feuer und verschwinde hinter dem Duschvorhang. Er ist weicher geworden, denke ich, während ich Wasser über mich schütte. Vielleicht, weil er zum ersten Mal eine Frau wirklich aus der Nähe erlebt. Er schaut mich auch anders an als in der ersten Zeit, als ich begann, bei ihm zu lernen. Nicht mehr nur wie ein Guru seine Schülerin, sondern wie der Mann die Frau - von gleich zu gleich. Sein Blick ist sanfter geworden.

Trotzdem sind wir mehr als Mann und Frau füreinander, überlege ich und ziehe meine wärmsten Sachen an. Ich kann bei ihm auch die suchende Jugendliche sein oder das schutzbedürftige Kind. Immer spürt er, was ich brauche, und intuitiv tut er das Richtige. Neulich Abend waren wir wie die Kinder, wir alberten herum, warfen uns gegenseitig Trauben in den Mund. Dann wieder behandelt er mich mit geradezu mütterlicher Zärtlichkeit, er streicht mir über den Kopf oder knetet mir aus Honig, Mehl, Milch und Nüssen eine Süßigkeit, die er mit Blättern bedeckt und in der Asche röstet. Daran knabbere ich genüsslich tagelang.

Jetzt bin ich fertig mit meiner Morgentoilette. Ich schiebe den Duschvorhang beiseite, und schon habe ich Grund, mich zu freuen: Auf meinem Platz steht ein Becher mit dampfendem Tee.

Stunden später, nach der Morgenzeremonie, sitzen wir still auf unseren Plätzen. Nun sind wir Lehrer und Schülerin und ganz allein miteinander, denn die Dorfbewohner kommen bei dieser Kälte nur sonntags. Ich halte den Rücken gerade, schließe die Augen und versuche, mich auf meinen Atem zu konzentrieren.

Und wieder geschieht, was ich schon überwunden glaubte: Nach einer Weile steigen Tränen auf, zusammen mit uralten Ängsten, die am Grund meines Herzens darauf warten, erlöst zu werden. Ängste aus der Zeit des Gipsbetts und der Kindheit – »Bitte, lieber Gott, mach, dass ich immer bei Oma bleiben kann«. Ängste als Jugendliche – »Wohin und zu wem gehöre ich?« Die Ängste der jungen Frau in der Schweiz, die ihren Job gut machen und sich mit den Männern arrangieren wollte – und die ahnte, dass das nicht der richtige Weg für sie war. All das steigt auf, und dazu auch Wut. Wut auf die anderen, auf die Männer, auf meine Mutter und am meisten auf mich selbst – weil ich es anscheinend immer noch nicht geschafft habe, meine Opferhaltung aufzugeben, die Meinungen anderer abzuschütteln und meinen eigenen Weg selbstbestimmt anzunehmen. Lauter negative Gedanken sind es, ich weiß nicht woher, eben alles, was sich ansammelt im Lauf des Lebens. Bis hierher in den Himalaja musste ich kommen, auf der Suche nach mir selbst, um diese alten Gefühle, Gedanken und Muster auszugraben und mir bewusst zu machen.

Ich höre Gurujis Stimme: »Bring deinen Geist unter Kontrolle, Bébé. Dreh dich nicht im Kreis negativer Gedanken! Atme!«

Immer noch halte ich den Rücken gerade und die Augen geschlossen. Ich lasse die Tränen laufen und versuche alles anzuschauen, nichts wegzudrücken. Ihr dürft da sein, sage ich zu dem Kleinkind im Gipsbett, zu dem Mädchen und der jungen Frau von damals. Sie sollen wissen, dass ich sie als Teil von mir achte und ehre. Dass es jetzt gut ist. Deshalb halte ich still und lasse aufsteigen, was sich zeigen möchte – damit es gewürdigt wird und sich verabschieden kann.

Shankar auf seinem Asan, er regt sich nicht. Aber eine große Kraft geht von ihm aus, sie umfängt und stärkt mich. Ein Lehrer muss nicht sprechen. Es genügt, in seiner Nähe zu sein, und auf einmal kommen die guten Gedanken, man wird beschenkt und genährt. Gurujis mentale Kraft und Lichtarbeit ist weit bekannt. Wie oft saßen schon Leute aus dem Dorf bei Shankar, weinend so wie ich jetzt, und wenn sie hinausgingen, strahlten sie vor Glück.

»Om namah Shivaya – Ich verneige mich vor dem höchsten Bewusstsein in mir.« Lautlos wiederhole ich das traditionelle Mantra, das ich längst in meine spirituelle Praxis aufgenommen habe. Es reinigt alle Elemente in und außerhalb von mir. Für mich ist das höchste Bewusstsein keine wie auch immer geartete Person, es ist keine Götterfigur, die zu irgendeiner Religion gehört. Ich respektiere die Religionen und helfe Shankar gern bei den Ritualen für seine Götter. Aber ihre Geschichten deute ich symbolisch. Für mich ist das Göttliche das, was am Grund der Seele liegt und mich dazu befähigt, meine Aufgabe hier in dieser Welt zu erfüllen. »Ehre dem Göttlichen«, das heißt für mich: »Ich ergebe mich in den göttlichen Plan – in das, was meine Bestimmung ist.« Denn Gott handelt auch durch mich, wenn ich in der Lage bin, es im Vertrauen zuzulassen. Das weiß ich nun. Und so habe ich neben dem hinduistischen Mantra noch mein ganz persönliches Mantra. Es hat sich mit der Zeit in mich eingebrannt und lautet:

»Lieber Gott, ich bitte dich, lass mich jetzt in meinem Geist, in meinem Körper und in all meinen Angelegenheiten den göttlichen Plan zum Ausdruck bringen. Und ich danke dir von ganzem Herzen für den vollkommenen Plan.«

Dieses individuelle Mantra spreche ich beinahe unentwegt. Es füllt meine Gedanken aus, während ich das Glöckchen auf dem Altar putze, während ich den Staub von der Damaru wische und die Kerzen anzünde. Es begleitet mich, wenn ich mich um die Gemüsebeete im Garten kümmere oder zum Einkaufen ins Dorf gehe. Es ist die tröstende Antwort, wenn die alten Ängste sich wieder zeigen. Ich finde darin sogar die Liebe des heiligen Elternpaares wieder, das ich mir vor vielen Jahren in der Hildener Mariengrotte erträumt habe. Und es fügt sich gut zu meinen Meditationen, die ich einst in Europa gelernt habe und die in den langen Sitzungen neben Shankar nun ebenfalls ihre Wirkung entfalten: Ich atme tief in meinen Körper und lasse ein weiß strahlendes Licht durch mich hindurchfließen, von oben hinunter bis ins Wurzelchakra, bis ins innerste Herz der Mutter Erde und von dort wieder zurück.

Das Göttliche handelt auch durch mich. Ich muss es nur zulassen. Muss mich öffnen dafür und bereit sein. Immer habe ich nach meinem Weg gesucht, nach dem, was für mich bestimmt ist. Neben Shankar und durch das Zusammensein mit ihm habe ich es gefunden – indem ich jeden Moment als Mosaikstein des göttlichen Plans begreife, den ich zwar nicht durchschaue, auf den ich jedoch vertraue.

Noch immer sitze ich mit geradem Rücken, es fällt mir nicht mehr schwer. Shankar hat jetzt leise zu singen begonnen. Meine Tränen sind versiegt. Diese dunklen Phasen in meinen Meditationssitzungen mögen noch so lange dauern – irgendwann enden sie. Wenn alles Negative aufsteigen durfte, wenn es angeschaut und betrauert worden ist, dann löst es sich auf, als ob es im heiligen Feuer des Dhuni vor mir verbrennen würde. Dann tritt an die Stelle des Schmerzes das Vertrauen.

Still bleibe ich auf meinem Platz, bis Shankars Stimme verklingt. Jetzt erwacht er aus seiner Versenkung. Langsam wendet er den Kopf und lächelt mich an. Danke, sage ich lautlos. Danke.

Und bevor er noch etwas sagen kann, bin ich schon draußen, um mir trotz des Regens, der mittlerweile eingesetzt hat, etwas Bewegung zu verschaffen. Da ertönt es wie ein Donner von drin: »Bébé!« Shankar steht mit einem Regenschirm und zweihundert Rupien am Eingang. »Hier«, er drückt mir alles in die Hand, »und bring mir bitte noch ein Paket Bidis und Garam Masala mit.«

Was ich bei Shankar lernte, sollte eines Tages überlebenswichtig für mich werden – denn der schlimmste Befreiungskampf stand mir noch bevor. Doch davon ahnte ich nichts, als ich in jenen langen Stunden neben ihm saß. Ich war durchdrungen von guten Gefühlen und hatte mich mit meiner Vergangenheit ausgesöhnt. Meine Zukunft sah ich nirgendwo anders als bei ihm. Und sollte er mich physisch verlassen, würde ich immer noch an seiner Seite sein.

17

Parvati kann nicht schweigen

Hörst du das?«, frage ich. Ganz nah über uns zwitschert es leise, fast erbärmlich. Wir suchen die Wände ab und finden zwei gerupft aussehende Spatzenjunge in ihrem Nest, das zwischen zwei Holzbalken steckt.

»Vielleicht kommen die Eltern wieder«, sagt Shankar. Wir beschließen abzuwarten. Als die Alten sich auch nach Stunden nicht blicken lassen, sucht er Würmer, verfüttert sie mit der Pinzette, und wir beschließen, die Kleinen zu adoptieren. Zusammen mit Poojan bauen wir ein Vogelhaus. Ginge es nach Shankar, so könnte es gar nicht luxuriös genug werden, am liebsten würde er noch ein Extraklo zimmern. Wir hängen das Häuschen im Freien auf und bringen fortan beim Holzholen Futter mit. Würmer zu finden ist nicht schwer, seit Tagen taucht der Sommermonsun das Tal in eine feuchte Hitze.

Einer der Spatzen stirbt bald, der andere aber wird dick und rund. Eines Tages fliegt er auf meine Schulter und pickt Beeren von meinen Lippen. »Gepriesen seist du, Mutter«, ruft Shankar und lacht.

Irgendwann beginnt der Spatz damit, sich während der Pujas auf seinen Kopf zu setzen. Die Dorfbewohner grinsen über den Anblick, und es entsteht eine neue Reihenfolge: Erst opfert Shankar dem Feuer, dann bekommt der Vogel und danach wir.

Eines Morgens ist der Spatz fort. Er kehrt nie mehr zu uns zurück. Doch den Namen »Mutter« behalte ich. Immer wieder ruft Shankar mich so. Manchmal bin ich auch sein Vögelchen, sein »little bird« oder seine fürsorgliche »Großmutter«. Und er erfindet noch andere Namen für mich: »Hey, Bürgermeister«, ruft er, wenn ich wieder einmal besonders resolut auftrete – wenn die Macherin durchkommt, was öfter geschieht.

Fast drei Jahre kenne ich ihn nun, fast zwei sind es her, dass ich seine Schülerin geworden bin. Er hat recht behalten: Irgendwann ist es leichter geworden. Wie schon bei Anuva Baba tut es mir gut, mich auf die elementaren Aufgaben zu konzentrieren, auch wenn das Leben hier oben viel rauer und archaischer ist als in Rajasthan: das frühe Aufstehen zu allen Jahreszeiten, die stundenlange Vorbereitung der Mahlzeiten für die vielen Gäste, die an den Sonntagen und, außer im Winter, auch unter der Woche bei uns erscheinen, die Reinigungsprozeduren zweimal am Tag …

Aber es hat auch etwas Verlässliches. Ich habe gelernt, mich auf die jeweilige Arbeit zu konzentrieren. Ich bemühe mich um Disziplin und versuche, die dabei aufkommenden Gefühle zuzulassen. Wenn ich Wasser hole oder Steinchen aus dem Reis klaube, tue ich nur das und verbanne störende Gedanken so gut wie möglich aus dem Kopf. Ich sage fleißig und immerzu mein Mantra und genieße Shankars Nähe. Das hat mich verändert. Der innere Widerstand ist immer schwächer geworden, ich habe meine Hektik verloren, Körper und Verstand sind zur Ruhe gekommen. Mir ist, als ob meine Seele zuvor überall verstreut gewesen wäre und sich nun an einem einzigen Ort eingefunden hätte.

190

Shankar hat mich bei diesem Prozess unterstützt. Er ist bei all meinen Arbeiten in meiner Nähe geblieben und hat mit angepackt, als wollte er mir zeigen: Ich weiß, wie es dir geht. Ich achte gut auf dich. Manchmal strich er mir über den Kopf, es schien wie ein Besiegeln seines Mitgefühls und seiner Anerkennung.

Auch beim Meditieren spüre ich die Fortschritte. Seit ich mich vieler alter Gefühle und illusorischer Erwartungen an die Welt entledigt habe, erfahre ich zuweilen eine tiefe Seligkeit in mir, die nichts und niemanden mehr benötigt. Das ist so befreiend – ich bin ganz und gar in mir angekommen und fühle mich eins mit dem Sein.

Und Geduld habe ich gelernt – an den langen Vormittagen im Winter, wenn wir Hunger hatten, Shankar und ich. Wenn wir nichts kaufen konnten, weil mein Geld schon lange aufgebraucht war und er ohnehin keins hat. Er kennt es nicht anders, aber ich wusste lange nicht, wie ich mein Verlangen nach Essen unter Kontrolle bringen sollte. »I'm so hungry«, sagte ich oft. Stets gab er zurück: »No problem. Wait.« Und wirklich: Immer kam irgendjemand und brachte uns etwas – Reis, Honig, einen Beutel voll Linsen.

Seit Kurzem hat Poojan begonnen, mir wieder mehr Aufgaben abzunehmen. Auch äußerlich hat sich manches hier oben am Tempel verändert. Mit den Erlösen aus meiner letzten Europareise habe ich das lange geplante Dach auf das unfertige Gemäuer unterhalb von uns setzen lassen. So ist eine große Terrasse vor dem Tempel entstanden, und viel mehr Dorfbewohner können nun an den Zeremonien teilhaben.

In den neuen Räumen darunter habe ich eine Kammer mit Kleidern, Schuhen und anderen nützlichen Dingen eingerichtet, die ich aus der Schweiz mitgebracht habe. Vor allem Frauen kommen zu uns: Mütter aus den Nachbardörfern oder Schwangere, die ohne Familie sind. Manche brauchen nicht nur Kleidung, sondern auch Shankars Heilkunst. Einige gebären sogar hier, dann helfe ich ihnen dabei mit heißem Wasser und sauberen Stofffetzen.

»Didi, schnell!« Shankar steht neben dem Brunnen und zeigt hinunter ins Tal: Dort hat sich eine Frau auf der Wiese bei den Pferden niedergelassen – selbst von hier oben ist zu sehen, dass sie hochschwanger ist.

»Nimm das Teewasser und Lumpen, lauf runter!«

Schnell, denke ich, während ich renne, schnell! Schon bin ich bei der Frau, sie liegt auf einer Decke, ich knie mich neben sie, da verzieht sie noch einmal das Gesicht und presst das Baby aus sich heraus. Sie setzt sich auf, nimmt einen scharfkantigen Stein, den sie offensichtlich bei sich hatte, und zertrennt die Nabelschnur. Dann wischt sie ihr Kind mit dem wassergetränkten Stoff ab, den ich ihr reiche, bedankt sich und geht. Fassungslos schaue ich ihr nach. Die Szene lässt mich lange nicht los. Wie kann es sein, dass Frauen hier so allein gelassen werden? Bald darauf bekomme ich Gelegenheit, den Finger in die Wunde zu legen.

An diesem Vormittag liest Shankar wieder aus den Puranas vor, aus den heiligen Schriften. Nicht nur ich sitze dabei. Auch viele Dorfbewohner wollen die Geschichten von Shiva und Parvati hören, vom Ehealltag der beiden Götter, die einander nicht nur anhimmeln, sondern zwischendurch auch kräftig streiten.

Neben mir hockt Pradeep, er übersetzt für mich. Auch Anil und Rahul sind wieder einmal hier, sie wenden ihre Blicke nicht von Shankar und hören andächtig zu. Ich aber kann die Puranas nicht mehr uneingeschränkt genießen. Die schönen Geschichten passen so gar nicht zu der harten Wirklichkeit hier in Indien. Parvati ist die anmutige und liebevolle Gattin Shivas und Mutter des elefantengestaltigen Ganesha. Sie gilt als Inbegriff der weiblichen Schöpferkraft und wird deshalb überall verehrt. Aber in welch großem Kontrast zu dieser Verehrung stehen die realen Bedingungen, unter denen so viele Frauen hier leben müssen!

Da, Shankar klappt das Buch zu. Weihevolles Schweigen. Ich hole tief Luft und lege los: »Wie kann es sein, Guruji« – meine Stimme zittert vor Empörung – »wie kann es sein, dass man das weibliche Prinzip so verehrt, und dann wird es auf der Erde missachtet und mit Füßen getreten?«

Pradeeps rundes Gesicht färbt sich dunkelrosa, als er für die Dorfbewohner übersetzt, die kein Englisch können. Sofort wird es totenstill auf der Terrasse. Ich habe soeben die ungeschriebene Regel durchbrochen, nach der man keine kritischen Fragen stellt – schon gar nicht als Frau. Und ich habe erst damit angefangen. »Warum«, frage ich weiter, »sehe ich die Frauen hier im Dorf von früh bis spät auf den Beinen, während ihre Ehemänner den ganzen Tag palavernd ihre Pfeife unter dem Baum genießen? Die Frauen kümmern sich um die vielen Kinder, den Haushalt, die Kühe, den Garten, und sie bedienen ihre Männer. Was tun die Männer für sie? Ist das nicht verantwortungslos?«

Mittlerweile ist Pradeeps Gesicht knallrot. Er stockt und schaut umher, wohl wissend, dass einige der von mir Gemeinten hier mit uns auf der Terrasse sitzen. Shankar merkt, dass der Apotheker ins Schleudern geraten ist, und fordert ihn auf, weiter für die Dorfbewohner zu übersetzen.

Aber ich bin immer noch nicht fertig. »Warum, oh Guruji«, frage ich zuletzt, »wird dem Weiblichen das angetan, wenn es doch so heilig ist? Warum werden Frauen auf der ganzen Welt herabgewürdigt – politisch, wirtschaftlich und gesellschaftlich? Sie sind doch diejenigen, die dem Leben erst die Möglichkeit geben zu erblühen?«

Als ich geendet habe, schweigt Shankar eine Weile. »So etwas hat mich noch niemand gefragt«, sagt er schließlich. »Wo steht das?«

»Nirgendwo, Guruji. Es steht in keiner heiligen Schrift, es ist das Leben.«

»Wo? In der Schweiz?«

»Es passiert auf der ganzen Welt – je nach Gesellschaft, Religion und Kultur.«

Ein Schatten huscht über sein Gesicht. »Der Mann soll die Frau gut behandeln und die Frau den Mann ebenso«, sagt er nach einer kleinen Pause. »So ist es gerecht und gut für die Welt.«

Mehr sagt er nicht dazu. Kein Wort über die Frauen in Indien, über die Frauen hier im Ort, deren Alltag ihm doch nicht unbekannt sein kann. Er muss ja oft genug den Vermittler spielen, wenn in einer der Familien etwas schiefgeht, wenn die Männer sich prügeln oder ein Sohn etwas geklaut hat.

Aber was habe ich denn von ihm erwartet?, frage ich mich Stunden später, als ich hinter dem Tempel unter einem Mandelbaum sitze. Die Leute sind längst gegangen, und Anil hat schweigend die Teller zum Brunnen getragen. Nicht zum ersten Mal erkenne ich die Grenzen von Shankars Welt ganz deutlich. Er ist mit dem weiblichen Ideal der Parvati aufgewachsen. Ihre Verehrung ist in sein Herz eingemeißelt. Ich sehe ja, wie er die ganze Schöpfung achtet und noch dem geringsten Lebewesen Respekt zollt. Doch er versteht einfach nicht, in welcher Realität die Frauen hier und an vielen Orten der Welt tatsächlich leben. Dafür ist er dem normalen Leben zu weit entrückt.

Ich werde ihn mit solchen Fragen nicht mehr quälen, beschließe ich, als ich aufstehe. Es hat keinen Sinn und führt zu nichts.

Am Tempeleingang stoße ich auf Anil. Diesmal schaut er nicht an mir vorbei. »Du warst mutig, Didi«, sagt er.

»Es ist nur die Wahrheit.«

»Denkt ihr Frauen im Westen alle so?«

»Die meisten. Hoffentlich.«

Täusche ich mich, oder blitzt in seinen Augen etwas auf? Es geht mir noch nach, als ich an diesem Abend auf meinem Bett liege und die ruhigen Atemzüge der beiden Männer höre. Fand Anil richtig, was ich gesagt habe? Oder hofft er, dass ich mich durch meinen Protest bei Shankar unbeliebt mache? Egal! Was er denkt oder hofft, ist nicht mein Karma.

Wieder einmal packe ich meine Sachen in die Metallbox. Es wird Zeit, in die Schweiz zu reisen, Schmuck zu verkaufen und meine Angelegenheiten dort zu regeln. Beim Sortieren und Herumkramen fällt mein Blick auf den Altar, auf das Bild der Parvati. Ihre großen Augen scheinen mich direkt anzuschauen. Die Diskussion von neulich geht mir immer noch im Kopf herum. Durch sie sehe ich Shankar noch einmal anders. Schon davor bin ich dankbar gewesen für seine Fürsorge, doch seither empfinde ich sie erst recht als Geschenk. Sein ganzes Wesen drückt Respekt für mich als Frau aus. Es ist, als ob seine liebevollen Gesten und alles, was er für mich tut, den Parvati-Anteil in mir stärken.

Ich muss an die Kriegerin denken, die früher so wichtig für mich gewesen ist. Auch Parvati besitzt den Mythen zufolge dunkle Seiten: Unter ihren beiden anderen Namen Kali und Durga lebt sie Zorn und Zerstörung aus. Mit Shankar jedoch wächst die helle Seite der Göttin in mir. Nicht nur er, auch ich bin immer weicher, immer liebevoller geworden. Längst fühlte ich mich für den Tempel ebenso verantwortlich wie er. Sogar den Dhuni, die heilige Feuerstätte, darf ich berühren, nachdem ich eine Reinheitsprobe bestanden habe. Ich bin wirklich die Frau des Hauses geworden.

Diese Gedanken helfen mir auch über die wenigen Augenblicke des Zweifelns hinweg. Über die seltenen Momente, da ich auf Shankars aschegrauen Körper sehe und mich frage, was ich hier oben eigentlich mache. Einmal hat er meinen Blick aufgefangen. »My body is dead«, hat er gesagt und mich ernst angeschaut. Es war für mich die Erklärung dafür, dass Sex nach wie vor keine Bedeutung für uns zu besitzen scheint, obgleich wir so zärtlich miteinander umgehen.

Shiva und Parvati, denke ich, immer noch vor dem Altar hockend, den Deckel meiner Metallbox in der Hand. Parvati und Shiva. Du und ich, ich und du. Schließlich reiße ich meinen Blick los. Ich muss dringend weiterpacken.

Mein Aufenthalt in Europa verging wie im Flug. Zum ersten Mal seit vielen Jahren traf ich bei meiner Großmutter in

Hilden auch meine Mutter. Ihr brauchte ich mit Shiva und Parvati nicht zu kommen. »Der arme Mann, du hast ihm völlig den Kopf verdreht«, sagte sie, als ich ihr bei einem Spaziergang zu zweit von Shankar erzählte. Ich versuchte nicht, sie davon zu überzeugen, dass es anders war, und lenkte das Gespräch auf Nichtigkeiten.

Rasch hatte ich meinen Schmuck verkauft. Ich regelte meine Angelegenheiten und verbrachte noch ein paar Tage auf Bali, wo ich Susanne wiedersah. Zum Beginn des Herbstes landete ich wieder in Delhi. Wie gewohnt blieb ich zuerst in Pahar Ganj und kaufte dort alles Nötige ein. Dabei traf ich auch Jutta. Sie trug mir beim Abschied auf, Anil zu grüßen, was ich versprach.

Ein paar Tage später war ich endlich wieder bei Shankar. Nichts, so schien es in den ersten Tagen nach meiner Rückkehr, hatte sich während meiner Abwesenheit zwischen uns verändert. Ein wenig wunderte ich mich selbst darüber. Hatte ich etwas anderes erwartet?

Früher Morgen, ich schlage die Augen auf und erstarre: Ich liege nicht in meinem Bett, sondern neben Shankar auf seinem Asan. Wir sind beide angekleidet, er mit seinem Lungi, ich mit dem langärmeligen, bis zu den Füßen reichenden Hemd, das ich nachts trage. Er hat sich fest an mich gekuschelt, die Arme um meine Mitte geschlungen. Mir ist, als hielte ich ein Kind. Ich wage kaum, mich zu rühren, streichele nur ganz vorsichtig seinen Kopf, seine Wangen. Wie eine Großmutter fühle ich mich, die ihr Enkelkind tröstet und ihm Schutz gewährt. Wie muss ihm das gefehlt haben, die Nähe und Wärme eines geliebten Menschen! Ja, ich bin seine Freundin, sein Baby, seine Großmutter. Und er ist Bruder für mich, Vater, Großvater … Und Geliebter? So lange kennen wir uns jetzt, so lange schon bin ich seine Schülerin. Ist Sex zwischen uns ein Tabu, das durchbrochen werden will? Ich weiß es nicht und kann es mir nur schwer vorstellen – weder bei ihm noch bei mir.

Ein letztes Mal streiche ich ihm über den Kopf, dann stehe ich auf, um Holz zu holen.

18

Kissing Program

Meine Mutter hatte sich geirrt: Shankar ließ sich von niemandem den Kopf verdrehen. Er hatte seine Parvati erkannt und bestimmte nun selbst, wie weit er gehen wollte. Das wurde mir bald nach meiner Rückkehr klar.

»Bébé, setz dich dorthin.« Er deutet auf den Platz ihm gegenüber. Etwas verwundert tue ich, was er sagt. Wir sitzen sonst nicht mit der Feuerstätte zwischen uns. Es ist später Abend, und der Dhuni brennt hell.

»Ich möchte mit den Chakra-Meditationen beginnen«, erklärt Shankar. »Es geht um die Reinigung, Stärkung und bewusste Anwendung der Chakren. Zuerst möchte ich einen Versuch machen und mit meinen Chakren deine aktivieren.«

Ich bin sofort einverstanden. Die Arbeit mit den Chakren ist mir seit Langem vertraut und Teil meiner täglichen Meditationen.

»Alles, was du zu tun hast, ist, die Augen zu schließen, tief hinunter in das Herz der Erde einzuatmen und zurück in den Himmel, zur Quelle, auszuatmen. Und das Ganze auch andersherum.«

Kein Problem.

Unsere Blicke suchen einander, wir bleiben einen Moment so und schließen dann mit einem Lächeln die Augen. Ich atme tief hinunter und hoch hinauf, immer wieder, lange Zeit. Nur das Knistern des Feuers und der Regen draußen sind zu hören. Plötzlich breitet sich ein pulsierender Hitzeschwall in meinem Schoß aus. Vom Wurzelchakra ausgehend, fließt er langsam in mein Becken. Er verstärkt sich noch, als ich zum Kreuzbeinchakra wandere. Immer weiter durchströmt die Welle meinen Körper, während ich eine gefühlte Ewigkeit lang von Chakra zu Chakra reise und die jeweiligen Qualitäten wahrnehme: wärmende Liebe im Herzchakra und klare Weite im Kronenchakra … Jedes von ihnen spricht andere Lebensbereiche an.

»Hallo Bébé«, ruft es schließlich aus der Ferne, »was hast du gemerkt?«

»Hitze und teilweise auch Schwindel«, antworte ich noch ganz benommen. »Pulsierend von ganz unten bis ganz hoch.« Und rote Backen habe ich bekommen. Wie macht er das? So stark habe ich eine Meditation noch nie empfunden. Diese längst vergessenen erotischen Gefühle, die aufstiegen, als er das Wurzel- und das Kreuzbeinchakra aktivierte – sie waren wunderbar. Aber eigentlich kann ich sie gar nicht gebrauchen.

»Sollten wir vielleicht nur im Herzen, im Hals und mit dem Kronenchakra arbeiten?«, schlage ich vor.

Shankar fängt schallend zu lachen an. »Was nützt dir alle Vergeistigung ohne die Basis? Du brauchst die Kraft der unteren Chakren, um deine Ziele und Visionen in die Wirklichkeit umzusetzen.«

Na gut.

»Okay, weiter«, sagt er. »Jetzt versuche herauszufinden, welches Zentrum ich gerade bei dir aktiviere. Zeig mit der Hand dahin.«

Wieder schließe ich die Augen, beginne zu atmen und spüre nach. Da, plötzlich, ein Kribbeln am Scheitel mit dem Gefühl einer Öffnung nach oben! Ich zeige hoch.

»Very good!«

Dann wandert er weiter die Reihe meiner Chakren entlang. Auf der Stirn entsteht ein Druck, im Hals ein kühler innerer Wind. Als sich das Herz öffnet, rinnen ein paar Tränen über meine Wangen. Ein Brennen ist im Sonnengeflecht spürbar, und eine warme wohlige Woge geht von Kreuzbein und Wurzelchakra aus. Überall spüre ich deutlich, welches Chakra er jeweils anspricht. Von den letzten beiden bin ich noch ganz berauscht und heimlich doch sehr entzückt – allerdings auch ein wenig beunruhigt, denn das, was Shankar in mir auszulösen vermag, ist neu für mich.

»Magst du die Übungen?«, fragt er leise und blickt dabei schelmisch.

Ich antworte nicht, schaue nur in seine Augen.

Seit diesem Abend schwang mehr als nur Zärtlichkeit zwischen uns. Die Erotik war ins Spiel gekommen – ganz anders, als ich erwartet hatte –, und ich war glücklich darüber.

In diesem Herbst unternahmen wir eine ausgedehnte Reise zu anderen Naga Babas. Schon Tage, bevor wir aufbrachen, versammelten sich zehn bis fünfzehn Sadhus bei uns, und Rahul, der Busunternehmer, organisierte alles Nötige. Shankars Orden war weitverzweigt, an vielen Orten lebten Schüler von ihm. Wir legten lange Strecken zurück und übernachteten unterwegs in Tempeln. Bei jedem Halt konnte ich beobachten, mit welcher Ehrfurcht Guruji begrüßt wurde. Dass zu seiner Linken nun ich saß, schien manche zwar zu verwun-

dern, aber ich erfuhr auch viel Freundlichkeit und Entgegen-
kommen. Shankar stellte mich überall als seine Schülerin
vor, und schon bald galt ich als Didi – als Schwester.

Anil begleitete uns, er verbrachte viel Zeit mit Rahul. Mit
mir schien er sich inzwischen arrangiert zu haben. Wir sprachen wieder öfter miteinander, und ich begann zu hoffen, dass
wir zu der anfänglichen Vertrautheit zurückfinden würden.

Als wir schließlich zum Tempel zurückkehrten, war es für
mich wie ein Nachhausekommen. Der Winter nahte, wir blieben am Berg und bereiteten uns, so gut es ging, auf die Kälte
vor. Und wieder geschah etwas Neues zwischen Shankar und
mir.

»Sabrina!«

Ich schaue von meinem Buch auf. Shankar sitzt auf seinem
Asan und schaut halb ernst, halb verlegen zu mir herüber.

»Sabrina, I would like Kissing Program.«

Wie bitte? Hat er mich eben gefragt, ob er mich küssen darf?

»Kissing Program?«, vergewissere ich mich, ob ich richtig
gehört habe.

»Yes, please.«

»Meinst du so?« frage ich vorsichtig und spitze die Lippen
für ein paar Luftküsse.

Er nickt. »Wie in den Bollywood-Filmen!«

Nein, das kommt nicht in Frage. »Du bist doch Mönch,
Priester. Und außerdem habe ich es auch verlernt.« Er kommt
mir so unschuldig und rein vor, ich will ihn in nichts hinein-
ziehen.

»Bébé, ich möchte das erleben, bevor ich sterbe.«

»Du stirbst doch nicht.« Mach mir bitte keine Angst!

»Nein. Aber ich wüsste so gern, wie es ist zu küssen.«

Natürlich – Frauen durften bis vor wenigen Jahren nicht einmal in Gurujis Nähe kommen, das hat Pradeep mir erzählt. Aber keine Regel ohne Ausnahme! »Gab es denn niemals eine Versuchung für dich?«, will ich wissen und rutsche zu ihm hinüber.

»Du bist sehr neugierig.« Er schmunzelt. »Aber gut, ich erzähle es dir. Es war bei einem Fest in Haridwar, in einem blumengeschmückten Zelt. Ich war noch Sadhu-Schüler und opferte am Feuer. Da kam eine junge Frau ins Zelt, eine Maharani. Sie hatte einen Diener dabei.«

»War sie schön, die Maharani?«

Schallendes Gelächter. »Sehr schön. Warum fragst du?«

Ich zucke die Schultern. Wie peinlich! »Erzähl weiter.« Zu gern möchte ich herausfinden, ob ich wirklich eine »Jungfrau« vor mir habe.

»Die Frau kam immer weiter zu mir heran, und niemand hielt sie auf. Da wusste ich: Jetzt werde ich geprüft. Der Diener legte Opfergaben vor mich hin. Ich blies in mein Schneckenhorn und spielte die Damaru.« Er deutet auf die Trommel mit den Schlagsteinchen. »Dann kniete sich die Frau vor mich hin und fragte mich, ob ich ihr das Shiva-Shakti-Ritual erlaube. Das musste ich ihr gestatten, um mir keine Blöße zu geben. So nahm sie meinen Lingam in ihre linke Hand. Ihre Hände waren ganz mit Henna bemalt, und sie trug kostbare Ringe.« Er hält inne, beobachtet mich sichtlich belustigt.

»Und weiter?« Ich gebe mir große Mühe, souverän zu wirken.

»Mit der Rechten goss sie aus einem silbernen Krug ganz langsam Milch und Honig auf meinen Lingam. Dabei durfte ich nicht reagieren. Sonst hätte ich verloren. Ein Naga Baba muss seinen Körper absolut beherrschen.«

»Hast du die Prüfung bestanden?« Vor Eifersucht wird mir ganz flau in der Magengegend.

»Es war sehr schwer. Aber: Ja.« Er hält inne und schaut ins Feuer, als sähe er sich wieder in jenem Zelt sitzen – ein junger Mann in seiner ganzen Kraft, mit all seinen Fantasien – und nichts davon darf gelebt werden. Dann kehrt er mit einem Lächeln in die Gegenwart zurück und fügt, als er mein düsteres Gesicht bemerkt, schnell hinzu: »Es ist Jahrzehnte her.«

Ja. Es ist so ewig her. Und jetzt endlich will er wissen, worauf er die ganze Zeit verzichtet hat.

»Okay«, sage ich kurzentschlossen. »Wir machen dein Kissing Program.« Ich schließe die Augen und halte ihm meine leicht geöffneten Lippen entgegen. Zärtlich nimmt er mein Gesicht in beide Hände. Gleich werde ich seinen weichen, vollen Mund spüren. Doch plötzlich durchfährt ein Schmerz meinen ganzen Körper: Er hat mich gebissen! Ich reiße die Augen auf, starre ihn an.

»Schön?«, fragt er.

»Nein!«

»Noch einmal?«

»Nein.« Das Kissing Program lassen wir erst einmal.

»Magst du meine Liebe nicht?« Er schaut mich mit solchem Unverständnis an, dass ich fast lachen muss.

»Die deines Herzens schon. Aber die vom Kissing Program nicht so. Es tut weh, weißt du?«

Ich kühle mir den Mund mit Wasser aus der Lota und erkläre ihm dann, so gut es meine schmerzenden Lippen erlauben, dass Küssen etwas anderes ist als das, was er bei

Katzen und Hunden gesehen hat, wenn die Tiere einander spielerisch beißen.

Ein paar Tage lang war meine Oberlippe geschwollen, und der Abdruck seiner Zähne war zu sehen. Wer mich darauf ansprach, dem erzählte ich etwas von Ausschlag. Wiederholt tupfte Shankar mir demonstrativ Asche auf die Stelle, wobei ich jedes Mal einen Lachanfall unterdrücken musste.

Vom Küssen war erst einmal keine Rede mehr. Nach einigen Wochen jedoch kam er erneut darauf zu sprechen. Spontan nahm ich seine Hand: »Schau, so!« Ich drückte ein paar zarte Schmatzer darauf. Da begriff er.

Und er lernte schnell. Schon bald fing ich an, seine Küsse zu genießen: Er hatte so weiche Lippen und schmeckte wunderbar nach Moschus und dazu etwas rauchig. Zwischendurch hielt er immer wieder inne und strahlte mich an.

Von nun an küssten wir uns oft – und so leidenschaftlich, dass ich bremsen musste, damit wir nicht weitergingen. Schließlich war es überhaupt nicht mein Plan, ihn vom Himmel auf die Erde zu holen, indem ich mit ihm schlief.

Der Frühling kam, der Sommer, die Besucher strömten wieder in den Tempel, und wir waren seltener allein miteinander. Immer näher rückte nun der Zeitpunkt, da ich all meinen Besitz abgeben sollte. Die drei Jahre als Schülerin waren beinahe um. Noch einmal flog ich nach Europa, besuchte Oma und verbrachte auf dem Rückweg ein paar Tage bei Susanne auf Bali. Zuletzt traf ich Jutta in Pahar Ganj. Mit meinen beiden Freundinnen sprach ich über die bevorstehende Zeremonie. Ich erzählte ihnen von meiner Freude darauf, aber auch von der Beklemmung, die mich zuweilen erfasste, wenn ich an den Verzicht dachte.

»Bleib dir selbst treu und vertraue deiner Intuition«, flüsterte Susanne mir zum Abschied ins Ohr, bevor ich in Denpasar in den Flieger stieg.

Jutta äußerte sich pragmatischer. »Vergiss nicht, alles ist freiwillig. Niemand kann dich zu etwas zwingen, was du selbst nicht möchtest.«

Beide hatten sie recht. Ich nahm mir vor, gut auf mich zu achten und dabei offen zu bleiben für das, was mich erwartete. Mit diesem festen Vorsatz kehrte ich ins Dorf zurück.

19

Das Opfer

N ächsten Sonntag ist Vollmond«, sagt Guruji eines Morgens im September. »Da feiern wir dein Ritual.«

Mein Herz krampft sich zusammen: Jetzt soll ich mein altes Leben abgeben – symbolisch jedenfalls. Was die wirklichen Konsequenzen sein werden, kann ich mir noch nicht ausmalen. Vielleicht ist das auch besser so.

»Bist du aufgeregt?«

Ich nicke und versuche ein Lächeln.

Am selben Nachmittag öffne ich die Box mit meinem persönlichen Besitz. Shankar steht hinter mir und schüttelt bei meiner Sortiererei nur den Kopf. Ich zeige auf die Bücher – nein? Auf den kleinen Spiegel – nein? Europäische Pflegeartikel, wärmende Kleidung für den Winter und der Walkman, den wir uns so oft geteilt haben, ein Stöpsel er, ein Stöpsel ich – alles nein. Dass ich den Walkman hergeben muss, schmerzt mich besonders. In meiner Musik habe ich immer Trost, Ablenkung und Freude gefunden. Womit soll ich diese Leere jetzt nur füllen? Die Stille hört sich schon jetzt sirenenhaft laut an.

Zuletzt fällt mein Blick auf den Ring. Mein schöner Goldring mit der dreifach gerillten Perle! Solch eine Perle mit drei Rillen schmückt der Legende nach Shiva. Shankar hat mir den Ring geschenkt, nachdem wir uns unsere Liebe gestanden

hatten. Er selbst besitzt den gleichen und trägt ihn am Ring-
finger – dieser Finger symbolisiert die Sonne. Mein Ring
steckt auf dem Zeigefinger, denn der steht für den Mond.

Shankar hat meinen Blick bemerkt. Er nimmt meine Hand
und schlingt unsere beringten Finger ineinander. »Diese zwei
bleiben«, sagt er.

Pradeep bringt am nächsten Tag die beiden Sadhu-Gewänder, die er in der Bezirkshauptstadt für mich gekauft hat. Sie
sind apricotfarben und mit einer roten Borte verziert. Jedes
Gewand besteht aus einem kurzärmeligen Oberteil, einem
langen Unterrock und dem fünf Meter langen Sari, der kunstvoll um den Körper geschlungen wird. Dazu gibt es zwei
große, dichtgewebte Tücher aus Kaschmirwolle, eines braun,
eines beige. Sie sollen mich künftig vor der Winterkälte schützen. Ich mag gar nicht an den Winter denken. Mein Blick fällt
auf meine zerschundenen Füße. Hier kann ich nichts mehr
abgeben – ich trage ohnehin nur Flipflops, und im Sommer
gehe ich barfuß.

Am Sonntagmorgen kommen fast alle Dorfbewohner zum
Tempel herauf. Sie bereiten Speisen und Getränke vor, legen
Teppiche auf der Wiese nebenan aus und errichten einen großen Holzstapel, den sie mit Blumengirlanden und Räucherwerk bestücken. Ich darf nichts tun, nur zuschauen. Wieder
wird mir unbehaglich zumute. Sieht der Holzstapel nicht wie
ein Scheiterhaufen aus? Als ob ich gleich hingerichtet werden
soll! Nach langer Zeit steigen zum ersten Mal wieder Bilder
aus meinem früheren Leben auf: alte Freunde, die Strände,
meine herrliche Freiheit … Shankar beobachtet mich von
Weitem. Er scheint meine Gedanken zu lesen, denn plötzlich
winkt er mich her.

»Hast du Angst?«

»Ja – nein, ich weiß nicht. So viel Aufwand – ist das nötig?«

»Du wirst es heute Abend verstehen. Nicht der Aufwand, das Ritual wird etwas in dir bewirken.«

Ich werde noch nervöser.

»Hast du es dir anders überlegt?«

Habe ich das? Ich bin einer Seele begegnet, bei der ich mich frei und geliebt fühle. Die sich näher bei Gott aufhält als ich und die mich auf meinem weiteren spirituellen Weg unterstützen wird.

»Nein«, sage ich feierlich. Ich habe nicht drei Jahre durchgehalten, um jetzt zu kneifen.

Er drückt meine Hand. »Deine Seele hat diesen Weg gewählt. Sie weiß, was sie braucht. Und ich beschütze dich.«

Das beruhigt mich etwas.

Auch Anil ist mittlerweile eingetroffen, dazu ein paar andere Ordensbrüder. Als endlich der Vollmond am Nachthimmel steht, versammeln sich alle am Feuer, das jetzt hell brennt. Vor uns steht Shankar, meine Metallbox in Händen. Wäre es nicht ein heiliges Ritual, so würde ich vor Lachen laut herausplatzen. Doch ich empfinde auch die Ernsthaftigkeit der Situation und bahne mir einen Weg zwischen den Leuten hindurch nach vorn, wo Shankar mir die geöffnete Box entgegenstreckt. Sie ist nicht mehr voll – meine Shampoos und Cremes hat er bereits an die Frauen im Dorf verschenkt. Ich schaue in die Runde und nehme mitleidige Blicke wahr. Manju rinnen Tränen übers Gesicht. Meine Lust zu lachen vergeht mir. Langsam komme ich mir vor wie bei einer Hinrichtung. Dann holt mich Shankars Stimme in die Realität zurück.

»Drei Jahre lang hast du dich auf diesen Moment vorbereitet. Verabschiede dich jetzt bei jedem dieser Dinge von der materiellen Welt! Von deinen irdischen Wünschen, Sehnsüchten und Zielen. Von dem Leben, das du bisher geführt hast.«

Plötzlich ist da ein Kloß in meinem Hals, und er wird immer dicker. Ich bin wie erstarrt. Bücher, Kleider, Schals, Hosen, die Socken, meine Fotos … eins nach dem anderen landet im Feuer, kräuselt sich für Sekunden, wird schwarz und verschwindet. »Halt, nicht!«, will ich rufen, als mein Lieblingspulli in Flammen aufgeht, doch es ist zu spät. Plötzlich empfinde ich unbändige Angst, ich fühle mich fremd zwischen all diesen Leuten – fremd auch Shankar gegenüber, der jetzt so ernst und unnachgiebig wirkt. Bitte Shankar, bitte! Ich kann das nicht. Was soll das denn sein, der Rückzug aus der materiellen Welt? Ich gehöre zu dieser Welt, die du jetzt verbrennst, ich kenne keine andere. Wie soll ich ohne diese Dinge leben? Was tue ich, wenn es kalt wird? Mein Körper ist nun mal Materie, er kann sich doch nicht auflösen! Mein Geist ist nicht so stark wie deiner, er kann nicht einfach irgendetwas nach Belieben regulieren. Und habe ich nicht schon anspruchslos genug gelebt in den letzten Jahren? Verzweifelt suche ich in seinen Augen nach einer Antwort. Da nickt er leicht und lächelt mir beinahe unmerklich zu. Ist gut, Bébé, ich verstehe dich, sagt sein Blick. Alles ist gut so.

Mühsam fasse ich mich und senke meinen Blick, um nicht mehr ins Feuer schauen zu müssen.

Als die Box endlich leer ist, tritt Anil nach vorn, den kleinen Stapel mit meinen neuen Kleidern in Händen. Seine Feindseligkeit spüre ich jetzt wieder deutlich. Shankar wechselt einige Worte mit ihm und schickt mich hinein, damit ich mich umziehen kann. Manju begleitet mich. »So good, so good«, flüstert sie, als sie mir den Sari umlegt. »Du bist sehr tapfer, Didi.« Wir umarmen uns und verharren für einen Augenblick so, bis sich mein hämmerndes Herz beruhigt hat. Dann trete ich in meinem neuen Gewand nach draußen, die alten Kleider über dem Arm. Eine unheimliche Stille breitet sich aus. Langsam gehe ich wieder zum Feuer, wo Shankar auf mich wartet.

»Verbrenn nun das Letzte, das dich an die alte Welt erinnert«, befiehlt er.

Ich tue, was er sagt. Auf einmal bin ich unglaublich erschöpft. Doch jetzt kommt Pradeep nach vorn. Er lächelt mir ermutigend zu und stellt eine messingfarbene Lota neben mich. Shankar streckt mir mein zweites Sadhu-Gewand und die gefalteten Wolltücher entgegen. Darauf liegt eine Kette mit einhundertacht getrockneten Samenkapseln des Rudraksha-Baumes – der Überlieferung nach sind es Tränen des Gottes Shiva. Vorsichtig streift er mir die Kette über den Kopf und segnet mich mit einem roten Bindi. Danach gibt er mir ein Zeichen, und wir setzen uns beide auf einen vorbereiteten Teppich. Ich friere und schlinge eines meiner neuen Wolltücher eng um mich.

Da kommt plötzlich Bewegung bei den Leuten auf. Drei Männer schlagen die Trommeln, und drei Frauen klatschen dazu im Takt. Alt und Jung, einer nach dem anderen tritt jetzt vor und legt etwas vor mich hin: eine Rupie, ein wenig Mehl, Honig und – juhu – Socken! Irgendjemand drapiert mir eine Blumengirlande um den Hals. Fragend schaue ich Shankar an.

»Sie ehren dich für deine Entscheidung, Gott und den Menschen zu dienen«, sagt er leise. »Du hast dir den schwierigsten Weg ausgesucht.«

Das stimmt. Ich habe es in den vergangenen drei Jahren oft genug erlebt – und bin dabei immer erfüllter und zufriedener geworden.

Nachdem alle bei mir gewesen sind, weist Shankar mich an, eigens gesegnete Süßigkeiten unter den Leuten zu verteilen. Alle sitzen in Reih und Glied nebeneinander, falten ihre Hände und berühren meine Füße, bevor sie die Süßigkeiten von mir erhalten. Es fühlt sich merkwürdig an, diese Geste. Sie erhebt mich zu etwas Besonderem, das ich nicht bin und nicht sein möchte.

Es ist fast Mitternacht, als sich die Wiese langsam leert. Jetzt bin ich eine Sadhvi, sage ich lautlos vor mich hin, während ich mit Shankar und Anil in den Tempel zurückkehre. Anil trägt ein brennendes Scheit und entzündet damit den Dhuni.

Wie ist es für Anil, dass nun auch ich dieses Gewand trage? Die Frage taucht kurz auf, als ich auf meinem Bett liege, doch ich bin zu aufgeregt, um mich eingehender mit ihr zu befassen. Ich bin eine Sadhvi, dieser Satz füllt mich ganz aus, und je öfter ich ihn denke, desto mehr wandelt sich meine Aufregung in reine Freude. Alles ist auf einmal klar, und ich spüre weder Reue noch Zweifel. Die Welt, wie ich sie sehe, wird nie mehr dieselbe sein. Ich habe mich von diesem Tollhaus verabschiedet. Adieu, liebe Welt, ich habe eine neue für mich gefunden, eine gütigere und in jeder Hinsicht lebenswertere.

Mit übervollem Herzen schlafe ich schließlich ein.

Am nächsten Tag kehrte Anil in seinen eigenen Tempel zurück. Shankars und unser Leben normalisierte sich wieder. Das Ritual hatte uns noch enger zusammenwachsen lassen: Inniger hätte es zwischen uns nicht sein können. Äußerlich hingegen hatte sich wenig verändert, nur dass ich jetzt das Sadhu-Gewand trug. Schon zuvor hatte ich lange Kleider und dazu Tücher bevorzugt. So spürte ich die Veränderung erst, als es im Dezember empfindlich kalt wurde. Meine Wolltücher und die gespendeten Socken wurden meine täglichen Begleiter, und ich war froh, als die Kälte nach vielen Wochen endlich wieder nachließ. Jedoch: Hätte ich gewusst, was das Frühjahr bringen würde, so hätte ich es weniger herbeigesehnt.

20

Zweifel

Die Luft ist lau, alles blüht. Shankar hält seinen Mittagsschlaf im Garten, und ich sitze neben ihm, mit ein paar Halsketten beschäftigt, die ich später in Europa verkaufen will. Das Schmuckanfertigen habe ich trotz meiner persönlichen Besitzlosigkeit beibehalten, denn es dient unserem Lebensunterhalt hier im Tempel. Plötzlich knattert von ferne ein Motorrad. Es kommt näher und näher, dann erstirbt es. »Om namo Narayanaya!«, ruft Anils Stimme in die Stille. Es ist das Mantra, mit dem sich Mönche und Priester grüßen. »Hey, wo seid ihr?«

Ich lege den halbfertigen Schmuck beiseite und gehe nachschauen. Da steht er am Brunnen, sein oranges Gewand leuchtet, die Rastahaare sind zum Zopf gezwirbelt, und mit beiden Händen umfasst er den Lenker eines Motorrads. Langsam trete ich näher.

»Schau mal!« Unbändiger Stolz blitzt aus seinen Augen.

Für einen Moment bin ich sprachlos. Es wirkt absurd, der junge Sadhu und die schwere Maschine. Es passt überhaupt nicht zusammen.

»Woher hast du das?«, bringe ich schließlich heraus.

»Gekauft, was sonst?«

»Und woher kommt das Geld?«

»Geschenkt gekriegt«, lacht Anil.

Geschenkt? Von wem? »Du hast Askese geschworen!« Keine Sekunde glaube ich an ein Geschenk. Und selbst wenn – Guruji gibt alle Spenden sofort weiter. »Woher hast du das Geld?«, beharre ich.

»Du musst es ja nicht gut finden«, erwidert er und hält weiter den Lenker umklammert.

Ich sehe ihn an, und plötzlich steigt ein Gedanke in mir auf – ein aberwitziger Gedanke: Anils Besuche bei uns, die Wanderungen zu seinen Verwandten oben am Berg, die Fahrten nach Rishikesh und Delhi, von denen ich immer wieder höre … Nein, es kann nicht sein! »Sag mal, verkaufst du Haschisch von den Feldern da oben?« Meine Stimme ist scharf geworden vor Empörung.

Da stellt er das Motorrad sorgfältig ab und baut sich vor mir auf. »Und selbst wenn es so wäre?«

»Aber du willst doch ein Sadhu sein!«

Er lacht kurz auf. »Träum weiter! Du kennst das Leben hier nicht wirklich.«

»Glaubst du, ich laufe mit geschlossenen Augen herum?«

»Didi, ich gebe dir einen Rat.« Auf einmal wird er sehr ernst. »Misch dich nicht in Sachen ein, die dich nichts angehen.«

»Und ob ich mich einmische«, zische ich, drehe mich um und gehe zurück in den Garten. Ich möchte nicht dabei sein, wenn Shankar das Motorrad sieht.

Stunden später, beim Abwaschen, fällt mir auf: Eine klare Antwort auf die Frage nach dem Haschisch hat Anil mir nicht gegeben. Aber woher soll er das Geld sonst haben?

Als Anil am nächsten Tag ins Dorf ging, stellte ich Guruji Fragen, aber er wich mir aus und gab nur die übliche Antwort: dass es allein Anils Karma sei. Das Motorrad allerdings gefiel ihm nicht, ich merkte es an seinem eisigen Ton Anil gegenüber und daran, dass er ihn mit Aufgaben überschüttete. Anil schien das wenig auszumachen. Vielleicht dachte er, so sein Karma abtragen zu können. Zu mir war er nach jener Auseinandersetzung am Brunnen wieder höflich. Es schien, als ob das Motorrad ihm zu neuem Selbstbewusstsein verholfen hätte – ganz nach den alten Spielregeln, die ich aus Europa kannte: Hast du was, bist du was. Ich meinerseits versuchte, ihm gegenüber die Form zu wahren. Dass wir uns jemals wieder gut verstehen würden, daran konnte ich nicht mehr glauben.

»Hast du Probleme, Sabrina?« Manju sitzt neben mir in unserem altersschwachen Jeep, wir fahren in die Bezirkshauptstadt.

»Nein, warum?« Ich schüttele den Kopf. Gut, dass ich meinen Blick auf die Straße richten muss – so brauche ich nicht genauer auf ihre Frage einzugehen.

Manju spürt seit Wochen, dass mich etwas umtreibt. Aber von Anil und meinem Rauschgiftverdacht kann ich ihr nichts erzählen. Ich kann überhaupt mit niemandem darüber sprechen. Shankar will ich nicht damit quälen, mit Pradeep bin ich trotz allem nicht vertraut genug, und Jutta habe ich über Anil kennengelernt – sie scheidet auch aus.

Einen Anlauf habe ich gemacht, als Rahul neulich wieder bei uns war: »Kann ich mal mit euch kommen, wenn ihr Anils Verwandte besucht?«

Guruji sah mich prüfend an, aber ich ignorierte es.

»Das ist zu anstrengend für dich, Didi.«

»Ich bin fitter als du, Rahul.«

»Du würdest dich nur langweilen.«

Als ich Rahul später allein auf dem Weg ins Dorf antraf, sprach ich ihn direkt an. »Glaubst du, Anil könnte mit Haschisch dealen?«

»Wie kommst du darauf?«

»Es ist nur ein Gefühl.«

Rahul hob die Schultern. »Anil ist ein guter Charakter. Vielleicht ein bisschen orientierungslos im Moment.« Und er versprach, auf ihn einzuwirken. Doch ganz beruhigen konnte mich das nicht.

Seither versuche ich das Thema zu verdrängen. Aber meine heile Welt hier oben, wenn es denn je eine war, hat Risse bekommen. Es ist auf einmal, als ob auch alle anderen Probleme, die ich wahrnehme, viel größer geworden wären – dass die Leute Shankar bestehlen, obwohl er ihnen so viel gibt; dass die Frauen fast sämtliche Mühen allein schultern müssen; dass einige von ihnen mir mein Leben im Tempel immer noch neiden …

Für den Rest der Fahrt konzentriere ich mich auf die Straße und auf die freundliche, mir zugetane Manju. Wir erledigen unsere Einkäufe in der Stadt und kehren gegen Abend ins Dorf zurück. Nach meinen Problemen fragt sie nicht noch einmal. Aber an der Art, wie sie zwischendurch ihren Arm um mich legt, spüre ich, dass sie sich Sorgen macht.

Shankar selbst ist es, der in dieser Situation den Anstoß zu einer Veränderung gibt. Eines Abends erinnert er mich an unser altes Vorhaben, eine Reise zusammen zu unternehmen – eine große Reise, nur wir beide. Der Plan stammt aus der Zeit, da ich lungenkrank aus Rajasthan zu ihm zurückgekehrt war. Manches Mal habe ich später noch daran gedacht, doch stets ist es unvorstellbar für mich gewesen, dass ein Naga Baba seinen Tempel zu einem anderen Zweck verlässt als für eine Wallfahrt oder um seine Schüler zu besuchen.

Die Reise, so unwirklich sie scheint, ist nun öfter Thema zwischen uns. »Erzähl mir von Bali«, verlangt Shankar, wenn wir allein miteinander sind – wenn er auf seinem Asan sitzt und ich direkt davor, eng an ihn geschmiegt, während er seine Arme um mich geschlungen hält. Sollten wir wirklich verreisen, dann nach Bali, das war sofort klar, ohne dass wir darüber sprechen mussten.

»Wie werden wir wohnen?«, will er immer wieder wissen.

»Wir werden in einem indonesischen Holzhaus wohnen«, sage ich dann und streichele seine Wange. »Wenn du magst, direkt am Strand. Dort stehst du morgens auf und siehst das Meer.«

Immer wieder muss ich ihm von diesem Haus erzählen und davon, wie frei wir unsere Liebe darin leben könnten. Dann glänzen seine Augen, er beugt sich über mich, und seine Lippen suchen meinen Mund. Ich schließe die Augen und versuche das schlechte Gewissen zu ignorieren, das mich überfällt, weil ich einen Priester aus seinem Tempel weglocke. Nein, korrigiere ich mich dann. Nicht ich locke ihn fort – er ist es, der mit mir reisen möchte. Und die meisten Menschen auf Bali sind Hindus. Er wird nie ohne Altar sein. Außerdem: Wir kämen ja zurück.

»Es wäre nicht für immer«, sage ich wenige Monate später zu Susanne, als ich sie, aus Deutschland kommend, auf Bali besuche. »Wir machen diese Reise, und wenn es ihm hier gefällt, bleiben wir eine Weile. Dann kehren wir ins Dorf zurück.«

Wie in jedem Sommer habe ich auch diesmal in Europa wieder Geld verdient und zuletzt Oma besucht. Täuschte ich mich, oder war meine Großmutter hinfälliger geworden? Am liebsten hätte ich sie mit nach Indien genommen, aber das ging natürlich nicht. Ich blieb ein paar Tage bei ihr, wir sprachen von alten Zeiten und blätterten in Fotoalben.

»Wie niedlich du warst mit deinen schwarzen Locken«, sagte sie und betrachtete lächelnd ein Bild, das mich im Kinderwagen zeigte, mit der weißen Mütze, unter der die Haare vorwitzig hervorlugten.

»Ach Oma!« Plötzlich musste ich sie stürmisch drücken.

»Versprichst du mir eines, Kind?« Sie schob mich ein Stückchen von sich weg und sah mir in die Augen.

»Alles, Oma.«

»Ich will zu Hause sterben.«

»Du stirbst doch nicht«, wehrte ich erschrocken ab.

»Eines Tages schon. Und wer weiß, wann es so weit ist.«

»Okay, Oma. Du kannst dich auf mich verlassen.« Ich meinte es ernst und würde mein Versprechen viele Jahre später auch halten.

Die Magnolie im Garten war womöglich noch größer geworden, noch prächtiger. Unter ihr sitzend, musste ich an die Hoffnung denken, die sie mir einst geschenkt hatte, als ich im Gipsbett lag: dass ich eines Tages frei sein würde. Du hast dein Versprechen gehalten, dachte ich voller Dankbarkeit. Heute bin ich frei. Weil ich Shankar gefunden und an seiner Seite gelernt habe zu vertrauen.

Aber durfte ich das – ihn aus dem Dorf weglocken, indem

ich ihm ein Haus am Strand versprach, ein Leben voller Sonne und Wärme, am Meer?

»Wir kämen ja zurück, er und ich«, wiederhole ich jetzt und schaue Susanne eindringlich an, als ob ich sie überzeugen müsste. Wir liegen in Kuta am Strand, soeben habe ich ihr von Anil und meinem Rauschgiftverdacht erzählt. Ich setze mich auf und blicke aufs Wasser hinaus. Wie lange ist es her, dass ich selbst auf Bali gelebt habe und nichts wusste von Shankar, vom Tempel und von dem Dorf im Himalaja? »Er war es, der zuerst vom Reisen gesprochen hat«, bringe ich das wichtigste Argument vor.

»Hör mal, Sabrina«, Susanne rollt sich auf die Seite und lässt Sand durch ihre Finger rieseln. »Du bist doch eine emanzipierte Frau. Willst du wirklich den Rest deines Lebens da oben in der Einöde verbringen? Sieht so deine vielgerühmte Freiheit aus, von der du immer sprichst?«

»Ach Susanne, niemals könnte ich Shankar verlassen.« Halb lachend, halb stöhnend lasse ich mich aufs Handtuch sinken. »Außerdem bin ich Sadhvi geworden, habe mich von meinem alten Leben getrennt. Ich kann und will nicht einfach gehen, und ihn von dort losreißen möchte ich erst recht nicht. Aber ihn einmal nur für mich zu haben und ihm die Welt zu zeigen – das wäre wunderbar.«

»Und die Leute im Dorf?«

»Shankar ist ein Leben lang nur für die anderen da gewesen. Im Dorf und in ganz Indien. Ich glaube, er fängt gerade an, das Leben auch einmal zu genießen. Das Schöne zu sehen und erleben zu wollen.« Ich muss an unsere Küsse denken, an unsere erotischen Stunden, von denen im Dorf niemand etwas wissen darf. »Er hat Jahrzehnte hindurch asketisch gelebt. Jetzt muss er nichts und niemandem mehr etwas beweisen.«

Denkt Susanne vielleicht, ich sollte allein von dort fortgehen? Die Liebe meines Lebens verlassen? »Wir gehören zusammen«, sage ich und schaue wieder aufs Meer. Wie verlockend es glitzert! »Komm«, schnell stehe ich auf. »Lass uns bauchsurfen!«

In den Himalaja zurückgekehrt, begann ich mich um einen Pass für Shankar zu bemühen – ein zeitraubendes Unterfangen, das Behördengänge in mehreren Städten erforderte. Schließlich hielt ich das Dokument in Händen und verstaute es sicherheitshalber bei meinen eigenen Papieren.

Daneben nahm ich mein Leben als Gurujis Schülerin wieder auf. Auch wenn ich jetzt Sadhvi war – ich würde immer seine Schülerin bleiben, so wie Anil sein Schüler war. Außerdem fehlte zu meiner Initiation noch der letzte Schritt: die Teilnahme an der großen Kumbh-Mela-Feier, die Anfang des darauffolgenden Jahres in Allahabad stattfinden würde. Dort sollten wir beide, Anil und ich, den letzten Schritt tun: Wir sollten unsere Haare opfern. Meine trug ich mittlerweile als hüftlange Rastalocken, genau wie Shankar. Ich betrachtete sie als Ausdruck meines Gespürs, sie waren für mich fast wie Antennen. Nach wie vor glaubte ich auch nicht, dass ich wirklich auf sie verzichten sollte. Bei Frauen, davon war ich überzeugt, würde es ein anderes Ritual geben. Doch ich vermied es, Shankar genauer danach zu fragen.

So kam der Winter, und wir waren wieder mehr allein miteinander. Wir praktizierten die Puja-Zeremonien und sorgten für das Feuer. Ich stattete unser Nest mit Kerzen, süßlichem

Rauchwerk und Massageölen aus, die Shankar mir gekonnt in meine vor Kälte steifen Muskeln einmassierte. Umgekehrt erwies auch ich ihm diesen Liebesdienst. Oft fanden wir ganz unkörperlich in Chakra-Meditationen zusammen. Er begann immer mit dem Herzchakra, durch das wir innigst miteinander verbunden waren, und dann ging die Reise nach unten los, die sich für mich anfühlte wie eine Achterbahn durchs Universum: Endstation, Urknall auf beiden Seiten. Dass sich in solchen Momenten auch bei ihm etwas tat, erkannte ich daran, dass er kurz danach zum Brunnen verschwand, um angeblich Wasser für Tee zu holen.

Aber noch immer schliefen wir nicht miteinander. Irgendetwas hielt uns davor zurück, diesen letzten Schritt zu gehen. Nur Shankars Bedürfnis nach Zärtlichkeit wurde immer größer. Es war, als ob er ein Leben lang danach gehungert hätte.

21

Ein großer Schmerz

B ist du bereit?«
»Klar.«
»Wirklich?«
»Ja doch. Ja!«
Beinahe täglich fragt Shankar mich, seit wir hierher zur Kumbh Mela gereist sind. Ja, ich bin fest entschlossen, hier, bei diesem großen Fest, den letzten Schritt zu tun, um in den Orden der Naga Babas aufgenommen zu werden. Dieser Schritt besiegelt für mich unsere große Liebe – er ist wie eine Eheschließung. Unsere Ringe mit der dreifach gerillten Perle tragen wir ja längst. Immer und immer wieder antworte ich mit Ja und weite dabei dreimal meine Nasenflügel wie ein Hase. Mit diesem Zeichen senden wir einander in der Öffentlichkeit versteckte Küsse und nennen uns insgeheim »Rayi« – »Schatz«. Auch Shankar hat es fleißig geübt, er beherrscht es spielend.

Zu Frühjahrsbeginn sind wir aufgebrochen. Rahul organisierte Taxen, Busse und ein Zelt, groß wie ein Haus, damit Shankar seine Schüler und die Pilger darin empfangen kann. Sieben zivile Helfer und elf Ordensleute, darunter auch Anil: So fuhren wir Richtung Süden, nach Allahabad, wo drei heilige Flüsse aufeinandertreffen – der Ganges, der Yamuna und der mythische Fluss Sarasvati. Hier verloren die Götter einst im Kampf mit den Dämonen einen Tropfen vom Unsterblichkeitsnektar. Wer darin badet, reinigt sich spirituell und verbessert sein Karma.

Muss ich mein Karma verbessern? Ich mache mir keine Gedanken mehr über frühere Leben, der Ausgleich kommt sowieso. Meinen gesunden Menschenverstand zu kultivieren, ihn mit dem Herzen zu verbinden und meiner Intuition zu folgen, das ist mein Weg. An Shankars Seite habe ich gelernt, ohne Vorbehalte zu leben – ohne den Wunsch, anderen zu gefallen. Und das Leben wird von selbst dafür sorgen, dass meine Seele sich weiterentwickelt. Deshalb sehe ich dieses Ritual bei der Kumbh Mela vor allem als symbolische Handlung an, bei der ich ganz im Stillen mein Herz öffnen will. Gelassener und geduldiger will ich werden, vor allem im Umgang mit denen, deren Verhalten ich kritisch sehe. Wie oft muss Shankar mich in meiner Angriffslust zügeln, die ich meinem halbtunesischen Temperament zuschreibe, einem Erbe meines leiblichen Vaters. »Bébé«, zischt es dann von seinem Asan her, wenn ich in meiner gerechten Empörung wieder einmal übers Ziel hinausschieße, und unter seinen zusammengezogenen Augenbrauen feuern Blitze in meine Richtung, bis ich verstumme.

Zwei Monate blieben wir in Allahabad. Für Shankar und mich verlief der Alltag ähnlich wie in unserem Tempel. Wir beteten, meditierten und hielten die Zeremonien ab. Mit dem Unterschied, dass nicht die Dorfbewohner, sondern die befreundeten Ordensbrüder und daneben zahllose Fremde sich in dem großen Zelt um das heilige Feuer drängten – immer andere, und oft waren Touristen dazwischen. Wie oben am Berg brachten auch diese Besucher Gaben für Shankar mit. Doch statt Reis oder Linsen legten sie ihm Seidenstoffe zu Füßen, Kupfergeschirr und halbe Haushalte. Es regnete förmlich Gold, er bekam ein Pferd verehrt und einmal sogar einen Tempel. Fast alles verschenkte er weiter. Nur Rahul steckte er manchmal Geldspenden zu, damit er Lebensmittel für unsere Gruppe besorgte. Und auch ich bekam etwas, als Haushaltsgeld für die Zeit nach unserer Rückkehr ins Dorf. Shankar wollte vermeiden, dass ich im Winter erneut hungern müsste – ich hatte ja bewiesen, dass ich verzichten konnte. Und wenn mir etwas von den Spenden gefiel, ein Seidenstoff etwa, dann hielt er ihn für mich zurück, damit ich Bettwäsche daraus nähen lassen konnte oder Kissen und Überwürfe für seinen Asan.

Hinter unserem großen Zelt befand sich noch ein kleineres, ebenfalls mit einem Dhuni, der ununterbrochen brannte. Wenn wir Ruhe suchten, zogen wir uns dorthin zurück. Doch meistens herrschte auch hier Gedränge – befreundete Sadhus und Schüler von Shankar saßen mit uns um das heilige Feuer, das hier nicht anders brannte als oben am Berg. Regelmäßig nickte ich bei diesen Sitzungen ein. Dann ließ Shankar das kleine Zelt räumen, damit Ruhe einkehrte.

»Bébé, wach auf!« Shankar rüttelt mich am Arm. Rings um uns schläft alles tief, und auch in den benachbarten Zelten ist es ruhig. Wer jetzt über dem Flussdelta schweben würde, der sähe im schwachen Mondlicht eine Stadt aus Abertausenden von Zelten, in denen Pilger liegen und schlafen.

»Komm mit, Deviji!«

»Wohin denn?« Schlaftrunken lege ich mir mein Wolltuch

um, und schon zieht Shankar mich durch die stillen Straßen der Zeltstadt, vorbei an brennenden Dhunis, die ihre Rauchschwaden in den Nachthimmel schicken.

»Wohin gehen wir?«, wiederhole ich.

»Zum Fluss.« Er hat eine kleine Öllampe dabei, Rauchwerk und ein aus Blättern geflochtenes Körbchen, das mit Blumen gefüllt ist. Am Ufer angelangt, bedeutet er mir, mich hinzusetzen.

»Was machen wir, Rayi?«

»Dein Reinigungsritual. Du kannst nicht nachher mit der wilden Horde in den Ganges springen. Das lasse ich nicht zu.« Er entzündet die Lampe und bettet sie in das Körbchen zwischen die Blüten. Ich lege die Räucherstäbchen hinzu, dann setze ich das Ganze mit einem kleinen Schubs aufs Wasser. Langsam und etwas kippelig schwimmt unser Opfer hinaus, ein winziges Licht auf der dunklen Fläche. Shankar murmelt seine Gebete, und auch ich, mittlerweile hellwach, spreche lautlos mein Mantra.

Wie schön das ist! Ich könnte ewig so mit ihm sitzen. Doch nun greift er meine Hand: »Steh auf, wir gehen hinein.« Muss das sein? Er zieht mich mit sich. Kalt umspült der Fluss meine Füße, meine Knie. Als mir das Wasser bis an den Bauch reicht, bleiben wir stehen. Es ist äußerst ungemütlich, und jetzt legt Shankar mir die Hände auf die Schultern und bedeutet mir mit leichtem Druck, unterzutauchen. Auch das noch! Ich halte mir die Nase zu, presse die Augenlider fest zusammen und gehe dreimal in die Knie. Ölig schlägt das Wasser über meinem Kopf zusammen. Danach taucht Shankar dreimal unter, streckt die gefalteten Hände zum Himmel und schaut mich an: »Nun bist du ein reiner Kelch Gottes.« Ich aber fühle mich mehr wie ein nasser Lappen – ich schlottere vor Kälte und möchte nur noch zurück ins Warme. Auf dem Rückweg habe ich es sehr eilig. Wegen der durchweichten Sachen watschele ich wie ein Pinguin vor Shankar her, und er kann sich kaum halten vor Lachen.

Im Zelt angekommen, wechsele ich in Windeseile die Kleider. Shankar bereitet uns Tee, und müde, dabei ganz erfüllt von einem diffusen Glücksgefühl, lege ich mich wieder hin. Er aber bleibt auf, er muss zu seinen Schülern. Schon bald erwacht die Millionenstadt der Pilger. Später werden mehrere Tausend Naga Babas durch eigens eingerichtete Schleusen zum Flussufer rennen, um sich mit Kriegsgeschrei ins Wasser zu werfen. Wächter mit langen Stangen werden darauf achten, dass kein Weltlicher den aschebedeckten Mönchen zu nahe kommt. Erst danach folgen die anderen Orden.

Eines Abends wendet sich Shankar Anil zu und sagt bedeutungsvoll: »Morgen findet ein Fest für dich statt.« Anils Augen glänzen. Die anderen nicken beifällig. »Und übermorgen, Deviji«, fährt Shankar fort und wendet sich zu mir, »feiern wir deines.«

Übermorgen! Noch zwei Tage.

Anil sieht so anders aus. So nackt, so zerbrechlich. Vorhin ist er im Zelteingang erschienen, ein Tuch um Kopf und Schultern. Stunden zuvor hatte ein weltlicher Schüler Shankars, ein Ordensfunktionär, ihn an der Hand genommen und hinausgeführt. Wir anderen blieben hier und warteten. Shankar saß vor dem Feuer, murmelte seine Gebete und opferte immer wieder ein paar Blüten, etwas Reis. Dann war Anil auf einmal zurück. Er verbarg seinen Kopf unter dem Tuch. Langsam ging er auf Shankar zu, der immer noch vorm Feuer saß, und sank vor ihm auf die Knie. Shankar hob das Tuch an, zog es auch über seinen Kopf. In der Rechten hatte er eine Schere. Sie flüsterten etwas, und Shankar murmelte ein paar Worte. Dann macht es schnipp, das Tuch flog beiseite. Ein plötzliches Gejohle im Zelt! Shankar hielt ein dünnes Zöpfchen in der Hand, das er in seine Sadhu-Tasche steckte.

Seither wird Anil gefeiert. Ich aber muss immer wieder zu ihm hinüberschielen. Die Rastalocken und der Vollbart, mit dem ich ihn früher geneckt habe – alles ist weg, alles! Sein Kopf ist ganz kahl, sogar die Brauen hat man ihm rasiert. Groß und dunkel schauen die Augen aus dem grauweißen, mit Asche bedeckten Gesicht hervor. »Jetzt bist du kein Neandertaler mehr. Endlich sieht man dein hübsches Gesicht«, habe ich gesagt, als er mir gegenüber Platz nahm. Es war aufmunternd gemeint, aber vielleicht ungeschickt formuliert. Er lächelte nicht.

In dieser Nacht finde ich mal wieder keinen Schlaf. Morgen bin ich an der Reihe. Wie wird mein Ritual sein? Bilder von Blumengirlanden und Räucherstäbchen, von Musikanten und Tanz ziehen mir durch den Kopf. Den ganzen nächsten Tag verbringe ich in aufgekratzter Fröhlichkeit. Bald bin ich Shankar auch auf spiritueller Ebene noch näher! Bald habe ich eine große Familie, in der ich mich geliebt und angenommen fühle. Als gegen Abend wieder der Ordensfunktionär erscheint, springe ich sofort auf und verneige mich vor Shankar, der mich segnet.

»Hab keine Angst, Bébé!« Seine Nasenflügel flattern.

Wieso Angst? Ich freue mich. »Bis nachher!«

Schade, dass er mich nicht begleitet. Aber warum dieses ernste Gesicht? Rasch schlüpfe ich hinter meinem Führer hinaus.

Wieder geht es durch das Straßengewirr der Zeltstadt, über die sich bereits die Dämmerung senkt. Hier und da winken Sadhus und rufen mir etwas zu. Wir laufen bis zu einem großen Platz am Flussufer, wo ein Feuer brennt. Viele Menschen stehen darum herum, irgendwo wird getrommelt, und einige nackte, aschebedeckte Naga Babas tanzen. Wir drängen uns durch die Menge bis ganz nach vorn. Da sehe ich ein paar Sadhu-Schüler, alle in Orange gekleidet. Manche sind kahlgeschoren und mit Asche beschmiert. Zwischen ihnen steht eine alte Frau, eine Sadhvi im orangen Gewand. Auch ihr Kopf ist kahl, sie hält eine große Messingschüssel in Händen und sieht zu mir herüber.

Oh nein, es ist also doch wahr! Was ich die ganze Zeit über verdrängt habe, kommt jetzt wirklich auf mich zu: Ich muss meine Haare opfern. Panik steigt in mir auf. Am liebsten würde ich kehrtmachen und weglaufen, aber dafür ist es zu spät. Alle schauen mich an, und jetzt nimmt mich der Mann am Handgelenk, und wir gehen nach vorn bis vor das Feuer, wo ich mich auf den Boden setzen muss. Da kommt auch schon die alte Sadhvi mit der Glatze, sie lässt sich neben mir nieder und stellt die Schüssel vor mich hin.

Sabrina, du bist verrückt, sagt die Stimme in mir. Das hier ist wirklich zu viel.

Es ist der letzte Schritt, halte ich dagegen. So weit bin ich gegangen – da will ich nicht kurz vor dem Ziel aufgeben. Ich will Sadhvi werden, wirklich und wahrhaftig. Ich will mich ganz darauf einlassen.

Der Preis ist hoch, warnt die Stimme. Wirst schon sehen.

In dem Moment drückt eine Hand im Nacken meinen Kopf nach vorn. Meine langen Dreadlocks hängen kopfüber in die Schale. Die schönen Perlen, die ich mit so viel Liebe einge-flochten habe! Oft hielt Shankar sie in seinen Händen, damit ich mir beim Einflechten welche aussuchen konnte. Jetzt blitzen und leuchten sie im Schein des Feuers. Immer lauter werden die Trommeln, und schon legt sich kühl eine Klinge an meinen Nacken und fährt den Hinterkopf hinauf.

Es ist nur ein Ritual, beruhige ich mich. Ich mache es ein-mal mit und danach nie wieder. Es gehört dazu, wenn man Sadhu werden will. Ich versuche mich der Zeremonie hin-zugeben und atme tief in den Unterbauch. Aber als die erste Strähne in die Schüssel vor mir fällt, kann ich die Tränen doch nicht zurückhalten. Meine Haare! Sie sind mir immer als Zeichen meiner inneren Kraft erschienen, meiner Stärke.

Ich presse die Lider zusammen und versuche an etwas anderes zu denken. Nicht weinen! Sie sollen nicht sehen, wie ich weine. Niemand hier würde das verstehen, es ist doch eine Ehre. Es zeigt, dass ich es geschafft habe. Dass ich alles, wirklich alles hinter mir gelassen habe und ganz und gar eine Sadhvi bin.

Als bis auf eine letzte Strähne mein ganzer Kopf geschoren ist, hebt jemand mein Kinn hoch.

»Warum weinst du?«

»Weil ich glücklich bin.«

Jetzt wird mein Kopf in den Nacken gedrückt, und die Klinge fährt über meine Augenbrauen. Die letzte Haarsträhne am Hinterkopf wird geflochten. Danach nimmt mich die Alte an die Hand und führt mich zum Ganges. Hier muss ich niederknien und Flusswasser über meinen kahlen Kopf laufen lassen. Hoffentlich hat mich die Klinge nirgends verletzt! Zurück zum Feuer geht es, hin zu einer großen Schale mit Asche. Ich weiß, was nun kommt. Wie ich es bei Shankar gesehen habe, greife ich mit beiden Händen in die Asche hinein und schmiere sie mir auf den rasierten Kopf, ins Gesicht, auf den Hals, die Arme und die Beine – auf alles, was nicht vom Sari bedeckt ist. Dann bekomme ich ein oranges Tuch über Kopf und Schultern gelegt.

Sähe ich mich jetzt im Spiegel, so würde ich mich selbst nicht wiedererkennen. Ich versuche mich an das Ziel des Rituals zu erinnern, während ich schließlich hinter dem Ordensfunktionär herlaufe, zurück zum Zelt: dass der Schüler sich nicht mit seiner äußeren Erscheinung identifiziert und Abstand nimmt von der eigenen Person, von seinem Ego. Vor Monaten habe ich oben am Tempel meinen Besitz im Feuer verbrannt. Jetzt habe ich auch meine äußere Erscheinung hergegeben. Trotzdem bin ich froh, mich nicht selbst ansehen zu müssen. Es reicht schon, dass ich gleich Shankar so unter die Augen treten muss.

Was, wenn er mich nun nicht mehr liebt?

Energisch dränge ich den Gedanken beiseite. Der Rückweg dauert auf einmal ewig und ist doch viel zu schnell zu Ende. Langsam betrete ich das Zelt, in dem sofort alles verstummt. Da sitzt er am Feuer, schaut mir regungslos entgegen. Ich weiß nicht, wie ich nach vorn gekommen bin, doch plötzlich stehe ich vor ihm. Ich schließe die Augen, sinke auf die Fersen und verneige mich dreimal. Erst dann blicke ich auf. Shankar! Liebster!

Er weint. Dicke Tränen rollen über seine Wangen, in den

Bart hinein. Behutsam fasst er nach meinem Tuch und zieht es auch über seinen Kopf. Ganz nah sind sich unsere Gesichter in dem orangen Dämmerlicht, er wischt mir über die verschmutzte Wange, und leise, sehr leise sagt er: »Ich liebe dich, meine Frau.« Dann schneidet er mir den letzten Zopf ab, wickelt ihn in ein Seidentüchlein und steckt ihn in seine Sadhu-Tasche.

Bewegungslos bleibe ich knien. Er hat mich immer noch lieb. Auch ohne Haare, ohne Augenbrauen. Ich bin immer noch seine Parvati. Und mit dieser Zeremonie habe ich aus tiefster Seele besiegelt, dass wir zueinander gehören. Jetzt sind wir wirklich und wahrhaftig verheiratet.

Am liebsten würde ich noch eine Weile unter diesem Tuch bleiben und meinen Kopf an seine Schulter legen. Doch wir sind nicht allein. Langsam zieht er das Tuch weg. »Stark sein, Sundari!« Wie wunderbar von ihm – er nennt mich Schöne. Mit gesenktem Blick drehe ich mich zu den anderen um, und gleich erheben sich aufgeregte Stimmen und Geklatsche. Dazwischen schrillt ein Lachen, es kommt von Anil. Widerstrebend löse ich mich von Shankar und will meinen Platz links von ihm einnehmen, doch da drängt Anil sich vor und hält mir einen Taschenspiegel vor die Nase: »Guck, hier!« Aus dem Rund schaut mich Gollum aus dem »Herrn der Ringe« an. Am liebsten würde ich Anil mitten in sein schadenfrohes Gesicht schlagen. Natürlich, das war die Rache für den Neandertaler. Die anderen beschimpfen ihn, und Shankar schickt ihn mit rauer Stimme hinaus.

Anil sollte tagelang nicht zurückkehren. Ich aber ging an diesem Abend bald schlafen. Shankar sorgte dafür, dass unser privates Zelt leer war und auch blieb. Die nächsten Tage verbrachte ich sehr zurückgezogen. Der Verlust meiner Haare hatte mich dünnhäutig werden lassen. Immer wieder musste ich an meine Großmutter denken. Wie gut, dass sie mich nicht sehen konnte! »Warum schingelierst du dich so«, hatte sie früher immer gesagt, wenn ihr mein Äußeres nicht gefiel – wenn sie meinte, ich hätte mich verschandelt. Jetzt hatte ich mich schingeliert wie nie in meinem Leben. Aber nie zuvor ließ Shankar seine Nasenflügel so oft tanzen wie jetzt. Er fütterte mich mit Süßigkeiten, betupfte meinen kahlen Kopf mit Öl und brachte mich zum Lachen, indem er Om-Zeichen darauf malte. Manchmal löste er seine zwei Meter langen Haare und hielt sie zum Scherz über meine Glatze. Und langsam erholte ich mich. Mir fiel auf, mit welchem Respekt, welcher Ehrfurcht mir die Leute begegneten. Jetzt war ich ganz offiziell Sadhvi. Auch einen neuen Namen hatte ich bekommen: Savitri, nach einer Königstochter aus der indischen Mythologie.

Mehr und mehr verschwand die Dünnhäutigkeit, und ich spürte ein neues Selbstbewusstsein: Ich hatte die Illusion von Stolz, Stärke und Unverwundbarkeit aufgegeben, die für mich mit meinen Haaren verbunden gewesen war. Ich war standhaft geblieben und hatte alles geopfert. Je öfter ich mir das klarmachte, je öfter ich mir meinen neuen Namen vorsagte, desto kräftiger fühlte ich mich. Eine andere Form des Stolzes und der Stärke entwickelte sich – eine, die auf etwas Größerem, etwas Universellem gegründet war. Auch die Ordensbrüder schauten mich nun anders an. Nicht im Traum ahnte ich daher, wie gefährdet ich in Wirklichkeit war.

Tage später setzte sich nach einer Zeremonie ein alter Sadhu links neben mich. Er sah nicht besonders gesund aus. Ich empfand Mitgefühl und reichte ihm einen Chai. Shankar kannte ihn wohl nicht, denn er sprach ihn nicht an. Zum Dank für den Tee kramte der Alte in seiner Tasche und bot mir eine Bidi an. Erfreut griff ich zu: Mein eigener Vorrat war schon länger aufgebraucht. Ich zündete die Bidi an und nahm einen Zug. Mir gegenüber saßen Anil und Rahul, sie schauten zu mir her und tuschelten. Lass sie gucken, dachte ich und rauchte in Ruhe zu Ende. Dass der Alte neben mir entsetzlich hustete, registrierte ich nur nebenbei.

Wenig später fing auch ich an zu husten.

22

Dunkle Mächte

Wir fuhren alle zusammen nach Benares. Es hatte ein schöner Abschluss unserer Reise zur Kumbh Mela sein sollen, doch es wurde ein Wettlauf gegen die Zeit, denn ich war sterbenskrank. In Benares lag ich im Eingang unseres Zeltes, das nahe dem Ganges aufgestellt war, und hustete und spuckte in einem fort Blut. Shankar träufelte mir heiße Milch mit Ghee und Honig in den Mund und sprach seine Mantren, aber ich sah den Tod auf mich zukommen. Er schreckte mich nicht – für die Hindus ist es sogar ein Glück, in Benares zu sterben, in der Stadt Shivas. Ich empfand keinerlei Reue, Wehmut oder Angst, ich hatte ja meine große Liebe gefunden. Jetzt war ich bereit. Ich würde vorgehen und auf Guruji warten.

Er aber wollte mich nicht gehen lassen. Er besorgte Medikamente, und dann reisten wir weiter nach Norden, nach Haridwar. Unterwegs hielt er meine Hand – zum ersten Mal vor aller Augen. In Haridwar brachten sie mich zuerst in eine Apotheke. Dort war ein alter Mann, der mich durchdringend anschaute und dann mit Shankar sprach.

»Deviji, er sieht deine Aura und meint, dass du sterben wirst, wenn du nicht sofort ins Krankenhaus kommst.«

Wieder trugen sie mich fort, diesmal in ein Hospital. Dort diagnostizierte ein Arzt Tbc bei mir.

Zwei Wochen lang lag ich im Krankenhaus. Shankar wachte die ganze Zeit über mich, zusammen mit uns nahestehenden Sadhus. Am Ende der zweiten Woche war ich über den Berg, und die Ärzte erlaubten, dass ich das Krankenhaus verließ.

Es ist Nachmittag. Ich sitze auf der Bettkante und übe zu atmen. Morgen ziehen wir zu den anderen in Shankars Tempel. Wir sind ja in Haridwar, hier steht ein Tempel von Guruji. Und Rahul ist hier zu Hause.

Die Tür zu meinem Krankenzimmer geht auf, Shankar und Rahul kommen herein, in ihrer Mitte eine alte Frau, der sie einen Stuhl hinstellen. Die Alte setzt sich genau vor mich hin und starrt mich an.

Was soll das?

Jetzt schickt Shankar Rahul hinaus.

»Wer ist die Frau?«, fragte ich.

»Rayi, mein Schatz, sie ist eine Hellseherin.«

Die Alte hat vielleicht noch zwei Zähne im Mund, aber ihr Blick ist so durchdringend, dass ich mich wie geröntgt fühle. Voller Unbehagen schließe ich die Augen. Ich will sie nicht sehen. Und sie soll mich nicht anschauen.

Da beginnt die Frau auf Hindi zu reden. »Ja«, erwidert Shankar immer wieder, »ja!« So viel verstehe ich.

Schließlich halte ich es nicht mehr aus. »Was sagt sie?«

»Sie sagt, dass du eine uralte Seele bist. Dass du durch viele Inkarnationen gegangen bist.«

Das überrascht mich nicht, es ist meine eigene Überzeugung seit vielen Jahren. »Und weiter?«

»Du wirst wieder gesund.«

Ist das wirklich alles? Ich öffne die Augen.

Die Alte ist verstummt. Sie nickt mir zu, steht auf und lässt sich von Shankar hinausgeleiten. Ich bleibe auf dem Bett. Mir ist sehr merkwürdig zumute. Als Shankar zurückkommt, greife ich seinen Arm. »Was hat sie außerdem gesagt?«

Er setzt sich neben mich aufs Bett, nimmt meine rechte Hand und betrachtet sie, als könne er dort lesen, was die Frau noch gesagt hat. Dann legt er die Hand sanft in meinen Schoß zurück. Sein Blick ist ernst wie kaum jemals zuvor. »Sie hat gesagt, dass du reingelegt worden bist.«

Komisch, ich erschrecke nicht. Als hätte ich es schon geahnt.

Shankars Tempel hatte einen marmornen Fußboden und auch Säulen aus Marmor. Wir schliefen zu zehnt in einem großen Raum. In der Mitte brannte in einer Vertiefung der Dhuni. Shankar passte auf, dass ich weiterhin die großen Tabletten nahm, er wachte über jeden meiner Schritte. Am liebsten hätte er mich an die Leine gelegt. Mir war seine Sorge lästig. Auch wenn ich noch schwach war und zum Gehen einen Stock brauchte – ich musste raus in die Sonne und mich bewegen. Mir war, als hätte ich hundert Jahre stillgelegen.

»Geh nirgendwo rein«, schärfte Shankar mir ein, wenn er mir gestattete, für eine Viertelstunde auszugehen. »Nimm keinen Tee an, auch nichts anderes. Sieh dich vor.«

»Versprochen, Guruji«, sagte ich dann und entwischte, bevor er noch mehr Ermahnungen vorbringen konnte. Den Aufpasser, der mir in einigem Abstand folgte, ignorierte ich, und manchmal hängte ich ihn ab. Nicht dass ich Shankars Ängste nicht ernst nahm. Aber ich war ja nicht gestorben.

Wer hatte mich reingelegt? Immer wieder fragte ich mich das, wenn ich sonnenhungrig im Freien war. Wer hatte Grund, mich nicht zu mögen? Anil. Mir fiel nur Anil ein. Hasste er mich so sehr, weil er Guruji wieder für sich haben wollte? Aber selbst wenn – war er zu einer solchen Tat fähig? Langsam ging ich die Straßen entlang. Meine Finger umschlossen dabei fest den Knauf meines Gehstocks, einen schön geschnitzten Schlangenkopf – ein Geschenk von Shankar.

Um vier Uhr früh weckt Shankar mich. Was ist los?

»Wir fahren, nur wir zwei. Schnell, nimm deine Sachen.«

»Aber …«

»Frag nicht.« Er zieht mich hoch. Wir greifen unsere Bündel und steigen vorsichtig über die Schlafenden hinweg. Draußen wartet ein Taxi.

Es wird die schönste Reise meines Lebens. Tagelang sitzen wir nebeneinander auf der Rückbank und halten uns heimlich an den Händen. Vorbei an Blumenfeldern geht es, deren weiße Blüten sich mit dem Morgennebel vermischen. Ab und an kommt ein Dorf, ein Tempel steht am Weg, oder eine Kuh trottet neben der Straße her. Im Taxi läuft indische Musik. Räucherstäbchen brennen, und durch das geöffnete Fenster kommt frühlingswarme, aber frische Luft herein und umschmeichelt uns. An jedem Stand halten wir an, und Shankar kauft mir Mangos, Tee und Chapati. Wir übernachten in abgelegenen Ashrams. Guruji scheint überall bekannt zu sein, denn er wird jedes Mal fürstlich bedient. Auch wenn wir immer noch nicht miteinander schlafen, so ist es doch unsere nachgeholte Hochzeitsreise – wunderschön, voller Liebe und gänzlich ungetrübt.

Die Nachricht von unserer Rückkehr ging im Dorf herum wie ein Lauffeuer. Viele kamen zu uns herauf, und wie vor fünf Jahren, als ich krank aus Rajasthan wiedergekommen war, hatte jeder einen anderen guten Rat. Mein kahler Kopf erregte großes Aufsehen, vor allem bei den Frauen. »Oh wie schade«, sagten sie, doch einigen war die Erleichterung anzumerken. Nun war ich wirklich keine Konkurrenz mehr.

Noch immer fühlte ich mich schwach, war abgemagert und sah mit meinen Augenringen aus wie ein Junkie. Shankar pflegte mich, er drängte mir Unmengen von Milch mit Honig, Ghee und Pfeffer auf. Und wenn ich meine Tage hatte, kamen Manju und ihre Freundin zu mir ins Gartenhaus. Mit Asche beschmierte ich mich nur, wenn Sadhu-Schüler uns besuchten.

Ganz langsam gelangte ich zu Kräften. Alle zwei Monate fuhr ich nach Haridwar und ließ meine Lunge kontrollieren. Inzwischen waren meine Augenbrauen wieder nachgewachsen, und den Kopf bedeckten schon neun Zentimeter lange Haare.

Im Sommer besuchte uns Rahul und sprach lange mit Shankar. Zu mir war er freundlich wie eh und je. Auch erkundigte er sich eingehend nach meinem Zustand. Ich aber spürte einen unerwarteten Vorbehalt in mir. Immer wieder musste ich an die Hellseherin denken, während er bei uns am Feuer saß. Und ich suchte in meinem Gedächtnis nach Ungereimtheiten. Warum hatte er stets so aufmerksam dabeigesessen, wenn die Pilger Shankar ihre Gaben brachten? Wie oft war er mit einem Haufen Geld fortgegangen, um einzukaufen, und niemals brachte er so viel mit, wie man davon hätte kaufen können. Noch dazu seine besondere Nähe zu Anil!

»Vertraust du ihm eigentlich?«, fragte ich Shankar, als Rahul wieder fort war.

»Nein.«

»Warum schickst du ihn nicht weg?«

»Ein Lehrer schickt niemanden weg.«

Du siehst schon überall Geister, sagte ich mir und versuchte mich zu beruhigen.

23

Der letzte Abschied

Meine Krankheit hatte mehr verändert, als ich wahrhaben wollte. War sie wirklich ein Anschlag auf mein Leben gewesen? Darüber rätselten Shankar und ich oft, und die Worte der alten Frau begleiteten uns wie ein unsichtbarer Schatten. Im Dorf befolgte ich die Regeln, die er in Haridwar aufgestellt hatte: Ich nahm von niemandem mehr etwas an, und nur bei vertrauten Menschen wie Poojan, Pradeep oder Manju ging ich noch ins Haus. Zwar hielt ich diese Vorsicht für übertrieben, denn die Anteilnahme an meiner Gesundung war spürbar und sehr groß. Wenn Gefahr drohte, so sagte ich mir, dann eher von auswärts – von Anil oder von Funktionären in Shankars Umfeld, denen ich unwissentlich in die Quere gekommen war. Doch Shankar zuliebe hielt ich die Regeln ein. Eines frühen Morgens Ende August setzte er sich neben mich an den Dhuni, wo ich soeben mit Aschesieben beschäftigt war.

»Lass uns bald fortgehen, Deviji.«

»Ja, wir fliegen nach Bali, das ist doch ausgemacht.«

Seltsam, sonst sammelt er um diese Zeit Holz. Warum hat er es auf einmal so eilig? Aber gut, wir können die Reise auch gern jetzt planen. »Ich kümmere mich um Flüge. Wie lange bleiben wir?«

»Du verstehst mich falsch, Deviji.«

Etwas in seiner Stimme lässt mich aufhorchen. »Was ist los?«

»Wir gehen zusammen weg.«

»Ja, aber …«

»Und wir kommen nicht hierher zurück. Wir gehen woandershin, auf einen anderen Berg. Der Himalaja ist groß.«

Ich bin fassungslos. Es war immer unvorstellbar für mich, dass er den Tempel verlassen würde. »Du gehörst hierher«, bringe ich schließlich heraus.

»Ich gehöre zu dir.«

»Ist es wegen der alten Frau?«

»Frag nicht weiter.« Er wirkt ruhig und fest entschlossen.

»Lass uns heute Abend darüber reden, Guruji.«

»Ich habe lange nachgedacht. Glaub mir.« Er streichelt meine Wange, steht auf und geht. Mechanisch siebe ich die Asche weiter. Bloß nichts überstürzen! Vielleicht ändert er seinen Entschluss ja doch. Seit Ewigkeiten lebt er hier oben. Wie soll er es schaffen, ohne diesen Tempel zu sein, ohne sein Dorf? Und ich selbst fühle mich hier auch zu Hause – trotz allem und immer noch.

Da siehst du, was du getan hast, meldet sich wieder einmal meine innere Stimme. Du hast ihn von seinem Altar entfremdet. Du hast ihm das Wichtigste genommen, was er hat.

Hör auf! Ich trage keine Schuld. Wir haben einander gefunden, es war vorherbestimmt. Was hätte ich tun sollen?

Ihn in Ruhe lassen. Das hab ich immer gesagt.

Ich knalle das Sieb auf den Boden und laufe nach draußen. Am Brunnen mache ich Halt. Da hinten, auf der anderen Seite des Tals steht das kleine Holzhaus. Einst habe ich darin mit mir gerungen, ob ich gehen soll oder bleiben. Wochenlang habe ich gekämpft. Und er war es, der auf mich zukam. Er hat mir jeden Tag zugewinkt, hat mich eingeladen und mir schließlich seine Liebe erklärt. »Er wusste, was er tat«, sage ich laut.

Ja, Shankar wusste, was er tat – auch in den Monaten nach meiner Krankheit. Heute glaube ich, dass er damals schon ahnte, was kommen würde und wovor er mich nicht würde schützen können. Manchmal hatte er verweinte Augen, oder Tränen liefen ihm über die Wangen, doch nie wollte er mir sagen, was ihn bedrückte. »Nicht so wichtig«, antwortete er stets, wenn ich ihn fragte. Dann versuchte ich ihn mit Scherzen aufzuheitern. Ich nahm an, dass er sich wegen mir Sorgen machte, und das schmerzte mich.

Ich selbst sprach nach jener kurzen Unterhaltung nie davon, dass wir das Dorf endgültig verlassen könnten. Aber er fing immer wieder davon an und schlug mir Almora als neuen Wohnsitz vor, da er auch dort einen Tempel habe. Die Idee gefiel mir. Ob Kumi wohl noch lebte – die störrische Kuh des Bauern, um die ich mich damals gekümmert hatte?

Schließlich konkretisierten wir unseren Plan: Zum Ende des Monats wollte ich nach Europa fliegen, um meine Lunge von einem Spezialisten untersuchen zu lassen. Offiziell hatte ich die Krankheit zwar überwunden, aber ich fühlte mich immer noch sehr schwach und sah auch so aus: bleich und abgezehrt, die Augen tief in den Höhlen liegend. Bei der kleinsten Anstrengung geriet ich außer Atem, und wenn ich den Hang zum Tempel hinaufging, musste ich mich an Bäumen und Felsen hochziehen. Meine Tbc war mit einer

Chemotherapie behandelt worden, doch das sollte ich erst viel später erfahren.

Nach dem Arztbesuch wollte ich mich in Europa zunächst etwas erholen. Später würde ich auf den Weihnachtsmärkten noch einmal Geld verdienen, danach in der Schweiz endgültig alles auflösen, die Wohnung abmelden, die Versicherungen kündigen – und zum neuen Jahr für immer zurückkehren.

»Perfect«, sagte Shankar. »Ein Doktor in der Schweiz – first class!« Er hob den Daumen. »Und dann gehen wir zusammen fort.«

Ich packe meine Sachen, es ist schon spät. Übermorgen reise ich nach Delhi, von dort fliege ich weiter. Noch einmal werden wir Abschied voneinander nehmen, zum allerletzten Mal. Und wenn ich wieder hier bin, werden wir uns einen Platz suchen, an dem wir in Ruhe leben können. Ohne Feinde, ohne Neider, nur wir zwei. Davon haben wir natürlich niemandem erzählt. Die Leute im Dorf wissen nur von meiner bevorstehenden Europareise – ich bin ja so oft in Deutschland und der Schweiz gewesen, um Geld zu verdienen.

Das Packen geht schnell, denn ich besitze kaum noch etwas. Den meisten Platz im Rucksack nimmt der Schmuck ein, der zum Verkauf bestimmt ist. Darüber verstaue ich eine kleine Ledertasche mit Gewürzen.

Shankar auf seinem Asan folgt mir mit Blicken. »Wieder goodbye«, sagt er, als ich meinen Rucksack in die Ecke stelle. »Und dann nie mehr.«

Ich gebe ihm einen Nasenkuss, lege mich auf mein schönes Holzbett und sinniere noch ein wenig herum. Ich brauche Make-up, fällt mir ein – wenn ich Oma in Hilden besuche, muss ich mich schminken, damit ich nicht so fertig aussehe. Da steht Shankar plötzlich auf. Er kommt zu mir und setzt sich auf die Bettkante.

»Rayi, bitte lass uns tun, was Mann und Frau tun.«

Sofort bin ich hellwach. Wir haben öfter darüber gesprochen, seit es mir wieder besser geht, aber bislang konnte ich ihn stets davon abbringen. Ich bin mir immer noch unsicher, ob wir diese Ebene in unsere Beziehung überhaupt miteinbeziehen sollten. »Es ist nur für Leute, die Kinder wollen. Und wir wollen ja keine«, habe ich stets abgewehrt. Dass ich gar nicht schwanger werden kann, habe ich ihm nie erzählt – ein Arzt hat mir vor langer Zeit erklärt, meine Eileiter seien verklebt. Schade ist es schon, habe ich in den letzten Jahren öfter gedacht. Denn wenn ich ein Kind hätte haben wollen, dann nur von ihm, Shankar.

Jetzt, an diesem Abend zwei Tage vor meiner Abreise, scheint Shankar fest entschlossen. »Ich möchte es so gern erfahren, bevor meine Seele diesen Körper verlässt.«

Ich setze mich auf und schaue ihm in die Augen, in seine großen, dunklen Augen, in die ich mich vor sechs Jahren sofort verliebt habe.

»Lass uns damit warten, bis ich zurückkomme, Liebster.«

»Nein, jetzt – bitte, Deviji!« Er faltet seine Hände, verneigt sich und schaut mich sehnsüchtig an. Und ich weiß nicht, warum – mein Widerstand, den ich so lange hartnäckig aufrechterhalten habe, er schmilzt dahin. Verschwunden sind die alten Bedenken, ich könnte sein Seelenheil gefährden. Er ist frei, genau wie ich. Er kann selbst entscheiden, ob er wegen einer neuen Erfahrung von seiner jahrzehntelangen Askese lassen möchte. Mittlerweile weiß ich von einigen Sadhus, die eine Familie haben und ihre Bestimmung trotzdem ausüben. Ich wäre seine erste Frau, huscht es mir durch den Kopf.

Unverwandt schauen wir einander an, bis ich mein Gesicht dem seinen nähere und ihn vorsichtig auf seinen schönen Mund küsse. Er legt sich hin, zieht mich mit, und seine Lippen tasten sich über meinen Mund, meine Nase, meine geschlossenen Augen. Plötzlich spüre ich eine Regung unter seinem Lungi. Doch seine Hand berührt mich nur oberhalb der Gürtellinie. Er hat wirklich keinerlei Erfahrung. Auch dass es einfacher wäre, sich zu entkleiden, fällt ihm nicht ein. Ohne Eile entledige ich mich meines langen Unterrocks. Doch da, plötzlich, reißt er mir so stürmisch den Slip vom Leib, dass der dabei in Fetzen fällt. Ich muss lachen: Sein Gesicht glüht, als hätte er soeben eine Offenbarung gehabt. Mit Schwung wirft er seinen Lungi in die Ecke, und hervor tritt, was ich nie für möglich gehalten hätte.

»You like?«

»Oh yes.«

Dann beugt er sich über mich und küsst mich wieder. Beim Folgenden muss ich ihm ein wenig helfen … Halleluja, ich hatte ganz vergessen, wie sich das anfühlt!

Nach wenigen Minuten der Vereinigung und einem tiefen, rauen Ausatmen von Shankar verharren wir in der Umarmung, die Blicke in unendlicher Liebe ineinander versunken.

»Hat es dir gefallen?«, frage ich leise.

»So schön! Noch mal?«

»Nein, nicht noch mal, mein Liebling.«

Er sinkt entspannt auf meine Brust. Zufrieden schließe ich die Augen und streichele seinen Rücken. Zwar war dieser Liebesakt nicht unbedingt die Erfüllung dessen, wovon Frauen träumen. Aber das brauchte er auch nicht zu sein. Er war ein Geschenk.

In dieser Nacht kehrt Shankar nicht auf seinen Asan zurück. Er liegt von hinten an mich geschmiegt, sein Körper ist wie eine warme, lebendige Schale an meinem Rücken. Tief atme ich ein und wieder aus und spüre seine weiche Haut an meiner. Wie lange ist es her, dass mich – als Baby, als kleines Kind – der harte Gips am Rücken drückte? Auf einmal fällt mir die Magnolie ein. Was hatte sie mir versprochen, als ich bewegungslos unter ihr lag? Dass ich erlöst sein würde, wenn ich nur vertrauen könnte. Sie hat Wort gehalten. Ich bin frei. Und ich kann Nähe und Berührungen zulassen.

Einmal wache ich in dieser Nacht auf und spüre Shankar hinter mir. Seine Hand ruht auf meiner Brust. Im Halbschlaf lege ich meine darüber. Du meine Liebe. Meine große, einzige Liebe.

Am nächsten Morgen ist Shankar wie ausgewechselt. Er hat rote Wangen, die Augen glänzen, und seine Bewegungen sind noch dynamischer als sonst. So viel Jugendlichkeit und Kraft strahlt er aus, solch ein inneres Leuchten – als ob er zum ersten Mal wirklich in seinem Körper angekommen wäre.

In unserer letzten Nacht vor meiner Abreise bleiben wir lange wach. Wir sitzen am Feuer und reden, reden – über uns, unsere Zukunft … Erst gegen Morgen schlafen wir für zwei Stunden ein. Als Shankar mich weckt, steht schon Tee für mich bereit. Ich setze mich nach draußen auf die Stufen und schließe die Finger um den Becher. Der Tee dampft in der kalten Morgenluft. Wir schweigen beide. Wir haben uns alles gesagt.

Wenig später kommt Poojan herauf. Er trägt mir meinen Rucksack bis zur Bushaltestelle. Shankar und ich folgen ihm langsam. Unten im Dorf stoßen Pradeep, Manju und zwei, drei andere zu uns. Gemeinsam warten wir an der Haltestelle, tauschen Nichtigkeiten aus.

Als der Bus kommt, schlägt mein Herz heftig. Auf einmal möchte ich umkehren, möchte wieder den Berg hinauf und zurück in den Tempel. Ich schaue Shankar an. Bleib ruhig, ermahne ich mich. Es ist der letzte Abschied. Du gehst nur kurz in die Schweiz, zum Arzt, dann kommst du wieder. Es ist vernünftig. Ich zwinge mich zu einem Lächeln und drücke allen die Hand. Zuletzt verneige ich mich vor Shankar und spüre seinen Segen auf meiner Stirn. Ein letztes Mal tanzen unsere Nasenflügel in geheimer Liebeserklärung. Dann steige ich in den Bus.

Durchs Fenster sehe ich ihn stehen, ich sehe nur ihn. Er hat sich in seinen rotumrandeten Wollschal gewickelt und hält ihn sich vor den Mund, weil es so kalt ist. Da fährt der Bus an. Shankar läuft ein paar Schritte mit, unsere Blicke halten einander fest. Der Bus rollt schneller, und Shankar bleibt stehen, er winkt, ich winke. Immer kleiner wird seine Silhouette, und jetzt ist sie hinter einer Biegung verschwunden.

Ich kann ihn doch bald wieder in die Arme schließen, warum muss ich jetzt so fürchterlich weinen? Mein Blick klammert sich an das Tal und den glitzernden Fluss, an dem wir oft saßen, wenn er mir vorlas. Wenn ich zurück bin, werde ich für immer mit Shankar leben.

24

Verrat

Ich blieb vier Tage in Pahar Ganj, besorgte Räucherstäbchen und Kleider für die Weihnachtsmärkte und suchte nach einer besonderen Schmuckschatulle, die ein Kunde bei mir bestellt hatte: einem silbernen Elefanten, innen hohl und mit Häkchen für Ringe und Ohrringe. Am letzten Tag trieb ich einen auf. Er war groß, schwer und innen ganz mit lila Samt ausgekleidet. Ich ließ ihn sorgfältig einpacken – mit Blisterfolie, Klebeband und zwei Schichten Zeitungspapier darüber. Schließlich steckte der Verkäufer das Ganze in eine gelbe Plastiktüte. In meinem Hotelzimmer verstaute ich das unförmige Paket in meinem Rucksack, stopfte meine beiden Wolltücher obenauf und überlegte: Noch hatte ich ein paar Stunden Zeit. Ich könnte etwas essen, dann in einen Tempel gehen und danach den Rucksack aus dem Hotel abholen und zum Flughafen fahren. Ein guter Plan, wie ich fand.

Seltsam, in diesem Chai-Shop hat sich kaum etwas verändert, seit ich hier zum ersten Mal saß. Aber mein Leben hat sich um hundertachtzig Grad gedreht. Und morgen um dieselbe Zeit bin ich in Zürich. Meine Freunde dort werden sich wundern, wenn sie mich sehen. »Was auch immer sie sagen oder tun, erinnere dich an das, was du weißt, und wende es an«, hat Shankar mir noch eingeschärft. Hoffentlich bekomme ich

249

schnell einen Arzttermin. Hoffentlich ist meine Lunge okay. Ich brauche dringend eine Aufbaukur und …

»Sabrina!« Ein Schrei, und Jutta stürzt auf meinen Tisch zu. Sie wirkt völlig fertig, mit tiefen Ringen unter den Augen, das Haar ist strähnig und verschmutzt, ihr T-Shirt fleckig.

»Jutta! Was machst du hier, was ist los?«

»Du musst mir helfen, bitte, Sabrina, mir ist was Schreckliches passiert, ich hab keinen Pass mehr, kein Geld, ich kann mein Hotel nicht bezahlen …«

»Setz dich erst mal. Beruhig dich doch! Komm, ich bestell dir was.«

Zitternd lässt sie sich auf einen Stuhl fallen und starrt mich aus fiebrigen Augen an. »Du hast es gemacht, ja? Bist Sadhvi geworden? Aber müde siehst du aus. Ein Glück, dass ich dich hier getroffen habe! Hilfst du mir?«

»Jetzt erzähl mal der Reihe nach!«

Doch viel ist nicht aus ihr herauszubekommen. Sie stammelt etwas von einem Hotel in Old Delhi, in dem sie mit drei anderen gewesen sei, und dass bei einer Rückkehr aufs Zimmer alles weg gewesen sei – ihr Pass, ihr Geld, einfach alles.

Sekundenschnell überlege ich. Sie braucht vor allem Ruhe und ein Bett. »Hör zu, du kriegst mein Hotelzimmer, du kannst da duschen und übernachten, ich zahl es dir für eine Woche. Hier hast du Geld, damit gehst du zur Botschaft für deinen Pass.«

Ihr schießen Tränen in die Augen. »Sabrina, das vergess ich dir nie. Ich gebe dir das Geld ganz schnell zurück, versprochen. Ich fahre in die Schweiz, sobald ich meinen Pass hab, ich will da sowieso Leute besuchen. Es tut mir so leid, dass ich dir solche Umstände mache.«

Ihr Essen kommt, und sie schaufelt es gierig in sich hinein. »Also gut«, sage ich, als sie fertig ist. »Ich bringe dich aufs Zimmer und gehe dann für ein paar Stunden in den Tempel. Danach hole ich nur noch kurz meinen Rucksack ab.«

Unterwegs wiederholt sie immer, wie dankbar sie mir sei. Ich bin froh, als wir das Hotel erreicht haben, erkläre dem Mann an der Rezeption kurz die Lage und bezahle das Zimmer eine Woche im Voraus. Schnell ziehe ich für sie noch ein Kleid aus dem Rucksack, das ich auf dem Markt verkaufen wollte. Dann laufe ich zu dem kleinen Ashram weiter, den ich vor Jahren in Pahar Ganj entdeckt habe.

Im Tempel komme ich zur Ruhe. Der Duft nach Räucherstäbchen und der Gesang umhüllen mich. Lange verharre ich vor einer Statue der Parvati. Sie ist aus Bronze und schimmert fast so dunkel wie die Muttergottes in der Grotte von Hilden. Ach Oma, du fehlst mir. Lautlos spreche ich mein Mantra und füge noch persönliche Anliegen hinzu. Mein Herz fließt über vor Dankbarkeit, und ich gelobe der Göttin, alles zu tun, um Shankar glücklich zu machen. Unser beider Zukunft liegt vor mir wie schimmerndes Gold.

Erst nach einer kleinen Ewigkeit reiße ich mich los und eile durch das Gewirr der Gassen zurück zum Hotel. Beim Betreten meines Zimmers verschlägt Wasserdampf mir fast den Atem: Jutta hat wohl ausgiebig geduscht. Jetzt ist sie fort, aber macht nichts. Ich schnappe meinen Rucksack, schärfe dem Wirt ein, dass meine Freundin das Zimmer für eine Woche behalten darf, gebe ihm für sie den Schlüssel und stürze hinaus. Meine Güte, das Silber und die Edelsteine wiegen einiges. »Taxi!«

Am Flughafen gebe ich den Rucksack auf.

Was dann geschah, konnte ich mir lange nicht erklären. Wer spielte mir so übel mit? Wer hatte es auf mich abgesehen? Wieder und wieder drehte ich in den folgenden Monaten jeden Stein in meiner Erinnerung um. Bis sich aus all den Mosaikstücken ein Bild ergab – ein abscheuliches, ein teuflisches Bild.

Da, mein Flug wird aufgerufen. Ich nehme die kleine Tasche mit meinem Geld und den Papieren, darunter auch Shankars Pass, den ich eingesteckt habe, damit er während meiner Abwesenheit nicht verlorengeht. Alles lege ich auf das Rollband, ich gehe durch die Sicherheitskontrolle und will die Tasche wieder nehmen ...

»You wait!«

Was?

Das Band läuft weiter. Ein Kontrolleur greift mich am Arm, nimmt meine Tasche vom Band und zieht mich beiseite.

Was soll das? »Mein Flug! Ich muss zum Gate.«

»You wait here.«

Zwei andere Männer kommen, sie haben meinen Rucksack dabei. Was machen die mit meinem Rucksack?

»Ist das Ihrer?«

»Ja.«

Die beiden machen den Rucksack auf, werfen meine Wolltücher beiseite und ziehen das Paket aus der gelben Plastiktüte darunter.

Mist, den Elefanten werden sie mir wohl wegnehmen.

Die Männer fangen an, das Paket aufzureißen. Jetzt kommt noch einer, er zückt ein Taschenmesser. Zu dritt stehen sie um das Paket herum, verdecken mir die Sicht. Der Mann mit dem Taschenmesser hebt den Arm ... »Nicht«, will ich rufen, »das ist Silber!« Doch meine Stimme erstirbt, denn jetzt johlen die drei, sie drehen sich zu mir um und zwingen mich triumphierend, in das aufgeschlitzte Paket hineinzuschauen. Keine Spur von einem silbernen Elefanten! Einer greift hinein und zieht kleine längliche Päckchen daraus hervor: etwas Dunkles, in Plastikfolie eingewickelt. Immer mehr Päckchen holt er heraus, und ein anderer hält mir zwei davon entgegen, damit ich sie betaste. Die Päckchen sind weich. Was ist das? Das gehört nicht mir. Wo ist mein Elefant? Schlagartig wird mir bewusst, was sie gefunden haben. Dabei kann ich nicht glauben, was gerade geschieht. Hasch! In meinem Rucksack ist Hasch! Mir wird übel und schwindlig. »Nein«, rufe ich, »um Gottes willen«, ich ringe nach Luft, »da war ein Elefant drin, ein silberner Elefant ...« Die drei Männer hören mich nicht, sie lachen und brüllen, sie sind wie irre.

»Das gehört mir nicht«, schreie ich.

»Erzähl das dem Richter!«

Wieder werde ich am Arm gepackt, sie schleifen mich in ein stickiges, halbdunkles Büro und drücken mich auf einen Stuhl. Nur über dem Schreibtisch brennt eine Birne. Plötzlich füllt sich das Büro mit mehreren uniformierten Typen, alle tragen dunkle Sonnenbrillen, einer von ihnen ist sehr groß. Er setzt sich mir gegenüber hinter den Schreibtisch.

»Woher hast du die Drogen?«

»Das sind nicht meine. Die wurden mir im Hotel zugesteckt. Hören Sie, ich bin reingelegt worden, und ich bitte Sie, das sofort nachzuprüfen!« Von der ersten Sekunde an ist mir klar, dass Jutta mir das wohl eingebrockt hat. Es kann nur sie gewesen sein. Aber wieso?

»Noch mal: Woher hast du die Drogen?«

»Ich sag doch, das sind nicht meine.« Es ist völlig unwirklich, was hier geschieht.

»Besser, du erzählst. Wir finden es doch raus.«

»Die Fingerabdrücke, Sie können Fingerabdrücke nehmen. Ich hab nur die gelbe Tüte angefasst und die zwei Päckchen eben. Fragen Sie im Hotel, da ist eine blonde Deutsche, Jutta, die wohnt in meinem Zimmer. Der Mann an der Rezeption kann das bestätigen.«

»Das machen wir später.«

»Was heißt später? Wie lange wollen Sie mich denn hierbehalten?«

»Bis du gestanden hast.«

»Gestanden? Gehen Sie ins Hotel, sprechen Sie mit der Rezeption! Es gibt Beweise, dass ich unschuldig bin.« Mein Flieger ist jetzt sicher weg. Warum unternehmen die nichts? Sie bleiben stur – als ob sie das überhaupt nicht aufklären wollen. Jutta, warum hast du das getan?

Wie lange verhören sie mich schon? Einen Tag? Zwei Tage? Ich habe jedes Zeitgefühl verloren. Shankar, bitte hilf mir! Sie glauben mir nicht. Sie behalten ihre Sonnenbrillen auf, der Große und die anderen, und fragen und fragen immer nur, woher ich das Rauschgift habe. Zermürbt antworte ich immer dasselbe: dass mir das Paket nicht gehört. Dass sie die Fingerabdrücke prüfen und den Rezeptionisten im Hotel fragen sollen. Dass ich unschuldig bin.

»Wohin wolltest du?«

»In die Schweiz. Ich war krank und muss mich untersuchen lassen.«

»Du siehst immer noch krank aus«, sagt einer mit hochgezogenen Augenbrauen.

Sie denken, ich bin auf Drogen. Kein Wunder nach der Tbc.

»Schaut im Rucksack nach, da sind die Rezepte aus der Klinik in Haridwar.« Shankar, bitte!

»Der Rucksack wird gerade untersucht.«

»Ich war lungenkrank. Ich war sechs Monate in Behandlung.«

Ein Mann in Zivil sitzt dabei, er schreibt eifrig mit.

Irgendwann geht einer der Uniformierten hinaus. Nach einer Weile kommt er zurück, sagt, er sei im Hotel gewesen, und der Hotelier wisse von nichts. »Er kennt dich nicht und auch keine blonde Jutta.«

»Den Rezeptionisten müssen Sie fragen, nicht den Hotelier! Holen Sie den Rezeptionisten her!«

»Wenn du jetzt nicht die Wahrheit erzählst«, sagt der Große, »dann stecken wir dich zu den Ratten in den Keller. Da sind ein paar Leute, die nur darauf warten, dich zu vergewaltigen.« Er reißt dem Mann in Zivil das Papier weg und knallt es auf die Tischplatte vor mich hin. »Hier, unterschreib das!«

Der Text ist auf Englisch – das spreche ich zwar, aber ich kann es schlecht lesen. »Ich unterschreibe doch nicht irgendwas.« Es könnte ja ein Geständnis sein.

»Dann schreib selbst was.«

»Das kann ich nicht.«

»Wir diktieren dir.«

Vor meinen Augen dreht sich alles. Die Männer wechseln sich ab, sie können sich zwischendurch ausruhen. Mich lassen sie nur auf die Toilette, ansonsten verhören sie mich ununterbrochen. Ich habe solche Angst. Sie glauben mir einfach nicht. Was ist mit meinen Papieren? Was ist mit Shankars Pass, den ich ebenfalls dabeihatte, weil ich dachte, er sei bei mir sicherer? Shankar, ach, wenn du wüsstest!

Wie in Trance nehme ich den Stift und kritzele irgendwas hin, was sie mir sagen. Dann setze ich meinen Namen darunter. Unter den Namen schreibe ich: »I'm innocent – Ich bin unschuldig.« Das macht sie erst recht wütend. Zwei Uniformierte packen mich an den Schultern, einer rechts, einer links, der Große geht vorweg, und so führen sie mich durch das Flughafengebäude. Draußen ist es dunkel, ein Taxi wartet. Ich werde hineingesetzt, und dann geht es mit hoher Geschwindigkeit durch das nächtliche Delhi, bis hinaus in die Vorstadt und noch weiter. Wohin fahren wir? Sicher sind wir schon eine halbe Stunde von der Stadt entfernt. Mein Gott, ich bin so müde. Und ich habe entsetzlichen Hunger und Durst.

Jetzt hält das Taxi vor einem modernen Haus mit Vorgarten. Ich muss aussteigen, die Uniformierten führen mich durch den Garten bis zur Haustür und klingeln. Nach einer Weile geht die Tür auf, ein Mann mit Brille und in einem Louis-Vuitton-Schlafanzug erscheint auf der Schwelle. Ist das der Haftrichter? Die Uniformierten reden auf den Schlafanzugmann ein. Er diskutiert mit ihnen, scheint sie wegschicken zu wollen. Irgendetwas gefällt ihm nicht.

Viel später erfuhr ich, dass tatsächlich etwas fehlte – ein beweisführendes Formular. Außerdem war bei meiner Vernehmung der wichtigste Kriminalbeamte nicht dabei gewesen. Der Richter hätte sich deshalb weigern können zu unterschreiben. Er hätte sagen können: Wir lassen sie laufen, aber sie soll sich zu unserer Verfügung halten. Doch er war müde und genervt. Er wollte wieder ins Bett. So unterschrieb er, was die Uniformierten ihm hinhielten. Ich wurde wieder ins Taxi geschoben, und es ging zurück nach Delhi.

»Tihar Jail«, sagte der Uniformierte links neben mir.

»Wohin?« Den Namen hatte ich nie zuvor gehört.

»Größtes Gefängnis von ganz Asien«, erklärte er grinsend.

Mit aller Kraft versuchte ich das Gesagte von mir fernzuhalten und mich zu beruhigen. Sie würden schnell herausfinden, dass ich nichts mit dem Rauschgift zu tun hatte. Dies hier konnte in meinem Lebensplan unmöglich vorgesehen sein, es würde sich sicher bald alles aufklären. Es musste einfach ein Versehen sein.

25

Gefangen

Das Auto hält vor einem mächtigen Tor. Es ist in eine Mauer eingelassen, die selbst in diesem nächtlichen Dunkel endlos wirkt. Weiter weg ist ein Wachturm zu erahnen. Wir werden eingelassen, und mit einem Knall schließt sich das Tor hinter uns. Er dringt mir durch Mark und Bein.

Kurz darauf sitze ich wieder vor einem Schreibtisch, und wieder werde ich verhört: Was ich in Indien gemacht hätte, wo ich gewesen sei und wie lange … Ich erkläre erneut meine Unschuld und verlange einen europäischen Anwalt. Der Gefängnisdirektor, sichtlich irritiert durch mein Sadhu-Gewand und die kurzen Haare, erklärt, sie hätten fünfundzwanzig indische Anwälte hier, unter denen ich in den nächsten Tagen wählen könne. Und dass sich, falls ein Missverständnis vorliege, alles aufklären werde. Immerhin sei ich hier im größten Gefängnis Asiens. Der Stolz in seiner Stimme ist nicht zu überhören.

Dann nimmt mich eine Wärterin mit. Wir durchqueren einen Vorhof, biegen mehrfach ab und kommen zuletzt in einen Innenhof. Im spärlichen Licht einer Laterne erkenne ich an einer Seite eine einstöckige, lange Gebäudereihe mit Gittertüren. Die Frau steuert auf eines der Gitter zu, schließt es auf und schiebt mich durch die Öffnung. Dahinter ist es bis auf eine kleine Kerzenflamme dunkel.

»Hallo, ich bin Andrea«, sagt eine Stimme mit Wiener Akzent. »Wie heißt du?«

»Sabrina. Und ich bin hier bald wieder weg. Ich bin unschuldig.«

»Das sagen sie alle. Komm, trink ein bisschen Wasser.«

Im Schein der Kerze zeigt Andrea mir das Holzbett, auf dem ich schlafen soll. Wie in Trance lege ich mich hin. Das alles hier ist ein Alptraum. Oh ihr himmlischen Mächte, was für ein grandioser Irrtum war es, zu glauben, ich sei von euch beschützt! Gar nichts bin ich, im Gegenteil, im Stich gelassen habt ihr mich! Soll ich etwa immer noch an Karma glauben? Daran, dass die Außenwelt mein Spiegel ist, in dem ich mich erkenne? Durch den ich lerne? Wollt ihr mich zerstören? Das hier wird mir ewig anhängen, auch wenn ich morgen wieder freikomme. Und jetzt sagt bloß nicht, dass der gute Ruf auch nur so eine Illusion ist!

Vorwurf um Vorwurf schleudere ich gen Himmel. Ich hadere mit ihm, ich wüte gegen ihn, und zwischendurch falle ich in schockartige Starre, die Arme eng um mich geschlungen, die Augen weit aufgerissen, den Blick ins Dunkel gerichtet. Die kleine Kerze ist längst niedergebrannt.

Zuletzt muss ich wohl doch eingenickt sein, denn als mich ein Husten aufschrecken lässt, ist es schon dämmerig. Erst jetzt merke ich, dass wir zu dritt in der Zelle sind. Das Gitter ist offen, und soeben kommt Andrea mit einer Schale warmem Milchreis herein, die sie mir in die Hände drückt.

»Iss erst mal was.«

Sofort eile ich damit vor die Zelle und halte die nächste Wärterin an, die sich blicken lässt. »Ich muss unbedingt telefonieren. Niemand weiß, wo ich bin.«

Die Frau bleibt kurz stehen, mustert mich. »In einer Stunde kommt jemand.«

Doch niemand kommt, den ganzen Tag lang nicht. Die Wärterin, die am Abend die Zelle verschließt, erinnere ich an mein Anliegen. »Ja, morgen.«

Früh um sechs hocke ich am Gitter, verlange erneut zu telefonieren und einen Anwalt. Die Uniformierte – wieder eine andere – verspricht, sich zu kümmern, aber nichts geschieht. Bis zum Abend sitze ich auf den Stufen vor der geöffneten Zelle und starre auf eine mannshohe Mauer mir gegenüber. Vor der Mauer befinden sich ein Brunnen mit einer breiten Rinne zum Wäschewaschen und daneben ein mächtiger Baum. Mein Blick krallt sich an dem Baum fest. Eine Angst hat sich meiner bemächtigt, die ich längst überwunden glaubte.

»Die sind alle korrupt hier«, sagt Andrea am dritten Morgen und legt mir den Arm um die Schultern. »Komm, wir gehen mal Tee trinken. Du siehst echt fertig aus. Bist du auf Entzug?«

»Herrgott noch mal, nein, ich war krank.«

Wäre Andrea nicht gewesen, ich hätte die erste Zeit im Gefängnis nicht überstanden. Die meisten der Frauen saßen schon länger ein – Andrea seit drei Jahren und die Australierin Carol, die dritte Frau in unserer Zelle, seit fünf. Am längsten war Florence hier, eine der Afrikanerinnen. Sie stammte aus Gambia. Vor zwölf Jahren hatte man sie verhaftet, als sie dabei war, Rauschgift zu schmuggeln. Überhaupt waren Drogen das häufigste Delikt. Fast alle Frauen erzählten lange Geschichten von unglücklichen Zufällen und dubiosen Freunden, auf die sie hereingefallen seien. Den meisten glaubte ich nicht. Doch je mehr mir das bewusst wurde, desto bitterer wuchs in mir die Erkenntnis, dass mir auch niemand glauben würde, am wenigsten die indischen Beamten. Beziehungsweise: Denen war es einfach egal. Hauptsache, sie erhielten einen weiteren Stern an ihrer Brust.

Am Ende der ersten Woche kam eine deutsche Sozialarbeiterin und erklärte mir, sie sei für meine Betreuung zuständig. Einen europäischen Anwalt könne sie mir nicht beschaffen, aber sie könne Briefe zu Shankar und in die Schweiz weiterleiten und versuchen, Kontakt zur deutschen Botschaft herzustellen. Trotz meiner in der Schweiz verbrachten Jahre besaß ich ja immer noch die deutsche Staatsbürgerschaft. Falls ich Geld hätte, würde sie mir zusätzliche Nahrungsmittel und andere Dinge besorgen, die ich bräuchte – Schuhe und Creme zum Beispiel, fügte sie nach einem entsetzten Blick auf meine schrundigen Füße hinzu.

Geld hatte ich noch – auf einem Konto in der Schweiz. Ich gab ihr eine Vollmacht für monatlich hundert Franken nur für meine Versorgung. Wie lang das reichte, wusste ich nicht. So kam ich an Seife, Zahnbürste, etwas Unterwäsche und zusätzliche Kleidung zum Wechseln. Ich verstaute die Sachen in einem kleinen Karton unter meinem Bett.

Währenddessen verging keine Minute, keine Sekunde, in der ich nicht an Shankar dachte. Seine Gegenwart umhüllte mich Tag und Nacht. Innerlich sprach und weinte ich mit ihm, und wenn der Mond am Abendhimmel zu sehen war, dann blickte ich darauf wie auf ein erlösendes Zeichen: Ich wusste, dass im selben Moment auch Shankar zum Mond hinaufschaute und mich mit ganzer Seele suchte. Nachts aber presste ich sein Foto, das sie mir gelassen hatten, an mein Herz und küsste den Ring mit der dreifach gerillten Süßwasserperle. Himmel, wie verloren ich mich fühlte! Wenn nur Shankar meinen Brief erhalten hatte, den die Sozialarbeiterin ihm hatte schicken wollen! Sicher schmiedete er bereits Pläne für meine Rettung.

In der vierten Woche kam eine Wärterin zu mir und sagte, jemand wolle mich sprechen.

Mein Herz klopft wie rasend, als ich den langgestreckten Besuchsraum betrete. Hier herrscht ein Höllenlärm: Ein Gitter trennt uns Gefangene von den Besuchern – die aber müssen Abstand zum Gitter halten und deshalb schreien. Mein Blick irrt über die Köpfe hinweg. Wo ist Shankar? Doch nur zwei Ordensbrüder aus Haridwar stehen auf der anderen Seite.

Er ist nicht gekommen.

»Wo ist Guruji?«, rufe ich zu den Sadhus hinüber und halte mich mit beiden Händen am Gitter fest.

Ihre Lippen formen eine Antwort, die ich nicht verstehe. Ich mache ein Zeichen: Lauter!

»Kailash«, brüllen die beiden.

Kailash?

Dieser heilige Berg liegt in Tibet, im Transhimalaja, Hunderte Kilometer weit fort. Für gläubige Hindus regiert Shiva von dort aus die Welt. Was macht Shankar am Kailash?

»Warum?«, schreie ich.

»Fortgegangen«, schreien die Brüder zurück. »Polizei!«

Aus den Satzfetzen, die von jenseits des Gitters herüberdringen, reime ich mir mühsam zusammen, was geschehen ist. Kripoleute aus Delhi sind ins Dorf gekommen und haben Guruji bedroht: Er solle eine Erklärung unterschreiben, dass ich ihm seinen Pass gestohlen hätte, andernfalls würden sie ihn mitnehmen. Die Dorfbewohner, auch der Polizist, hätten ihn verteidigt – er habe nicht unterschrieben, sagten die Sadhus. Aber nachdem die Kripo das Dorf mit der Drohung verlassen habe, bald wiederzukommen, sei er fortgegangen, Richtung Kailash. Niemand wisse, wo er sei.

Wie betäubt lehne ich den Kopf gegen das Gitter. Shankar! Mein Liebster! Was haben sie dir angetan? Hätte ich bloß nicht deinen Pass mitgenommen – wie dumm von mir zu glauben, es sei bei mir sicherer!

Die Sadhu-Brüder übergeben einem Wärter ein Paket mit Utensilien für die Feuerzeremonie, Nüssen und viel Gebäck für mich. Sie winken mir zu. »Wir kommen wieder«, bedeuten sie mir, und dass sie Guruji suchen werden.

Ich nicke mechanisch und lasse mich zurückbringen. Den restlichen Tag über hocke ich vor unserer Zelle und schaue auf den Baum an der Mauer gegenüber, ohne ihn wirklich zu sehen. Guruji! Mein Ein und Alles, sie haben dich mit hineingezogen in dieses abgekartete Spiel. Mich wollen sie vernichten, und dich haben sie erpresst. Um uns zu schützen, bist du geflohen. Deinen Tempel hast du verlassen, damit sie dich nicht benutzen können, um mir noch etwas anzuhängen. Sie haben dich aus deinem Allerheiligsten vertrieben. Wo bist du jetzt? Weißt du, wo ich mich befinde? Du sorgst dich um mich, das spüre ich mit jeder Faser meines Körpers.

Ich fasste mich rasch wieder und beschloss, Shankar zu suchen, sobald ich hier herauskäme. Noch immer dachte ich, mein Fall müsse sich rasch aufklären lassen. Wieder und wieder ging ich in Gedanken jede Einzelheit durch, die mich in diese Lage gebracht haben konnte. Wenn es wirklich Jutta gewesen war, die mir das Rauschgift ins Gepäck gesteckt hatte – warum hatte sie das getan? Wer hatte ihr geholfen, und woher hatte sie das Zeug? Steckten andere dahinter? Natürlich dachte ich sofort an Anil und seine Eifersucht – er und Jutta kannten einander ja schon lange. Aber hatte Anil etwa von Shankars Pass und von unseren Reiseplänen gewusst? Und was war mit Rahul? Mir fiel das Gespräch wieder ein, das ich mit Rahul wegen Anil und meines Rauschgiftverdachts geführt hatte. Mein Gott, wie naiv ich gewesen war! Falls auch er mit dem Rauschgift zu tun hatte, war ich für ihn durch meinen Einfluss auf Shankar gefährlich geworden. »Vertraust du ihm?«, hatte ich Shankar gefragt, und er hatte verneint. Durchaus möglich, dass Rahul mich hatte beschatten lassen, als ich den Pass organisierte. Vielleicht hatte er, gemeinsam mit Anil, Jutta angestiftet. Ihn vor Gericht zu zerren würde jedoch unmöglich sein, zumal es mir an Beweisen fehlte. Ich musste meine Argumentation darauf konzentrieren, dass Jutta mir das Rauschgift untergeschoben hatte. Ob die Polizisten jemals versucht hatten, sie aufzuspüren?

Alle paar Wochen wurden wir gruppenweise vom Gefängnis zum High Court gebracht, zum Obersten Gericht von Delhi. In langen Schlangen warteten wir Frauen hinter dem Eisentor auf den schrecklichen Sammelbus. Viele Nationalitäten waren hier vertreten, vor allem natürlich Inderinnen – ihr Bereich begann jenseits der halbhohen Hofmauer hinter unserem Brunnen und war organisiert wie ein kleines Dorf. An den Gerichtstagen stand ich mit Diebinnen und Mörderinnen in der Warteschlange, mit übelsten Kriminellen, aber auch mit vielen unschuldig verurteilten Frauen und ihren Kindern – mit solchen, die wegen ihrer Mitgift falsch beschuldigt worden und zum Teil körperlich versehrt waren: verbrannt, verätzt, verstümmelt.

Neben uns sammelten sich die Männer in einer eigenen Schlange. Blicke flogen hin und her, manche bahnten bei der Gelegenheit etwas an und setzten es später durch Briefchen fort, die sie hinter den Baracken der Inderinnen über die Mauer zu den Männern hinüberwarfen. Etwa fünftausend Männer und fünfhundert Frauen lebten im Tihar Jail. Fast jede Nacht ging in unserem Innenhof eines der Zellengitter auf, man hörte Geschimpfe und Geschrei, und ein paar der europäischen Frauen wurden geholt. Schreckensstarr hatte ich in den ersten Nächten auf meinem Bett gelegen und die Schritte gezählt: Wann war ich an der Reihe? Doch bald begriff ich: Es waren immer dieselben Frauen, die am nächsten Morgen mit leerem Blick über den Hof wankten, vollgepumpt mit dem Heroin, das sie sich auf diese Weise beschafft hatten. Die Wärterinnen waren regelrechte Mannsbilder, sie kamen auch tagsüber oft, durchsuchten die Zellen nach Drogen und Zigaretten, sammelten von gewissen Frauen Bestechungsgelder ein und verschwanden wieder.

Einmal sprach mich beim Warten vor dem Gefängnistor ein hochgewachsener Schwarzer an. Er war bestimmt zwei Meter groß und bewegte sich in seiner Schlange im selben Schritttempo vorwärts wie ich in meiner: »Ich bin Ron, ich komme aus Ghana«, raunte er mir zu. »Bald bin ich draußen, dann helfe ich dir.«

Überrascht starrte ich ihn an. Woher wusste er von meinem Fall? Und warum glaubte ausgerechnet er mir, wo mir doch anscheinend niemand glaubte – oder glauben wollte. Ich vergaß ihn rasch.

Vor Gericht sollten uns die Gefängnisanwälte vertreten. Doch der erste legte das Mandat bald als zu »kompliziert und undurchsichtig« nieder. »In drei Monaten bist du draußen«, versprach der zweite. Er brauche bloß 3.000 Dollar. Über meine Sozialarbeiterin bekam er das Geld, ging damit in Urlaub und tauchte nie wieder auf. Der dritte Anwalt verlangte 80.000 Dollar: Dann sei ich binnen zwei Wochen frei. Aber woher hätte ich die Summe nehmen sollen?

Meine Mutter versuchte in der Schweiz Spenden zu sammeln und schrieb mir unterdessen vorwurfsvolle Briefe. Immerhin hielt sie vor meiner Großmutter geheim, was geschehen war. Eigentlich hatten wir Weihnachten zu dritt in Hilden verbringen wollen. Es gäbe Visaprobleme, erklärte sie ihr nun. Und ich schickte über die Sozialarbeiterin eine Ansichtskarte nach Hilden: »Liebste Oma, mir geht es gut, mach dir keine Sorgen!« Wie ich mich nach meiner Großmutter sehnte! Ich vermisste sie fast ebenso sehr wie Shankar.

Natürlich kamen keine 80.000 Dollar zusammen. Aber selbst wenn es gelungen wäre: Das Rechtssystem war korrupt, von der untersten Wärterin bis zur obersten Instanz, und ich war eine Melkkuh. Ich würde so lange gemolken werden, wie ich Geld hatte. Und dann? Was würde danach kommen?

Der vierte Anwalt wollte 5.000 Schweizer Franken, er schien mich ernsthaft vertreten zu wollen. Wir vereinbarten Geld gegen Leistung. Doch er erschien niemals vor Gericht. Von den vier Anwälten, die das Gefängnis mir stellte, kam nur der zweite überhaupt einmal zu einem Termin in den High Court. Immer wurde ich nach fünf Minuten im Verhandlungssaal wieder hinausgeschoben, während derer ein schlechtgelaunter Richter die unklare Beweislage in meinem Fall bemäkelte.

Zwar hatte, so mein zweiter Anwalt, inzwischen ein Zollbe-
amter ausgesagt und von einem Warnanruf eine Stunde vor
meinem Eintreffen am Flughafen berichtet. Zwar waren
meine Fingerabdrücke nur auf der gelben Plastiktüte und
den beiden Päckchen zu finden gewesen, die ich beim Zoll in
der Hand gehabt hatte. »Der Richter wollte dich schon laufen
lassen.« Aber dann habe der Staatsanwalt neues Belastungs-
material gebracht.

»Wieder nichts.« Zurück in der Zelle, genügte dieser Satz,
und die beiden anderen wussten Bescheid. Jede von uns
kannte das Gefühl: Ein Gerichtstermin war vorbei, nun würde
es viele Wochen bis zum nächsten dauern. Wochen, in denen
es nur ums Warten ging und ums Hoffen. Falls es noch Hoffnung gab. Das lässt sich aufklären, bald bin ich frei – diese
Zuversicht hatte ich irgendwann begraben. An ihre Stelle war
die verzweifelte Furcht getreten, dass ich sehr lange im Tihar
Jail bleiben müsste. Zehn Jahre Haft – das forderte der Staatsanwalt.

Ich höre nicht auf zu zählen. Einen Monat, drei Wochen und
drei Tage bin ich jetzt hier. Wenn ich die Zeit nicht mehr im
Auge behalte, habe ich aufgegeben. Deshalb zähle ich weiter.

Die Herbstsonne wärmt mir ein wenig das Gesicht. Ich sitze
im Innenhof unter dem großen Baum unserer Zelle gegenüber. Mittlerweile habe ich entdeckt, dass es eine Magnolie
ist. Eine weiße, sagt Carol. Zuerst hoffte ich, dass es ein gutes
Zeichen wäre: eine Magnolie wie in Hilden, und dann noch
in Weiß, in der Farbe der Unschuld! Ich konnte meine Blicke
gar nicht von ihr lassen und sah sie als Versprechen dafür an,
dass ich bald freikäme. Aber jetzt denke ich nur noch, dass

ich vielleicht immer noch hier sein werde, wenn sie blüht. Ich will diese Magnolie nicht blühen sehen! Ich bin so wütend, so hilflos und gleichzeitig voller Rachefantasien.

Und noch aus einem anderen Grund zähle ich. Meine Mens – sie will einfach nicht kommen. »Ganz normal«, sagt Andrea. »Das ist der Schock. Und du bist zu dürr.« Aber es kommt mir vor, als ob meine Brüste praller wären. Dabei kann ich nicht schwanger werden, der Arzt hat es damals gesagt.

Die Tage vergehen, ohne dass sich etwas ändert. »Lass einen Test machen«, drängt Andrea.

»Von wem kannst du denn schwanger sein?«, fragt die Schwester in der Krankenstation und mustert mich erstaunt.

»Von meinem Mann.«

Schweigen, noch ein Blick. »Wir machen einen Termin und geben dir Bescheid.«

Seither kann ich an nichts anderes mehr denken. Ein Kind hier im Gefängnis, das wäre der helle Wahnsinn. Eine Katastrophe. Wie sollte ein Baby in dieser Hölle überleben, wie sollte ich mit Baby überleben? Wie würde ich es mit einem Kind schaffen, hier herauszukommen und Shankar im Transhimalaja zu finden?

Aber wenn ich doch schwanger wäre? Dann hätte ich von meiner größten Liebe das allergrößte Geschenk bekommen.

26

Am Abgrund

Bald darauf erhalte ich Gewissheit: In unserer einzigen Liebesnacht haben Shankar und ich ein Kind gezeugt. Ich erfahre davon in einem Krankenhaus, in das man mich für den Schwangerschaftstest gebracht hat. Es ist dreckig, dunkel und heiß hier drinnen, es stinkt, und in den Fluren hocken die Leute auf dem Boden.

Wieder sitze ich vor einem Schreibtisch. Zwei Polizisten mit Gewehren stehen hinter mir, falls ich Anstalten mache zu fliehen. Als ich erfahre, dass ich schwanger bin, explodiert mein Herz und löst die gewaltigste Glückswelle aller Zeiten in mir aus. Fassungslos schauen mich ein Arzt, zwei Schwestern und die beiden Polizisten an. »Wollen Sie es behalten?«, fragt der Arzt und wundert sich sichtlich über diese Verrückte, die jubelt, weil sie in Asiens größtem Knast schwanger ist.

»Ja, ja«, lache ich. Auf einmal ist es so hell in meinem Inneren und um mich herum: Ich bekomme ein Kind! Ich trage Shankars Frucht in mir! Ach Liebster, ein größeres Geschenk hättest du mir niemals machen können. Da stecken bestimmt die Götter dahinter!

Selig schwebe ich aus dem Raum, die beiden Polizisten folgen mir. Das dreckige Krankenhaus nehme ich gar nicht mehr wahr. Die ganze Welt ist auf einmal wunderschön. Wie wir ins Gefängnis zurückgekommen sind, weiß ich nicht mehr. Auf dem Innenhof stehen plötzlich alle um mich herum, Andrea, Carol und die anderen, mit Fragezeichen im Gesicht.

»Ja«, ist das Einzige, was ich herausbringe. Sie umarmen und drücken mich, sie freuen sich mit mir. Doch sanft mache ich mich los. Ich muss mich erst mal hinlegen. Wie grotesk das ist: Ich bin im Gefängnis und dennoch unendlich glücklich.

Meine anfängliche Freude machte schon bald einer großen Verunsicherung Platz. War es nicht Wahnsinn, im Gefängnis ein Baby zu bekommen? In dieser Hölle? Was tat ich dem Kind damit an? Und würde ich es überhaupt gut versorgen können? Ich war ja jetzt schon am Ende meiner Kräfte. Zwischendurch strahlte eine große, reine Freude darüber auf, dass ich Shankars Kind in mir trug. Doch dann überfiel mich wieder die Unruhe und quälte mich. Bei der nächsten Kontrolluntersuchung warnte mich zu allem Überfluss auch noch der Arzt vor den Gefahren, denen ein Neugeborenes im Gefängnis ausgesetzt wäre. Stocksteif saß ich vor ihm, und als ich schließlich aufstand, um mich zu verabschieden, lief es warm an meinem rechten Oberschenkel hinunter. Ungläubig starrte ich auf die kleine rote Pfütze, die sich am Boden sammelte. Der Arzt sprang auf, folgte meinem Blick und drückte mich wieder auf den Stuhl: »Sie bleiben hier!«

Ein Ultraschall brachte rasch Gewissheit – dem Fötus ging es gut. Noch einmal kam die Frage: »Möchten Sie das Kind behalten?«

»Ja! Natürlich.«

»Dann müssen Sie erst mal hierbleiben.«

Fünf Tage verbringe ich in dem heruntergekommenen Arme-Leute-Hospital. Ich liege allein in einem Mehr-Bett-Zimmer, auf verrosteten Eisengestellen mit fleckigen Matratzen. Kaputte Leitungen hängen von den Wänden, und auf dem Flur stehen wieder zwei Polizisten mit Gewehr. Um so wenig wie möglich mit dem grauen, zerlöcherten Laken unter mir in Berührung zu kommen, liege ich wie ein Pharao auf dem Rücken, die Hände über der Brust gekreuzt. Und stickig ist es, obgleich ich am Fenster liege. Durch das Loch in der Scheibe dringt wenigstens etwas Luft herein.

Eines Nachts plumpst etwas Großes direkt auf meinen Bauch und springt auf den Boden. Entsetzt fahre ich auf und sehe eine riesige Ratte unter dem nächsten Bett verschwinden. Panisch wickele ich mich von Kopf bis Fuß in meine eigenen zwei Wolltücher, presse die Füße zusammen und schiebe die Hände unter die Achseln. Nichts kommt an mich, an uns heran. Nichts kann uns gefährden, wir sind geschützt. Das verspreche ich dir, mein Engel.

Nur – wie ich dieses Versprechen einlösen soll, das ist mir völlig unklar. Ich kämpfe ja selbst darum, an unser Geschütztsein zu glauben. Ich kann einfach nicht aufhören zu hadern – auch wenn ich tausend Mal weiß, dass ich es mir selbst nur schwerer mache damit. Shankar, Guruji, von dir habe ich gelernt, wie wichtig es ist, den eigenen Geist liebevoll auf etwas Gutes auszurichten. Aber hier und jetzt fühlt es sich an, als ob ich mich mit solchen Gedanken selbst betrüge und verhöhne. Was ist denn, bitte schön, gut an meiner Situation?

Draußen dämmert der Morgen. Noch immer liege ich eng eingewickelt in meine Tücher. Ich muss. Ich muss vertrauen und daran glauben, dass alles einen Sinn hat. Ich muss die Zeichen finden, die mir das versichern.

Langsam weicht die Starre aus meinem Körper. Ich löse eine Hand von der Achsel und lege sie sanft auf meinen Bauch.

Am sechsten Tag wurde ich ins Gefängnis zurückgebracht mit der Ermahnung, mich zu schonen und gut und reichlich zu essen. Meinen im Hospital gefassten Vorsatz versuchte ich einzuhalten. Tatsächlich gab es gute Zeichen – etwa, wenn alle kontrolliert wurden, nur ich nicht. Oder wenn mir jemand half, wenn ich nützliche Informationen bekam. Dann konnte ich daran glauben, dass wir nicht verlassen waren. Trotzdem war es unendlich schwer. Nicht nur die körperliche, auch die seelische Erschöpfung machte mir zu schaffen. Ich war des ewigen Lebenskreislaufs so müde – am liebsten hätte ich aufgegeben, wäre ausgestiegen. Aber der Gedanke an das Kind trieb mich von Tag zu Tag vorwärts.

Ich habe Hunger. Seit klar ist, dass ich schwanger bin, bekomme ich mehr Milchreis zum Frühstück, aber das reicht nicht. Ich habe solchen Hunger, ich könnte die Wände ablecken. Noch drei Stunden bis zum Mittagessen, und auch danach werde ich nicht satt sein von dem bisschen Reis, den paar Kartoffeln oder Tomaten.

Müde schleppe ich mich über den Innenhof Richtung Küchengebäude. Dort herrscht Florence, die Afrikanerin, der sie wegen Drogenschmuggels fünfzehn Jahre gegeben haben. Florence ist riesig, ein Mordsweib, ich habe großen Respekt vor ihr. Neulich, als ich an der Küche vorbeikam, winkte sie mich zu sich und drückte mir ein in Zeitungspapier gewickeltes Paket in die Hand: »Schnell, iss!« Sie legte den Zeigefinger an ihre Lippen. In dem Paket waren zwei Chapati und zwei hartgekochte Eier. Ich verzog mich in eine Ecke und schlang alles hinunter.

Seither gehe ich öfter zu Florence in die Küche. Mal hat sie ein paar Kartoffeln für mich, mal etwas Gemüse, Joghurt oder Brot. Sie hat mir auch den Kontakt zu einer Inderin verschafft, die für mich Schlange steht, wenn der Händler kommt. Alle paar Tage werden auf dem Hof Extrarationen Obst und Gemüse verkauft. Doch man braucht nicht nur Geld, sondern auch Ellbogen, um nicht in eine Prügelei verwickelt zu werden und um dranzukommen, bevor alles weg ist. Geld habe ich immer noch. Aber durchdrängeln kann ich mich nicht, ich fürchte um das Kind.

Für dieses Kind muss ich alles daransetzen, zu überleben und herauszukommen – auf welchen Wegen auch immer. Wenn es nicht legal über das Gericht geht, dann muss ich eben einen anderen Weg finden. Dann werde ich lügen und betrügen – ganz einerlei. Rauskommen muss ich auf jeden Fall! Denn hier drin werden sie es mir irgendwann wegnehmen und in ein Heim stecken. Was dann mit ihm geschieht, weiß niemand. Das sagen jedenfalls die Inderinnen, die in den unübersehbar vielen Gefängnisbaracken jenseits unseres Hofes untergebracht sind.

Ich gehe oft zu den indischen Frauen. Vor sieben Jahren bin ich zum ersten Mal in dieses Land gekommen – ich lebe schon so lange hier, dass ich mich ihnen näher fühle als meinen Zellengenossinnen. Ich sitze in ihrem Kreis und lausche dem Singsang ihrer Gespräche, von denen ich kaum etwas verstehe, doch ich lasse mich davon tragen. Manche der Gesichter sind von Narben entstellt – sie stammen von Säure-anschlägen und Verbrennungen. Mit welchem Mut diese Frauen die schlimmsten Schicksale ertragen! Sie strahlen immer noch Lebensfreude aus, sie waschen ihre Wäsche, färben sich die Haare, und eine Stunde am Tag dürfen sie Musik machen. Oft halten sie meine Hand und trösten mich: »Habe Mut! Auch Gott Krishna wurde im Gefängnis geboren.« In den Baracken der Inderinnen leben viele Kinder. Aber keines ist älter als sechs Jahre.

Nein, aufgeben war keine Option. Aber objektiv hatte ich immer weniger Grund zur Hoffnung, je länger ich im Tihar Jail saß. Die Zeit verging, die Anwälte wechselten, und immer noch gab es keine Fortschritte. Von meiner Mutter kam eine bitterböse Antwort auf die Nachricht von meiner Schwangerschaft: Wie blöd man sein müsse und dass sie das Blag niemals sehen wolle. Die Sozialarbeiterin, die mir den Brief brachte, konnte es nicht fassen. Für mich bedeutete er den Verlust aller Illusionen, die ich bis dahin noch über meine Mutter gehabt hatte. Innerlich brach ich endgültig mit ihr.

Meine Zellengenossinnen hielten zu mir. Carol überließ mir ihre neue Matratze, damit ich weicher liegen konnte. Meine Oberschenkel waren vom Liegen auf dem Holzbett ohne Unterlage schon wund und aufgeplatzt. Zum Dank gab ich ihr und Andrea von dem Süßgebäck ab, das die Sozialarbeiterin mir mitgebracht hatte, und ich schenkte ihnen Hautöle, ebenfalls von draußen besorgt, sowie einen Gutschein für die Massagen, die hier gelegentlich mal angeboten wurden.

Aber unsere Möglichkeiten, einander zu unterstützen, waren begrenzt. Jede hockte in ihrem eigenen Abgrund aus

Verzweiflung und Depression. Viel zu reden gab es nicht – unsere Lebensgeschichten hatten wir einander längst erzählt. Wir wussten alles voneinander, hatten alles hinterfragt und beweint, hatten einander und auch uns selbst bemitleidet und verflucht. Wir gingen durch die Hölle, jeden Tag neu. Selten, sehr selten entlockte uns eine komische Situation ein Lächeln, ein zaghaftes Lachen.

An manchen Tagen flüchtete ich mich in den Schlaf. Ich schlief vom Frühstück bis zum Mittagessen und danach wieder, bis zum Abend. Denn die Zeit dehnte sich quälend, und die Ohnmacht, das Gefühl, ausgeliefert zu sein, führten zu einer Starre, die auch körperlich schmerzte. Oft musste ich an das Gipsbett denken. Wie ähnlich meine Situation doch jetzt hier war! Was hatte es mit mir, mit meiner Seele zu tun, dass ich immer wieder so etwas erleben musste? Zu glauben, dass dies alles für irgendetwas gut sein könnte, erschien mir jedenfalls als zu verrückt.

Die Sadhu-Brüder besuchten mich noch ein zweites Mal und konnten nichts Neues berichten. Ich erzählte ihnen von der Schwangerschaft und bat sie, alles dafür zu tun, dass Guruji es erfuhr. Aber auch wenn Shankar physisch weit fort war, spürte ich seine Präsenz. Ich wusste ihn ununterbrochen nahe bei mir, er unterstützte mich seelisch nach Kräften, dessen war ich mir sicher. Wenn ich die kleine Wölbung meines Bauches mit dem Mandelöl einrieb, das die Sozialarbeiterin mir beschafft hatte, sprach ich dem Kind in mir gut zu und erzählte ihm von seinem Vater – von dem wundervollen Mann, der er war, von seiner Weisheit, seinem Schalk und von der tiefen Liebe, die uns verband. »Wir schaffen das«, sagte ich zu dem Ungeborenen. »Hab keine Angst! Wenn wir frei sind, gehen wir zu deinem Vater. Wir finden ihn! Wir werden alle drei zusammen sein.«

Es ist früher Morgen, die beiden anderen schlafen tief. Ich taste zwischen meinen Sachen nach der Stecknadel, die ich mir organisiert habe, und schleiche mich damit hinter den Vorhang, der das Plumpsklo an der Rückwand unserer Zelle abteilt. Ich erhitze die Spitze der Nadel an einem brennenden Streichholz und halte dann den Atem an: Gleich wird es wehtun! Ich brauche mehrere Anläufe, bis ich es schaffe, die Nadelspitze tief genug in die Kuppe des linken Mittelfingers zu stechen. Da, jetzt kommt Blut, aber noch nicht genug. Ich presse, damit es mehr wird, und tupfe das Blut auf eine frische Binde, die ich in meinen Slip lege. Schnell verstecke ich die Nadel und hocke mich vors Zellengitter. Mit einem Kuli klackere ich zwischen den Gitterstäben hin und her: »Help please, help!« Ich schreie, so laut ich kann. In der Morgenstille hallt es über den ganzen Hof. Nach wenigen Minuten schleppt sich eine schlaftrunkene Wärterin herbei. Unter den besorgten Blicken von Andrea und Carol mustert sie das Blut in meinem Slip. »Again?«, fragt sie ungläubig. »My Baby!«, jammere ich und dass ich schon wieder Schmerzen habe.

Kurz darauf fährt mich ein Taxi ins St.-Stephen's-Hospital in Old Delhi – es ist ein besseres Haus als dasjenige, wo ich zum Schwangerschaftstest war. Dem Kind darf nichts passieren, hat die Sozialarbeiterin gesagt. Würde ich es verlieren, dann bekäme das Gefängnis so richtig Probleme. Hab keine Angst, mein Kleines, spreche ich dem Kind unterwegs lautlos zu. Ich tue alles, damit du es gut hast.

27

Vollmondnacht

Mein Mantra ist verstummt. Wie soll ich noch an einen göttlichen Plan glauben nach dieser langen Zeit? Im November haben sie mich verhaftet. Jetzt ist April, und ich bin im siebten Monat schwanger. Noch immer gibt es Tage, an denen ich nicht fassen kann, was mit mir geschehen ist. Es heißt ja, man würde durch seine Gedanken seine eigene Realität kreieren. Wenn das stimmt, muss ich definitiv verrückt sein.

Es ist unerträglich heiß. Ich kauere auf dem Betonboden, ein nasses Laken liegt über den Schultern. Wasser tropft herunter. An der Decke dreht sich träge der Ventilator. Vorhin war ich im Tempel, dem kleinen Gefängnistempel – man muss über das Gelände der Inderinnen gehen, um dahin zu kommen. Eigentlich ist es nur eine Holzbaracke auf einem Plateau, zu dem sieben hölzerne Stufen hinaufführen. Auf der Treppe liegt Reis, und Briefchen stecken zwischen den Ritzen. Im Tempelinneren gibt es eine Statue der Göttin Lakshmi, geschmückt mit verdorrten Blumen und Räucherwerk. Eine Ghee-Lampe brennt Tag und Nacht.

Ich kann nicht mehr beten, und auch das Denken fällt mir schwer. Aber ich bin die Puja-Zeremonie und meine Atemübungen so gewöhnt, dass ich jeden Morgen in den Tempel gehe. Ich besuche einfach die Lakshmi.

»Bitte hilf mir«, sage ich zu ihr, »ich weiß nicht mehr, was ich machen soll.«

Das Laken tropft immer noch, auf dem Fußboden sammelt sich eine Lache. Mit der Rechten streiche ich über meinen gewölbten Bauch. Florence, die liebe Florence hat ihn gestern eingeölt, ganz sanft ist sie mit ihren riesigen Händen darübergefahren. Ich habe währenddessen die Augen geschlossen, den Kopf an ihre Schulter gelegt und versucht, nicht an Oma zu denken. An Omas Hände und wie sie mich tröstet: »Komm Kind, ist nicht schlimm. Das wird alles wieder gut.«

Nichts wird wieder gut, flüstert eine Stimme in mir.

Eine andere sagt: Du musst es schaffen. Du wirst es schaffen. Aber wie? Um Himmels willen, wie?

An manchen Tagen war ich so niedergeschlagen, dass ich kein einziges Wort herausbrachte. Doch immer wieder versuchte ich mich aufzuraffen und irgendwoher Mut zu nehmen, Mut für das Baby. Shankars Kind sollte nicht unter den Gefühlen seiner Mutter leiden. Etwas Halt gaben mir die spirituellen Bücher aus meinem Rucksack, die man mir gelassen hatte, und als ich in der völlig verwahrlosten Gefängnisbibliothek »Die Nebel von Avalon« in einer deutschen Ausgabe entdeckte, war ich eine Zeitlang gerettet. Ich flüchtete mich in den Roman, las und las und lebte ganz in jener fantastischen Welt. Währenddessen lag meine Hand auf meinem schon recht runden Bauch.

Den Schwindel mit dem Blut setzte ich fort. Alle drei bis vier Wochen stach ich mir in die Fingerkuppe, träufelte das Blut in die Binde und alarmierte dann die Wärterinnen. Niemand durchschaute mich, auch Andrea und Carol hatte ich nicht eingeweiht. Die Täuschungsmanöver verschafften mir mehrtägige Atempausen im St.-Stephen's-Hospital, wo ich ein sauberes Bett und besseres Essen bekam und sogar Radio hören konnte.

Mein Trick mit der Nadel ersparte mir auch die regelmäßigen Fahrten zusammen mit den anderen Gefängnisinsassen zum High Court. Statt in einem ungefederten Sammelbus über Delhis holprige Straßen zum Gericht gekarrt zu werden, wurde ich im Taxi dorthin gebracht. Jedes Mal begleiteten mich zwei Bewacher mit Gewehren – offensichtlich hielt man es für möglich, dass ich in meinem Zustand fliehen konnte. Dabei war ich, selbst wenn ich nicht wirklich blutete, weiterhin sehr schwach. Die Folgen der Tbc und ihrer Behandlung hingen mir noch nach. Jedes Mal ließen die Polizisten das Taxi unterwegs halten, damit ich Mangos und Bananen, Honig und Nüsse kaufen und Vitamine aus der Apotheke besorgen konnte. Sie würden eine Ausnahme machen, versicherten sie mir grinsend und bauten sogar noch eine Pause an einem Chai-Shop ein, wo ich Tee genießen durfte. Im High Court dann brauchte ich nicht mehr halbe Tage zusammen mit Dieben und Mördern in einem fensterlosen Warteraum auszuharren, in dem statt eines abgeteilten Plumpsklos ein rostiger Eimer für den Fall stand, dass man sich, vor aller Augen natürlich, erleichtern musste.

Enttäuschungen, weil vor Gericht in meinem Fall nichts vorwärtsging, ersparte mir diese Extrabehandlung allerdings nicht. Als im Frühjahr eine andere Deutsche wegen Heroinschmuggels zu fünfzehn Jahren Haft verurteilt wurde, begriff ich: Wenn der Richter keine Beweise für meine Unschuld bekam, weil sie unterschlagen wurden oder andere Dinge schiefliefen, würde vielleicht auch ich viele Jahre im Tihar Jail bleiben müssen. Da überkam mich unbändige Angst um mein Kind, um Shankars Kind, das sie mir wegnehmen würden, und fieberhaft überlegte ich, wie ich es doch noch schaffen könnte, aus dem Gefängnis herauszukommen. Sollte ich etwa versuchen, während einer der Taxifahrten zu fliehen – in meinem Zustand?

Wieder ist Vollmond. Der Himmel hat sich dunkel gefärbt, und ich sitze allein auf der halbhohen Mauer am Brunnen. Noch eine halbe Stunde, bis wir hineinmüssen. Über mir wölbt sich die weiße Magnolie, die hier bei der Mauer steht. Dieser Baum ist mit der Zeit ein großer Trost für mich geworden. An manchen Tagen hocke ich sehr früh, lange bevor unsere Zelle aufgeschlossen wird, hinter dem Gitter und schaue zu ihm hinüber. Dann höre ich die Tauben gurren, die in den Zweigen sitzen, und muss an die Tauben in Omas Garten denken. Dann streift eine laue Morgenbrise die Gitterstäbe, und ich sauge gierig den Duft von Weite und Freiheit ein.

Doch seit die Magnolie blüht, kann ich nur denken, dass ich das nie hatte sehen wollen und dass ich schon längst wieder mit Shankar vereint sein müsste. Ständig quält mich die Frage, wo er wohl ist und wie es ihm geht. Ich sehne mich so nach seiner Liebe. Zart schimmern die weißen Knospen zwischen den Zweigen, größer und größer werden sie, wie das Kind in meinem Bauch. Sind diese Blüten etwa wieder ein Versprechen für mich – ähnlich dem Versprechen, das mir einst die lila Magnolie im Garten meiner Großmutter gegeben hat, als ich im Gips unter ihr lag? Eines Tages wirst du frei sein – wie ein Echo aus fernen Zeiten klingt es manchmal in mir. Ein Echo, das unverständlich geworden ist.

Auch heute Abend kann mich der Baum nicht trösten. Denn es ist Vollmond, und in meinem Herzen schmerzt die Sehnsucht nach Guruji wie eine klaffende Wunde. Wo auch immer er ist: Genau jetzt schaut er ebenfalls zum Mond hinauf und verbindet sich mit mir. Seine Seele wird die meine niemals loslassen. Ganz deutlich höre ich seine Stimme: »Nichts trennt uns.«

Wie still es auf dem Hof ist! Nur im Baum über mir rauscht leise der Wind, und zwischen den Zweigen leuchtet der Mond.

Oben an seinem Tempel haben Shankar und ich in den Vollmondnächten gemeinsam im Freien gebetet. Mit unseren Händen haben wir vor der Stirn ein Dreieck gebildet, um da hindurch die Energie des Mondes in uns aufzunehmen. Wie nahe wir uns in diesen Nächten waren! Ich spürte die Kraft des Mondes, die in mich strömte – und ich empfand Gurujis Kraft. Alles, alles können wir schaffen, wenn wir nur zusammen sind, das war meine unumstößliche Gewissheit.

Aber jetzt ist es vorbei. Es steht so schlecht um meinen Fall. Keiner der Anwälte, die das Gefängnis mir gestellt hat, hat sich ernsthaft bemüht. Jetzt ist mein Geld beinahe aufgebraucht, und ich kann nicht mehr. Nicht mehr kämpfen und nicht mehr hoffen. Ich habe einfach keine Kraft mehr.

Nur Shankars geliebte Stimme ist immer noch lebendig in mir: »Vertrau und gib dich hin, Bébé. Du bist genau richtig da, wo du bist – immer! Gott hat einen Plan. Bhakti-Yoga, Bébé!« Ich höre innerlich seine Stimme, die Worte. Aber ich kann nichts mehr anfangen damit. Nichts ist mehr richtig.

Alles hat seine Gültigkeit und seinen Sinn verloren. Das Ganze ist nur ein Irrtum gewesen, ein riesengroßer Irrtum. Mein Weg ist zu Ende.

Ich gebe auf.

Macht mit mir, was ihr wollt.

Ich starre zum Himmel hinauf. Meine Augen brennen – nicht einmal mehr weinen kann ich. Es ist vorbei, Shankar. Es ist wirklich und wahrhaftig vorbei.

Da regt sich plötzlich etwas in mir. In meiner Herz- und Magengegend explodiert ein winziger Vulkan, der rasch anwächst und seine Wärme durch meinen Körper schickt. So viel Wärme auf einmal! Sie breitet sich in mir aus, ich schnappe nach Luft, mein Brustkorb wird weit, und ich atme so tief ein wie nie zuvor. Ganz und gar offen bin ich, denn die Wärme ist unermesslich, golden fließt sie überallhin, bis in die Fingerspitzen und Zehen. Sie füllt mich ganz aus und strömt immer noch weiter, bis sie mich völlig umhüllt. Und Liebe ist da! So viel Liebe und Geborgenheit.

Ich kann plötzlich annehmen, was ist.

Diese Magnolie hier kann ich annehmen. Diese Mauer, den Brunnen neben mir, meine Zelle und das ganze Gefängnis nehme ich an. Wenn es so sein soll, dann soll es so sein. Ich akzeptiere es als Teil von mir und wehre mich nicht länger. Das ist so befreiend, so leicht. Plötzlich ist alles überaus klar, ein ganzes Universum hat sich in mir aufgetan. So ist das also mit der Freiheit! Dass sie nichts mit Besitz zu tun hat, mit Status und Erfolg, das wusste ich ja längst. Aber dass sie überall ist, ganz unabhängig von der Situation, in der ich mich befinde, das begreife ich erst jetzt – hier im Gefängnis. Freiheit ist eine Bejahung des Schicksals und des Lebens. Und diese Bejahung kennt keine Grenzen. Endlich bin ich aus dem Hamsterrad der Suche hinauskatapultiert worden – es ist wie eine Heimkehr zu mir selbst. Auf einmal wachsen mir neue Kräfte zu.

Und lieber Gott, wenn du glaubst, dass ich hier im Gefängnis richtig bin, dass mein Kind und ich hier am richtigen Ort sind, dann soll auch das so sein. Wenn du denkst, dass meine Seele für die Menschen hier Dienst leisten kann, dann will ich das tun. Dann entscheide ich mich jetzt bewusst dafür und gewinne auf diese Weise meine Selbstbestimmung zurück.

Ich atme tief ein und lege den Kopf in den Nacken: Durch die Zweige hindurch ist immer noch der Mond zu sehen.

Dieses Gefühl der Wärme in mir bleibt und wird überhaupt nicht weniger.

Bhakti-Yoga! So lange habe ich mich darum bemüht. Jahre habe ich damit zugebracht, es zu meiner inneren Haltung zu machen und in mir zu verankern. Erst jetzt bin ich zu seinem absoluten Verständnis gelangt. Als ob ich durch die größte Not, durch die tiefste Trauer gehen musste, um den eigentlichen Sinn von Freiheit zu begreifen.

Ich rutsche von der Mauer und lege meine Hände an den Baumstamm. Wieder hat die Magnolie ihr Versprechen gehalten. Es ist, als habe sich ein Kreis geschlossen: Ich mag hier eingesperrt sein, so wie ich einst im Gips gelegen habe. Aber meine Seele ist frei. Es klingt absurd, das ausgerechnet im Gefängnis zu erfahren. Aber es ist wahr.

Ich bleibe unter dem Baum, bis es Zeit ist hineinzugehen. »Was ist mit dir?«, fragt Andrea, als ich in die Zelle schwebe –

man sieht mir meine innere Veränderung wohl an der Nasen-spitze an.

»Es geht mir einfach gut«, erwidere ich.

»Warum das denn?«, kommt es fast empört zurück. Doch mehr kann ich nicht sagen. Ich lege mich auf mein Bett und schaue ins Dunkel. Das gibt es doch einfach nicht: Ich bin in Asiens größtem Gefängnis, in der schmutzigsten Kloake, die sich denken lässt, und fühle mich plötzlich glücklich und befreit!

Noch lange liege ich wach in dieser Nacht. Ich versuche das Erlebte mit dem Verstand zu fassen, und wie von selbst ent-stehen Ideen für die nächsten Schritte. Ich will mein Leben hier aus neuer Perspektive angehen.

Am nächsten Morgen holte ich mir die Erlaubnis, die Ge-fängnisbibliothek zu renovieren. Ich fand ein paar indische Mitstreiterinnen, und gemeinsam putzten und strichen wir Fußboden und Wände. Da auch die Kinder mithelfen wollten, besorgte ich noch mehr Farben, und die Bibliothek wurde richtig bunt. Als sie fertig war, räumten wir die entstaubten Bücher wieder hinein. Außerdem ging ich weiterhin täglich zu den Inderinnen hinüber. Ich beschäftigte mich mit ihren Kleinen und zeigte ihnen, wie man mit Steinchen im Sand »Himmel und Hölle« spielt. Auf einmal sah ich überall Auf-gaben. Ich half mal hier und mal dort und bekam viele wert-volle Tipps für die Geburt meines Kindes. Eine Mutter zeigte mir an ihrem zweijährigen Sohn die traditionelle Babymas-sage, eine andere versprach mir, für das Neugeborene ein Schutzritual zu machen. Die Bibliothek wurde gut genutzt. Bei schlechtem Wetter diente sie als Teestube, und oftmals saßen wir im Kreis darin zusammen und sangen, was mir viel Kraft gab.

So vergingen die letzten zwei Monate meiner Schwangerschaft fast wie im Flug. Immer wieder entzückte mich nun ein Händchen oder Füßchen, das sich als Beule an meinem Bauch zeigte. »Bald, mein Liebling«, so sagte ich dann, »bald kann ich in deine Augen schauen.«

28

Lana

Ich bin so glücklich! Ein Wunder, ein perfektes kleines Wunder liegt in meinen Armen: mein Kind. Es ist auf der Welt, und es ist gesund, sagt der Arzt. Erst war ich erschrocken, weil es so schwarz ist am Kopf, aber das sind nur die Haare. Shankar, Liebster, dein Kind hat eine Fülle pechschwarzer, richtig langer Haare und ein süßes Gesicht, es hat deinen Mund und vielleicht auch deine großen Augen. Doch es presst die Augen noch zusammen, es musste sich so sehr anstrengen, um auf die Welt zu kommen.

Als es da war, haben sie mir nicht seinen Kopf, sondern gleich das Geschlecht entgegengehalten: ein Mädchen! Kurz fiel mir unsere Familiendynamik ein, die vielen Frauen und die fehlenden Männer. Ich werde dir deinen Papa zurückgeben, mein Liebes, so schwor ich. Dann schwemmte ein Glücksgefühl ohnegleichen alle Gedanken fort. Schon weit weg ist der Kreißsaal, vor dessen Tür zwei Polizisten standen, um meine etwaige Flucht zu verhindern. Drinnen lag ich mit vielen Gebärenden, jedes Bett war durch einen Vorhang vom nächsten getrennt. Die Vorhänge verdeckten uns nur bis zum Hals: Wenn ich zur Seite sah, blickte ich auf lauter Frauenköpfe – ein abstruses Bild. Fast vergessen sind auch die Wehen, es hat elf Stunden gedauert, doch zum Schluss ging es schnell. »Das wievielte Kind?«, wollte der Arzt hinterher wis-

sen. Ich konnte nur den Daumen heben. Und vollends unwirklich ist der Schreck von vorgestern, als man mir mit einem Ruck die Fruchtblase öffnen wollte. Mein Baby soll von
allein kommen, niemand darf es drängen, hatte ich gefordert.
Doch als ich auf dem Untersuchungsstuhl saß, stieß mir die
Krankenschwester ohne Vorwarnung drei Finger durch die
Scheide in den Unterleib. Schmerz, Angst und Wut ließen
mich mit beiden Beinen zutreten, sodass die Frau in weitem
Bogen gegen die Wand flog. »Mein Kind!«, schrie ich. »Warum tut ihr das?« Der Arzt kam angerannt, sagte etwas von
Sauerstoff und dass das Baby schon über die Zeit sei. Doch
ich weinte nur, der Übergriff war unfassbar, und mir war vor
Angst so schlecht, dass ich mich übergeben musste. Aber die
Fruchtblase war heil geblieben. In der Nacht schlief ich zu-
sammengekrümmt, die Arme schützend um den Bauch gelegt und die Hand zwischen die Beine gepresst. Mein Kind!

Jetzt ist alles anders. Jetzt steht ein Babybett neben meinem Bett, und in meinen Armen liegt selig schlafend, in
weiße Baumwolle gehüllt, meine Tochter. Du musst immer
bei mir sein, flüstere ich ihr zu. Immer ganz nah bei mir. Mein
Herz fließt über vor Liebe und Fürsorge für dieses kleine
Wesen.

Niemand hat bis jetzt nach einem Namen gefragt. Wie
heißt du?, frage ich mein Baby leise. Es gibt so viele Möglichkeiten. Aber ich möchte einen speziellen Namen – einen,
der Shankar und mich einbezieht und von einem Astrologen
nach indischem Brauch errechnet worden ist. Doch das muss
noch warten.

Auf dem Nachtschrank steht das Kofferradio, das ich hier
hören darf. Ich habe leise Musik eingestellt, gerade läuft ein

Song von Lana Turner. Ihre Stimme ist mir sehr vertraut, denn Oma mochte Lana Turner so gern.

Lana, denke ich und schaue meine Tochter an. Möchtest du erst einmal Lana heißen?

Immer wieder sage ich in dieser Nacht den Namen. Die Inder, so erzähle ich meinem Baby, würden dich Akuti Lana nennen, Prinzessin Lana. Du bist ja eine Maharani, weil dein Vater aus einer Maharadscha-Familie stammt. Meine Kleine, du hast einen so wunderbaren Vater. Er ist weise und liebevoll und den Göttern sehr nah. Meine Prinzessin, meine süße Prinzessin! Verzückt betrachte ich sie – ihr zartes Gesicht, ihren kleinen Körper. Sie riecht himmlisch, und ihre Haut ist wie ein Pfirsich. Die Liebe zu ihr wird mir so viel Kraft geben.

Am nächsten Tag frage ich nach einem katholischen Pfarrer. Tatsächlich treiben sie einen auf. Wir unterhalten uns lange über meine Situation, beten zusammen, und anschließend nenne ich ihm Lanas Namen. Noch einmal betet er für uns, dann segnet er mein Kind und mich. Als er geht, lässt er eine brennende Kerze an meinem Bett stehen, und ich starre in die Flamme, bis die Kerze heruntergebrannt ist. Nur noch ein paar Tage, dann muss ich ins Gefängnis zurück. Auf einmal lastet die Verantwortung schwer auf mir, und ich fühle mich sehr ungeborgen.

Unsere Rückkehr ins Tihar Jail verzögerte sich, weil meine Brustwarzen wund wurden und bluteten. Die Ärzte wollten erst sichergehen, dass ich Lana stillen konnte, bevor sie mich gehen ließen. Ein Fläschchen, so sagten sie, sei im Gefängnis zu unhygienisch.

Als sich schließlich die schwere Eisentür wieder hinter mir

schloss, wurde ich vom Widerstreit der Gefühle fast zerrissen: Shankars Tochter geboren zu haben bedeutete unendliches Glück. Aber was, wenn ich mit dem Baby etwas falsch machte? Ich hatte keinerlei Ahnung von Kinderpflege. Alles, was Schwangere in Europa ganz selbstverständlich haben, fehlte mir: Es gab keine Vorbereitungskurse, keine Nachsorge und keine Begleitung.

Aber ich hatte Florence. Ihre eigenen Kinder lebten weit fort in Gambia, so schenkte sie Lana und mir all ihre mütterliche Liebe. Vom ersten Tag an kümmerte sie sich um uns, wenn ich nicht weiterwusste. Wenn Lana zuweilen endlos schrie, weil sie meine Anspannung spürte, bettete Florence sie an ihre weiche Brust, und meistens war meine Tochter bald beruhigt. Sie ernährte uns weiterhin mit heimlich abgezweigten Kartoffeln, Eiern und Chapati, und sie stärkte mein Selbstvertrauen: »Darling, du bist eine gute Mutter. Du machst das prima.«

Auch Andrea und Carol nahmen großen Anteil. Sie ertrugen Lanas Schreien, wenn sie hungrig war, und freuten sich mit mir, wenn es meiner Tochter gut ging. Wenn ich stillte, was nun tadellos funktionierte, saßen sie oft bei mir und lauschten Lanas Schmatzen. Dann sprach keine von uns ein Wort, und eine Ruhe füllte unsere Zelle aus, die direkt ins Herz ging.

Doch außer an Florence gab ich Lana an niemanden ab. Ich trug sie immer bei mir, in ein Tuch vor der Brust gebunden. Nachts lag sie neben mir auf meinem Holzbett, und immer bevor sie einschlief, küsste ich sie auf die kleine Stelle zwischen den Augenbrauen – die für die Segenspunkte. Dabei stellte ich mir vor, dass Guruji seine Tochter segnen würde.

Oft saß ich mit Lana unter der weißen Magnolie. Deutlich wie nie zuvor spürte ich die Kraft, die von diesem Baum ausging, und hoffte, dass mein Kind sie ebenso wahrnehmen konnte.

Auch die Inderinnen besuchte ich mit dem Baby. Sie trösteten mich: »Nächstes Mal wird es ein Junge!« Ich widersprach nicht, um sie nicht zu irritieren. Am meisten waren sie über Lanas ungewöhnlich lange schwarze Haare entzückt. »Das passiert nur bei Paaren, die sich innig lieben!«, raunten sie.

Ach Shankar, ich liebe dich so sehr. Ich vermisse dich unendlich. In Lanas Antlitz erkenne ich deines wieder. Jede Sekunde der Nacht, in der wir sie gezeugt haben, ist in mein Gedächtnis eingebrannt. Unsere einzige Nacht! Ich muss hier raus, ich muss dich finden, damit du deine Tochter kennenlernst. Damit sie ihren Vater bekommt und wir eine Familie sein können. Ich muss, ich muss, ich muss.

Eines Abends bald nach meiner Rückkehr ins Tihar Jail, als ich mit Lana unter der Magnolie saß und über Auswege grübelte, fasste ich einen Entschluss. Mein Schicksal hatte ich akzeptiert, aber für meine Tochter wollte ich kämpfen. Um ihretwillen musste ich alles tun, um doch noch aus dem Gefängnis freizukommen. Ihr Schicksal durfte nicht von den kriminellen Machenschaften irgendwelcher Rauschgifthändler abhängen. Sie sollte ein selbstbestimmtes Leben haben. Am nächsten Tag besorgte ich mir Papier, und während Lana nach dem Mittagessen liebevoll in Florences Armen gewiegt wurde, saß ich unter dem Baum und schrieb. In weniger als zwei Stunden verfasste ich einen zehnseitigen Brief an das höchste indische Gericht, den Supreme Court. Er war die letzte Berufungsinstanz, wo auch besonders dringliche Fälle und Menschenrechtsverletzungen verhandelt wurden, und dem High Court übergeordnet, vor dem ich bisher immer hatte erscheinen müssen. In dem Brief legte ich alle Details zu meinem Fall dar. Die Sozialarbeiterin versprach, ihn schnell ins Englische übersetzen zu lassen und persönlich beim Gericht abzugeben. Wieder begann eine Zeit des Wartens.

29

Verschonung

Lana war sechs Wochen alt, als ich Antwort auf meinen Brief erhielt – eine Vorladung vor den Supreme Court. Ich atmete auf: Sie würden mich anhören. »Vertritt mich da«, schärfte ich meinem vierten Anwalt ein. »Das ist meine letzte Chance.« Er notierte sich den Termin und versprach zu kommen.

Weiß ist die Farbe der Unschuld. Ich bin weiß angezogen und habe Lana vor meiner Brust unter einem weißen Tuch bedeckt, als wir mit unseren Bewachern im Taxi zum Supreme Court fahren. Die Richter müssen mir unbedingt glauben, dass ich unschuldig bin. In meinem Brief habe ich alles dargelegt – mitsamt den Unregelmäßigkeiten, die bei meiner Festnahme geschehen sind.

Der Supreme Court ähnelt mit seiner Kuppel und dem Säulengang dem amerikanischen Kongressgebäude. Er ist nahezu weiß gestrichen – ein gutes Zeichen? Der Wagen hält vor einer großen Freitreppe. Ich werde schon erwartet und gleich in den Verhandlungssaal gebracht, die beiden Polizisten bleiben auf dem Korridor zurück. Einer macht das Daumenhoch-Zeichen: Du schaffst das!

Drinnen sitzen nur Männer in schwarzen Anzügen und weißen Hemden. Doch statt ehrfurchtsvoller Ruhe herrscht ein Tumult aus Kommen und Gehen. Geraune und Geflüster hängt in der Luft. Ein Fall nach dem anderen wird aufgerufen, und die Betreffenden gehen nach vorn, um mit dem Richter zu sprechen.

Wo zum Teufel bleibt mein Anwalt?

Jetzt winkt mich jemand nach vorn – wohl ein Gerichtsdiener. »Was ist mit Ihrem Anwalt?«, fragt er auf Englisch und starrt auf das weiße Tuch, mit dem ich Lana bedeckt halte.

»Ich weiß nicht.« Natürlich weiß ich es! Der Anwalt hat mich im Stich gelassen, weil ihm klar ist, dass ich kaum noch Geld habe. Alles umsonst, alles vorbei! Meine letzte Chance ist vertan. Mit einem Mal fällt alle Aufregung von mir ab. Ich bin nur noch erschöpft.

»Wollen Sie einen Pflichtverteidiger?«, fragt da plötzlich der Gerichtsdiener.

»Ja.« Was soll ein Pflichtverteidiger schon für mich tun? Aber jetzt ist es auch schon egal.

Ein junger Mann in einem abgetragenen Anzug tritt nach vorn, nickt mir zu und nimmt mich wortlos mit hinaus. »Bitte warten Sie hier«, sagt er. »Ich hole Ihre Akte.«

Rasch ist er wieder da. Während wir beide, eingerahmt von meinen Bewachern, mit einem Chai auf einer Bank im Flur sitzen, studiert er meinen Fall und wippt dabei nervös mit dem rechten Knie. Schließlich kramt er in seiner Aktentasche und zieht ein Papier heraus: »Hier, ein Antrag auf Haftverschonung.« Er streckt mir das Blatt entgegen. »Wir sagen, dass Ihr Baby gefährdet ist – wegen der Hygiene im Tihar Jail. Ich versuche, Sie für eine Weile da rauszukriegen, und wenn wir es schaffen, sollten Sie ein Nursing Home besuchen, eine Privatklinik für Neugeborene. Wir sprechen gleich noch mit einem anderen Richter.«

Er hat ein gutes Gesicht, dieser Anwalt. Vielleicht ist doch noch nicht alles verloren? Gemeinsam durchqueren wir ein paar Flure. Vor einer imposanten Holztür bleibt er stehen: »Fragen Sie hier nach der Haftverschonung.«

Ich klopfe und trete ein. Hinter einem ausladenden Schreibtisch mit Lederunterlage und Art-déco-Lampe thront ein dicker Beamter, der sich meinen Fall anhört.

»Wie lange sind Sie schon in Indien?«

»Sieben Jahre.«

»Sie waren im Himalaja? Was haben Sie da gemacht?«

»In einem Ashram gelebt.«

»Waren Sie Tempeltänzerin?«

»Wie kommen Sie darauf?« Was für ein schmieriger Typ!

»Das ist doch so üblich.«

»Ich weiß nicht, in welchen Tempeln Sie verkehren.« Ist er blind? Sehe ich wie eine Tempeltänzerin aus? »Ich bin Sadhvi bei den Naga Babas.«

»Sie? Und das Kind?«

Wie soll ich ihm das bloß erklären? Er ist ein Unsympath, stinkt bis hierher nach Schweiß.

»Es gibt eine Möglichkeit«, sagt der Mann jetzt und schaut auf seine blankpolierten Fingernägel, »wie Sie innerhalb von zwei Tagen in die Schweiz zurückkommen. Ich kann Ihnen sogar Flugtickets besorgen.«

»Wirklich?« Sollte es so einfach sein? Angespannt warte ich auf seine nächsten Worte.

»Würden Sie mir Dienste erweisen?« Er zeigt auf eine Seitentür.

Schlagartig sind alle Illusionen zerstört. Ich fühle nur noch Ekel und eine Riesenwut – sie muss mir ins Gesicht geschrieben sein. »Stimmt das, Sie sind Richter?«

»Ja.«

»Sie missbrauchen also Ihre Position, indem Sie eine Mutter nötigen und erpressen?«

»Ich hätte die Macht, Sie sofort freizulassen.«

»Und das nutzen Sie so aus? Sie sind korrupt!« Warum streite ich mich überhaupt mit ihm? Es nützt doch nichts.

»Ich wollte Ihnen einen Gefallen tun. Damit Sie schnell wieder in die Schweiz kommen.« Beschwichtigend wedelt er mit den Händen, dabei betrachtet er mich gierig – wie eine hungrige, sabbernde Bulldogge. Mir reicht es, abrupt stehe ich auf. »Lieber verbringe ich die nächsten zwanzig Jahre im Gefängnis!« Den Typ will ich keine Sekunde länger sehen müssen. Ich wende mich um, gehe rasch zur Tür.

»Reden Sie nicht darüber!«, kommt es von hinten.

Ich schaue nicht einmal über die Schulter. »Wenn ich schweigen soll, will ich dafür erleichternde Umstände.«

»Ihnen glaubt sowieso niemand!«

Laut schlage ich die Tür hinter mir zu. Lana, dass du bei solchen Szenen dabei sein musst!

Draußen wartet mein neuer Anwalt. »Was ist passiert?«

Zitternd vor Empörung erzähle ich ihm alles. »Kann ich den anzeigen?«

»Wer würde Ihnen das abnehmen? Ich tue es. Ich muss Sie ja nur anschauen. Aber Sie hätten keine Chance.« Er legt seine Hand auf meine. »Ich helfe Ihnen und Ihrem Kind. Ich versuche mein Möglichstes, damit Sie Haftverschonung bekommen.«

Langsam beruhige ich mich, und wir kehren vor den Gerichtssaal zurück. Unter den Blicken meiner beiden Bewacher wickele ich Lana auf der Bank im Flur. Für heute habe ich Wegwerfwindeln bekommen statt der sonst üblichen Baumwolltücher.

Dann werden wir noch einmal aufgerufen. Im Gerichtssaal bleibe ich neben meinem neuen Anwalt stehen, der nun auf Hindi mit dem Richter verhandelt. Angespannt versuche ich in dessen Miene zu lesen. Versteht er, dass ich unschuldig bin? Kurz mustert er mich und Lana, die ich wieder unter dem weißen Tuch bedeckt halte. Dann spricht er weiter mit dem Anwalt, der ihm meine Akte überreicht. Bald darauf sind wir entlassen.

»In ein paar Tagen haben wir das Ergebnis«, sagt der Pflichtverteidiger und begleitet meine Bewacher und mich bis zur Freitreppe. »Ich habe getan, was ich konnte. Hier ist meine Visitenkarte, melden Sie sich, wenn es geklappt hat.« Er drückt mir die Karte in die Hand, verbeugt sich leicht und kehrt ins Gerichtsgebäude zurück.

Ja, wir haben unser Möglichstes getan. Von den Bewaffneten flankiert, fahren Lana und ich im Taxi zum Gefängnis zurück.

Fünf Tage später reißt eine Wärterin abends um 22 Uhr das Zellengitter auf: »Sabrina, du kannst gehen.«

»Wohin?«

»Du bist frei.«

»Wie bitte?«

»Frei! Du kannst raus.«

Ich schaue auf Lana, die auf meinem Bett liegt und schläft.

Wo soll ich denn jetzt in der Nacht bloß hin? »Können wir das auf morgen früh verschieben?«

»Du willst nicht hier weg? Warum?« Die Wärterin starrt mich an. Ist es so schwer zu verstehen, dass ich nicht mit einem Baby auf dem Arm nachts auf Delhis Straßen ausgesetzt werden möchte?

»Bitte benachrichtigen Sie meine Sozialarbeiterin!« Ich bin total unvorbereitet.

Ein unmerkliches Nicken, und das Zellengitter rastet wieder ein. Ich tue kein Auge mehr zu, mein Herz klopft wie wild. Frei. Ich bin frei, hat sie gesagt. Stimmt das? Hat der Anwalt es wirklich geschafft? Hoffentlich ist es kein Missverständnis.

Freu dich nicht zu früh, Sabrina!

Am nächsten Morgen um acht steht meine Betreuerin auf der Schwelle. »Du hast sechs Wochen Haftverschonung, bis Mitte September. Pack deine Sachen, ich bringe dich hier raus.«

Also stimmt es! Der Anwalt hat Erfolg gehabt. Benommen raffe ich mein Zeug zusammen, Andrea und Carol helfen mir. Ganz schnell soll es gehen, es bleibt keine Zeit, mich von all den anderen zu verabschieden. Doch als die beiden Lana und mich über den Innenhof begleiten, kommt Florence angelaufen, sie weint dicke Tränen und drückt mich. »Florence«, flüstere ich in ihre Halsbeuge hinein, »liebste Florence, du hast für immer einen Platz in meinem Herzen.«

»Ach Sabrina!«, sagt sie leise. »Mir ist längst egal, wie lange es für mich noch dauert. Hier drin kann mir wenigstens nichts passieren. Aber du, du brauchst viel Mut in der Wildnis da draußen. Pass auf euch auf und schreibe mir.«

»Das mache ich, versprochen!«

»Und jetzt haut ab«, schnieft sie und streicht Lana über den Kopf. »Ich will euch hier nie wieder sehen.«

Weiter geht es, durch mehrere Gänge und den Vorhof bis zum großen Außentor. Ich schaue nicht rechts und nicht links, ich fliege fast vor der Sozialarbeiterin her – bloß raus hier, bloß raus, nicht dass sie es sich noch anders überlegen. Als wir schließlich im Taxi sitzen, überfällt mich ein Zittern, dass ich kaum mein Kind halten kann. Die Freiheit, die auf mich wartet, fühlt sich auf einmal bedrohlich an.

»Ganz ruhig!« Die Betreuerin legt mir die Hand auf die Schulter. »Gleich hast du's geschafft.«

Neugierig schaut der Taxifahrer in den Rückspiegel.

In einem abgelegenen Stadtviertel von Delhi hält der Wagen vor einem kleinen Hotel. Dort werde ich abgesetzt.

»Erhol dich gut«, sagt die Sozialarbeiterin zum Abschied. »Du hast sechs Wochen. Dann musst du dich wieder beim Gericht einfinden. Wenn nicht, werden sie nach dir suchen. Vergiss das nicht.«

Zuerst bleibe ich wie angewurzelt im Hotelzimmer stehen. Ich fühle mich sehr allein, und eine lähmende Unsicherheit ergreift Besitz von mir. Schließlich zwinge ich mich, das Zimmer in Augenschein zu nehmen. Es hat ein Telefon, eine Dusche und ein sauberes Klo – die erste saubere Toilette seit Monaten! Ich dusche mein Baby und mich, dann lege ich Lana aufs Bett und massiere sie mit Ölen auf ayurvedische Art, wie ich es von den Inderinnen im Gefängnis gelernt habe. Sie schläft dabei ein. Ihr Engelsgesicht könnte ich ununterbrochen mit Küssen bedecken, doch ich halte mich zurück, wickele sie in Tücher und decke sie zu. Dann bestelle ich etwas zu essen. Ich muss mich unbedingt gut ernähren, damit Lana mit allem versorgt ist.

Wunderbar satt lege ich mich anschließend in das weiche Bett. Wie gut das tut! Jetzt ruhe ich erst einmal aus. Und morgen werde ich telefonieren. Jemand muss mir Geld leihen, damit ich das hier weiter durchstehe.

Ich habe Glück. Eine Schweizer Freundin, die ich am nächsten Tag telefonisch um Unterstützung bitte, verspricht mir, sofort Geld zu schicken. »Schau, dass du nach Hause kommst«, wehrt sie meinen Dank ab. Als Nächstes rufe ich in Hilden an.

»Liebste Oma, hier ist die Sabrina!«

»Kind, wo bist du?«

»Immer noch in Delhi, mir geht es blendend, aber ich hatte Visaprobleme. Es dauert Monate, bis man an ein neues Visum kommt. Wir sehen uns bald. Wie geht es dir?«

»Es geht mir gut, ich bin gesund.« Das ist Omas Mantra seit vielen Jahren, wenn man sie fragt. »Pass auf dich auf!«, ermahnt sie mich jetzt.

»Versprochen! Ich habe dich lieb, Oma!«

»Ich dich auch, Kind!«

Schnell lege ich auf. Von Lana direkt neben mir auf dem Bett hat sie nichts gemerkt. Wie gut, es würde sie nur beunruhigen. Ach Oma, ich würde dir so schrecklich gern von Shankars Tochter erzählen!

Mein dritter Anruf geht nach Chur. Auch wenn meine Mutter mir seit ihrem scheußlichen Brief innerlich sehr fern ist, so will ich sie doch informieren.

»Mama, ich bin jetzt im Hotel, und …«

Auf einmal schlägt eine Welle der Mutlosigkeit über mir

zusammen, und ich breche in Tränen aus. Ich weine und weine ins Telefon.

»Wie geht es denn jetzt weiter?«

»Ich weiß nicht«, schluchze ich. »Ich weiß es einfach nicht. Um auf einen Freispruch zu warten, hab ich nicht genug Geld. So langsam, wie die hier sind, kann das noch Jahre dauern.«

»Behalt die Nerven, Kind!«

Nachdem wir aufgelegt haben, stille und wickele ich Lana. Dabei versuche ich, mir selbst Mut zuzureden. Meine Tochter soll sich doch bei mir geborgen fühlen. Aber unerbittlich steht mir die Zahl vor Augen: sechs Wochen. Ich habe genau sechs Wochen Zeit.

30

Nursing Home

Ich blieb nur drei Tage in dem kleinen Hotel. Selbst wenn das Geld aus der Schweiz bald eintraf, würde ich sparsam sein müssen. Die Eltern des Juniorchefs, mit dessen Frau ich mich schnell angefreundet hatte, vermieteten mir zu einem Spottpreis ein Ein-Zimmer-Apartment, parterre gelegen, mit eigenem Eingang und romantischem Gärtchen davor. Die ganze Familie wohnte direkt daneben. Ich erzählte ihnen, dass ich für längere Zeit in Delhi zu tun hätte und nach Lanas Geburt gesundheitlich angeschlagen sei. Daraufhin wurde ich zu den Mahlzeiten eingeladen und, weil ich nicht von selbst kam, jedes Mal herübergeholt.

Meine herzlichen Gastgeber segneten meine Tochter mit Bindis, behängten sie mit silbernen Fußkettchen und Armreifen und legten ihr in einem Ritual für künftigen Reichtum hundert Rupien auf den Kopf. Auch schickten sie mir täglich ihre Putzfrau, die Lanas Windeln wusch und mein Apartment in Ordnung hielt. Oft lag ich mit Lana in einem Liegestuhl im Vorgarten, und wir genossen die Sonne, den blauen Himmel und das Rauschen der Bäume im Wind. Es war ein kleines Paradies inmitten der Großstadt, und ich wünschte mir, dass wir mit Shankar zu dritt so leben könnten – frei und in vollkommener Harmonie.

301

Es ist ein wolkenloser Vormittag, ich will soeben mit Lana hinausgehen, als überraschend Rahul vor meiner Tür steht. Sofort erwacht mein Misstrauen. Woher weiß er, dass ich hier wohne? Doch obgleich ich ihn verdächtige, an der Intrige gegen mich beteiligt zu sein, bin ich auf merkwürdige Weise froh, ihn zu sehen. denn irgendwie ist er meine letzte Verbindung zu Shankar.

»Ist das Gurujis Kind?« Er kommt ganz nah heran, schaut neugierig auf Lana in meinen Armen.

Ich weiche zurück. »Wo ist er?« Ich muss freundlich bleiben, damit ich etwas in Erfahrung bringen kann.

»Richtung Kailash. Mehr wissen wir nicht. Bist du jetzt frei?«

»Davon ist keine Rede – ich muss mich wieder melden. Kannst du mir helfen?«

»Ich wüsste nicht, wie.«

Dieser harmlose Blick! Ich glaube ihm nicht mehr. Auch wenn er könnte, würde er für mich keinen Finger krümmen. »Du hast doch genug Geld«, versuche ich es trotzdem.

»Was brauchst du denn?«

»Einen Freispruch! Und Geld, um das alles hier durchzuziehen. Vielleicht könnt ihr Guruji doch finden, damit er sich um Lana kümmert, falls etwas schiefgeht.« Ich gebe ihm die Adresse meines Anwalts. »Bitte setz dich mit ihm in Verbindung und frag ihn, was nötig ist. Einen Pass habe ich auch nicht mehr.«

Er steckt den Zettel ein, ohne ihn angeschaut zu haben. »Ich tue, was ich kann.« Ein letzter Blick auf Lana, und er ist zur Tür hinaus.

Ich sah Rahul nie wieder. Meine Gedanken aber kreisten weiter Tag und Nacht um das Gefängnis. In ein paar Wochen war die Schonfrist vorbei, und wenn sich die schwere Eisentür erst wieder hinter mir geschlossen hatte, würden Lana und ich keine Chance mehr haben. Dann würden sie sie mir wegnehmen, sobald sie fünf oder sechs Jahre alt war. Das konnte doch nicht Gottes Plan sein!

Eigentlich gab es nur einen Ansatzpunkt: die mangelnde Hygiene im Tihar Jail, wie der Pflichtverteidiger gesagt hatte. Ich fragte die Ehefrau des jungen Hoteliers nach einem Frauen- und Kinderarzt und stand tags darauf nach einer halbstündigen Tuk-Tuk-Fahrt vor einem rosarot gestrichenen Haus mit Bogenfenstern und blumenbestandenem Vorgarten. Ein Kiesweg führte zum Eingang, über dem ein Schild hing: Nursing Home. Schnell erhielt ich einen Termin für den übernächsten Morgen und dazu die Anweisung, nüchtern zu erscheinen.

»Come with me, please!«

Dr. Chander ist ein Hüne. Er strahlt Sicherheit und Kompetenz aus, sein ernster Blick erlaubt keinen Widerspruch.

»Warum sind Sie zu mir gekommen?«

»Kann ich Ihnen hundertprozentig vertrauen?«

»Ich unterliege der Schweigepflicht. Was haben Sie denn zu verbergen?« Er zieht eine Augenbraue hoch.

»Ich habe nichts zu verbergen. Ich benötige Hilfe, um aus einer sehr schlimmen Situation herauszukommen.« In wenigen Worten schildere ich ihm meine Lage. »Vor allem aber muss ich wissen: Ist mein Kind gesund?«

Er nickt, nimmt gleich selbst die nötigen Blutproben und

übergibt sie der Schwester. Anschließend schaut er mich prüfend durch seine Brille hindurch an – wie damals Doktor Werner in Hilden. »Darf ich Ihr Horoskop erstellen? Dann können wir schauen, wie die Sterne für Sie stehen.« Ein Schmunzeln fliegt über sein Gesicht. Ich muss wohl sehr überrascht ausgesehen haben. »Ein Hobby von mir. Ich bin Pandit.«

Der Mann ist hinduistischer Astrologe. Aber egal, ich brauche ihn als Verbündeten. Und vielleicht kann er ja wirklich sehen, was passiert ist. So gebe ich ihm meine Daten. »Auf keinen Fall können wir zurück ins Gefängnis«, wiederhole ich. Er nickt freundlich. »Sie beide bleiben erst einmal hier. Ihr Immunsystem ist schwach, und Sie haben nichts, wovon Sie zehren können.«

Wir bekommen ein Bett in diesem rosaroten Haus, und zum ersten Mal fühle ich mich beschützt und mit meinem Kind so richtig geborgen. Dankbar schlucke ich Dr. Chanders Vitaminpillen, ich esse Unmengen von Gemüse, Obst und Nüssen und massiere Lana mit dem Öl, das er mir geschenkt hat. Dabei erzähle ich meiner Tochter von Shankar und davon, wie schön wir es zu dritt haben werden. Ich darf auch mit ihr spazierengehen, aber nicht weiter weg als zweihundert Meter. »Glauben Sie nur nicht, dass Sie unbeobachtet sind«, warnt Dr. Chander. Die zweihundert Meter reichen gerade, um in den gegenüberliegenden Park zu gehen und dort mit Lana im Schatten unter einem Baum zu liegen und zu träumen.

Drei Tage später sitze ich wieder im Sprechzimmer. Der Arzt breitet eine Menge Papiere vor sich aus. »Ihr Kind ist, bis auf ein paar Mangelerscheinungen, gesund. Das Wenige, das ihm fehlt, bekommt es jetzt durch Ihre bessere Ernährung über die Muttermilch. Und Sie«, er lächelt mich an, »Sie sind drogenfrei.«

»Sie haben einen Test gemacht?« Ich fühle mich überrumpelt, auch wenn mich das Ergebnis nicht überrascht.

»Sie werden ihn bald vor Gericht brauchen können. Die versuchen bestimmt alles, um Sie festzuhalten.«

Na gut, meinetwegen. Erst einmal bin ich nur froh, dass Lana wohlauf ist.

Jetzt wird Dr. Chanders Miene feierlich. »Ihr Horoskop zeigt mir, dass Sie die Wahrheit sagen«, erklärt er. »Es ist völlig unverständlich, was Ihnen passiert ist – Sie stecken in einem Knäuel aus Gier und Korruption fest. Dabei ist in Ihrem Lebenslauf überhaupt kein Gefängnis vorgesehen. Im Gegenteil! Sie sollten eine ganz andere Position haben.« Und nach kurzem Schweigen: »Es ist mir eine Ehre, Ihnen zu helfen.«

Ich denke, ich höre nicht richtig. Was soll das bedeuten, eine ganz andere Position? Egal – ich kann nur nicken. Hauptsache, wir müssen nicht zurück ins Gefängnis!

»Wir argumentieren weiter mit der Hygiene, wie es Ihr Pflichtverteidiger schon angefangen hat. Ich schreibe ein Attest«, fährt der Arzt fort. »Jetzt gehen Sie erst einmal nach Hause. Aber seien Sie vorsichtig!«

Dr. Chander schickte ein Attest ans Gericht. Darin bescheinigte er Lana eine – in Wahrheit nicht vorhandene – Immunschwäche, an der sie unter schlechten hygienischen Verhältnissen sterben könne. Mein Pflichtanwalt bekam eine Kopie. Ich kehrte mit Lana in die kleine Wohnung zurück und erklärte den besorgten Vermietern, dass meine Tochter und ich krank seien und regelmäßig ins Nursing Home müssten.

Die Wochen vergingen. Wir wurden von der Familie gehegt und gepflegt und verbrachten immer wieder zwei, drei Tage bei Dr. Chander. Lana bekamen diese Wechsel gut. Sie entwickelte sich prächtig und wurde ein ausgeglichenes, zufriedenes Baby. Auch ich fühlte mich körperlich etwas besser und nicht mehr so schwach. Stunden um Stunden verbrachte ich damit, Lana anzuschauen und jede Einzelheit ihres Gesichts und ihres kleinen Körpers zu studieren. Ich liebte alles an ihr, ich küsste sie ständig ab, schnupperte ihren Duft und hielt ihre winzigen Händchen, wenn sie schlief. Und dabei dachte ich in jeder Sekunde an Shankar. Wo war er? Hoffentlich ließ die Polizei ihn in Ruhe. Ich spürte unsere tiefe Verbindung, als ob wir, wie einst in meiner Anfangszeit im Dorf, nur durch ein Flusstal getrennt wären. Und ich war mir sicher, hundertprozentig sicher, dass es ihm ebenso erging. Umso wichtiger war es, dass ich ihn endlich fand. Doch dazu musste ich erst einmal freigesprochen werden.

Eine Woche, bevor ich mich wieder einfinden sollte, erhielt ich eine Vorladung vor den Supreme Court. Ich war alarmiert: Hatte der Richter Dr. Chanders Attest bekommen? Würde er ihm glauben? Und hoffentlich, hoffentlich war der Pflichtverteidiger da! Lieber Gott, mach, dass ich einen Freispruch bekomme! Ich will zu Shankar – bitte!

Zum ersten Mal fahre ich ohne Bewacher zum Gericht. Wieder halte ich Lana unter einem weißen Tuch verborgen, wieder hält mein Taxi an der Freitreppe. Dort erwartet mich schon der Staatsanwalt – sein markantes, dunkles Gesicht zieren Brille und Schnauzbart.

»Wie geht es Ihnen? Dem Kind?« Er wirft prüfende Blicke auf Lanas Umrisse unter dem Tuch, während wir nebeneinander die Treppe hinaufgehen.

»Schlecht. Sehr schlecht. Ich mache mir große Sorgen wegen der Immunkrankheit.« Vor lauter Angst bin ich so außer Atem, dass ich die Worte kaum herausbringe. Ich weiß, dass er mich unbedingt wieder hinter Gittern sehen will, schon aus Prestigegründen. »Sie werden noch heute wieder zurückmüssen«, flüstert er mir ins Ohr, als wir den Flur erreichen. Doch da taucht auch schon mein Pflichtverteidiger auf und zieht mich beiseite. »Keine Sorge, wir schaffen das. Bleiben Sie ruhig und freundlich, okay?« Ich nicke – ich werde sowieso nichts sagen.

Wir gehen hinein. Ich halte Lana fest an mich gedrückt. Hoffentlich hat der Richter gute Laune!

Schon nach fünf Minuten Verhandlung ist alles vorbei. Der Anwalt bekommt ein gestempeltes Papier, und wir verlassen den Saal. War es das etwa schon? Das kann gar nicht sein! Es ging so unglaublich einfach. Schweigend gehen wir aus dem Gebäude. An der Treppe bleiben wir wie auf Verabredung stehen. »Bin ich jetzt frei?« Eine Zentnerlast beginnt sich von meinem Herzen zu heben.

»Nein.« Der Anwalt schüttelt bedauernd den Kopf. »Ihre Haftverschonung wurde nur verlängert – wegen des ärztlichen Attests. Sie haben jetzt Zeit bis Mitte Oktober.«

Kein Freispruch – sofort ist die Zentnerlast wieder da. »Aber ich muss freikommen! Wie lange kann das denn noch dauern?«

Zusammen gehen wir die Treppe hinunter. »Das eigentliche Verfahren geht erst weiter, wenn Sie wieder im Tihar Jail sind«, erklärt der Anwalt. »Verstehen Sie das?« Unten winkt er ein Taxi herbei, öffnet mir die Beifahrertür und lässt mich einsteigen. »Denken Sie an meine Worte«, sagt er eindringlich, bevor er die Autotür zuschlägt.

Erst als ich aussteige, merke ich, wie schwach meine Beine sind. In meinem Apartment lege ich Lana aufs Bett und lasse mich daneben fallen. Wir haben eine Galgenfrist bekommen, keinen Freispruch. Unserem eigentlichen Ziel sind wir keinen Schritt näher gekommen.

An diesem Tag gehe ich nicht mehr hinaus. Ich stille und wickele Lana, ich streichele sie und spreche zu ihr. Dazwischen wandere ich in der Wohnung auf und ab, auf und ab. Irgendwann steigt ein Gedanke aus der Tiefe auf – ein so ungeheuerlicher Gedanke, dass ich mich zunächst weigere, ihn überhaupt zuzulassen. Doch gleich darauf steht es mir klar und unerbittlich vor Augen: Ich muss weg. Sofort. Nicht nur aus Delhi – ich muss Indien so schnell wie möglich verlassen. Ich bin in diesem Land nicht mehr sicher, und mein Kind auch nicht.

Wenn du das tust, kannst du Shankar nicht mehr suchen.

Wie angewurzelt bleibe ich stehen. Diese Erkenntnis tut so weh, dass ich mich krümme und nach Luft schnappe. Auf einmal wird mir klar, dass ich immer noch davon ausgegangen bin, erst Shankar zu finden und danach mit Lana und ihm zusammen zu fliehen. Doch ich kann mich in Indien nicht mehr frei bewegen. Sie würden uns überall aufspüren.

Unerträgliche Qual schwappt in mir hoch. Ich presse die Faust vor den Mund, um nicht zu schreien, und es schüttelt mich, als ob mir eiskalt wäre. So stehe ich, ich weiß nicht wie lange, halte mich selbst mit den Armen umklammert und weine und weine. Schließlich lasse ich mich aufs Bett sinken. Shankar. Liebster. Wir haben eine Tochter. Für sie trage ich Verantwortung. Ich weiß nicht genau, wo du bist, und zum Kailash kann ich dir nicht folgen. Ich muss Lana vor einem Leben im Gefängnis behüten, und ich darf nicht riskieren, dass sie sie mir wegnehmen. Das ist wichtiger als alles andere. Wichtiger als wir beide. Doch der Schmerz zerreißt mich schon jetzt.

Als es Abend wird, sitze ich immer noch mit angezogenen Knien auf dem Bett. Meine Augen brennen vor lauter Weinen. Neben mir schläft unruhig mein Kind. Es schnauft ein wenig, die Lider zittern und heben sich leicht.

»Lana, Süße! Was träumst du?« Ich lege mich auf die Seite, dicht neben sie, und streiche ihr über die Wange. Wie weich sie ist, wie zart. »Mein Kleines, ich bringe dich in Sicherheit. Wir müssen einen Weg zurück nach Europa finden.«

Entschlossen setze ich mich wieder auf und überlege. Vor allem brauche ich einen gefälschten Ausweis. Meine Mutter! Hat sie nicht noch einen Pass von mir? Vor Jahren habe ich, auf Zwischenstation in Chur, bei ihr übernachtet und anschließend meinen Ausweis vermisst. Sie schwor damals Stein und Bein, ihn nicht zu haben. Vermutlich wollte sie mich daran hindern, wieder zu reisen. Ich mochte nicht mit ihr streiten und ließ mir in Deutschland einen neuen Pass machen. Noch immer war ich ja deutsche Staatsbürgerin, auch wenn ich größtenteils in der Schweiz aufgewachsen war.

Jetzt rufe ich sie an.

»Mutter, bitte lüg mich jetzt nicht an! Es geht um Leben und Tod. Hast du meinen alten Ausweis?«

Sie gibt es sofort zu.

»Schick ihn per Express an die deutsche Botschaft in Delhi! Wenn du mich jemals wiedersehen willst, tust du, was ich dir sage.«

»Ich mach's gleich heute.«

»Gib den Brief als Einschreiben auf!«

Es muss funktionieren. Es muss einfach.

In dieser Nacht kann ich wieder einmal nicht schlafen. Die Einsicht, Shankar nicht mehr suchen zu können, lastet wie ein Berg auf meiner Seele.

Das Warten auf den Pass war eine Tortur. Dreimal fragte ich in der Botschaft nach. Das bedeutete stets eine halbe Tagestour mit der Rikscha – dem billigsten Transportmittel – von einem Ende der Stadt ans andere. Beim dritten Mal lag der Brief endlich vor. Doch ein Visum, das mich als Touristin zur Ausreise verpflichtet hätte, konnte mir der Botschaftsmitarbeiter nicht verschaffen. »Ihr Fall ist im deutschen Außenministerium bekannt, aber hier im Land haben wir keine Handhabe. Sie müssen einen indischen Kollegen finden, der Geld nimmt – wenn Sie wissen, was ich meine.« Vorsorglich klebte er ein Foto von Lana in meinen Pass und stempelte es ab, so dass wir beide reisen konnten, wenn wir die Genehmigung hatten. Das war immerhin etwas. Die Zeit drängte, es waren noch zwölf Tage, bis meine Verlängerung abgelaufen war – bis ich mich wieder bei Gericht melden musste und mit Lana ins Gefängnis zurückgebracht würde.

Es ist später Nachmittag, ich sitze mit Lana in dem kleinen Park nahe unserer Wohnung. Von fern ist Großstadtrauschen zu hören, durchbrochen von vereinzeltem Motorradknattern.

Was soll ich tun? Woher kriege ich ein Visum? Vielleicht finde ich in Pahar Ganj jemanden, der Bescheid weiß.

Anil und sein Motorrad fällt mir ein. Wie stolz er darauf war! Er hat erreicht, was er wollte: Ich werde nicht ins Dorf zurückkehren. Ganz unwirklich erscheint es mir schon. Nur Shankar ist in mir lebendig geblieben – so als ob er jeden Moment die Straße entlangkäme, mit ausgestreckten Armen und strahlenden Augen. »Rayi« – »Schatz«, würde er sagen. »Endlich habe ich euch gefunden.« Er würde sich über Lana beugen, seine Tochter, und Tränen würden seine Wangen hinabrollen. Ganz vorsichtig würde er ihr übers Gesicht streicheln, und dann würde er meine Hand nehmen und mit uns beiden fortgehen.

So träume ich beinahe jeden Tag. Doch wenn ich merke, dass ich mich in diesen Fantasien verliere, dann zwinge ich mich rasch zur Ordnung. Ich darf jetzt nicht schwach werden, ich muss alle sieben Sinne beieinanderhaben. Ich muss uns retten und habe nur noch wenig Zeit. Eine zweite Verlängerung wird es nicht geben, das hat der Anwalt gesagt.

Müde stehe ich auf. Wir müssen heim, Lana braucht eine neue Windel. Als ich unser Gartentor öffne, ruft jemand meinen Namen. Ich drehe mich um und sehe Ron an der Straßenecke stehen – den Zwei-Meter-Mann aus Ghana, der mir im Tihar Jail beim Schlangestehen versprochen hatte, er würde mir helfen, wenn er draußen wäre.

»Ron! Wie hast du mich gefunden?«

»Können wir reingehen? Falls man uns beobachtet!«

Er drängt sich hinter mir in die Wohnung. »Ich hab gehört, du bist draußen. Was ist los in deinem Case?«

»Es zieht sich zu lange hin, wir müssen weg von hier. Wir brauchen ein Visum, Lana und ich!« Hastig erkläre ich ihm die Situation.

»Das nächste Mal kommst du da nicht mehr raus. Du musst einen Beamten bestechen, damit er dir das Visum fälscht.«

»Das haben die mir in der Botschaft auch schon gesagt.«

Ron legt mir beide Hände auf die Schultern – richtige Pranken sind es. »Ich helfe dir. Ich brauche nur 1.500 Rupien und deinen Pass.«

Ich soll ihm meinen Pass geben? Und 1.500 Rupien? Noch habe ich etwas von dem Geld, das meine Schweizer Freundin mir geschickt hat. Aber soll ich es dafür riskieren?

»Ron, wenn du mich belügst, hast du zwei Menschen auf dem Gewissen – dass dir das klar ist!«

»Bitte Sabrina, ich organisiere dir ein Touristenvisum, zwei Wochen ist es gültig, Ausreise über Kathmandu. Gib mir den Pass und das Geld. Ich zeig dir auch die Reiseroute, die Freunde von mir schon geschafft haben.«

Habe ich eine Wahl? Ohne noch länger zu überlegen, drücke ich ihm beides in die Hand.

»Ich komme wieder!« Dann verschwindet er in der Dämmerung.

Ich stehe in der Tür und schaue ihm nach. Nun habe ich wieder keinen Pass mehr. Lieber Gott, wenn du mich retten willst, dann musst du jetzt was tun.

Eine Woche lang höre ich nichts von Ron. Noch fünf Tage, dann muss ich mich wieder stellen. In meiner Not gehe ich zu

Dr. Chander: »Bitte, schicken Sie noch ein Attest!« Vielleicht klappt es ja doch mit einer zweiten Verlängerung. Es ist das Einzige, was mir einfällt.

»Wir versuchen es.« Noch in meinem Beisein setzt der Arzt das Schreiben auf. »Beten Sie!«, sagt er, als er mich zur Tür bringt.

Ich bete wirklich – stammelnd, in abgerissenen Sätzen. »Bitte hilf! Rette uns!« Jesus, Maria in der Grotte, Parvati und Lakshmi, Gottvater und Shiva, ihr alle miteinander, helft uns! Lasst uns nicht allein!

Und Shankar, schick mir deine Kraft. Deine ganze Liebe. Ich brauche sie, um das hier durchzustehen.

Innerlich zitternd, aber nach außen ganz ruhig, fahre ich am Tag der Vorladung mit meinem Baby zum Gericht. Vor der Freitreppe wartet wieder der Staatsanwalt. »Nächstes Mal erwische ich dich«, zischt er.

Nächstes Mal? Es gibt ein nächstes Mal? Weiß er etwa mehr? Ist die Verlängerung vielleicht schon beschlossen? Mit Lana auf dem Arm fliege ich fast die Treppe hinauf – hoffentlich ist mein Pflichtverteidiger da! Er hat nie auch nur einen Cent von mir gesehen. Da kommt er auf mich zu. »Wenn wir Glück haben …«, murmelt er und zieht uns mit in den Saal. Mir klopft das Herz bis zum Hals, mein Blut rauscht in den Ohren, bitte, bitte …

Es dauert genau eine Minute, dann haben wir den Stempel. Der Anwalt packt mich am Arm, im Eilschritt verlassen wir den Saal und das Gebäude. Wortlos fahren wir zu meiner Wohnung. Als ich aus dem Taxi steigen will, hält er mich am Handgelenk fest. »Sie haben bis zum 13. November Zeit. Das ist jetzt wirklich Ihre allerletzte Chance. Und vergessen Sie nicht: Falls man Sie beim Überschreiten der Stadtgrenze erwischt, gilt das als Schuldeingeständnis, und Sie gehen sofort für zehn Jahre ins Gefängnis.«

Auf gar keinen Fall darf ich mich also erwischen lassen. Aber riskieren muss ich es natürlich trotzdem. Einen Monat habe ich jetzt noch. Wo bleibt Ron mit meinen Pass? Shankar, um Gottes willen, was soll ich bloß tun, wenn er nicht zurückkommt? Vertrauen, vertrauen – ich habe keine andere Wahl.

31

Bis an die Grenze

Ron kommt nicht. Schon wieder sind zwei Wochen vergangen – und fast vier, seit ich ihm meinen Pass und das Geld gegeben habe. Kein Lebenszeichen von ihm. Wahrscheinlich amüsiert er sich über die Vertrauensselige, die ihm so einfach ihre Papiere und 1.500 Rupien in die Hand gedrückt hat. Vielleicht hat er meinen Pass auch schon weiterverkauft.

Es ist später Abend, und ich liege mit Lana auf dem Bett. Eine Kerze brennt am Fenster. Ich starre in das kleine Licht, als ob es meine letzte Hoffnung wäre. Aber es gibt keine Hoffnung. In vierzehn Tagen muss ich wieder ins Gefängnis, und diesmal gibt es keinen Aufschub mehr. Hin und her habe ich überlegt, wie ich uns retten könnte – zu Fuß über die Grenze, nach Pakistan vielleicht? Aber das wäre viel zu gefährlich ohne einen Pass, ohne ein Visum.

Lana neben mir atmet ruhig und tief.

Mein Liebling, es tut mir so unendlich leid! Ich hätte dir so gern ein besseres Leben verschafft – alles hätte ich dafür getan. Aber das Schicksal hat anderes mit uns vor. Wir sollen nicht freikommen. Und nur ein paar Jahre noch, dann …

Ein wildes Schluchzen bricht sich in mir Bahn, rasch drehe ich mich um und presse mir das Kissen auf den Mund. Lana soll meine Verzweiflung nicht mitbekommen. Shankar, bitte hilf mir! Ich versuche ja zu akzeptieren, aber es fühlt sich an, als stünde mein Körper in Flammen.

Plötzlich klopft es. Ich schrecke hoch, in drei Schritten bin ich an der Tür: Da steht er!

»Ron«, keuche ich, »Ron, mein Gott, ich dachte, du kommst nicht mehr.«

Er schüttelt den Kopf und huscht hinein, setzt sich aufs Bett und zieht meinen Pass aus seiner Jackentasche. »Hier, siehst du?« Er blättert das Dokument auf, zeigt mir die Stempel und ein lose beiliegendes Blatt. »Ein Touristenvisum für Indien – Nepal. In fünf Tagen wird es gültig, und es läuft zwei Wochen. Den Zettel musst du ausfüllen.«

Sofort rechne ich: Zwei Wochen Haftverschonung habe ich noch, minus fünf Tage – macht neun Tage, in denen ich fliehen kann.

»Hör zu!« Ron zieht eine Landkarte heraus und faltet sie auseinander. »Am sichersten ist es, wenn du über die grüne Grenze nach Nepal gehst. Ich erklär's dir. Du musst dir alles genau merken.«

Ich nicke wild. Dass diese Route die beste ist, habe ich im Gefängnis oft gehört. Wenn es irgendwo klappt, dann da, so hieß es immer.

»Nimm den Zug nach Lakhnau.« Rons Zeigefinger gleitet über die Karte. »Am besten gleich den ersten um vier Uhr – für den Fall, dass du beobachtet wirst. Von Lakhnau aus fährst du mit dem Taxi nach Sonauli.«

Lana regt sich, sie streckt ihre Arme aus und schmatzt leise. Lana, Süße, gleich stille ich dich!

Ein Glück, sie schläft weiter.

»Von Sonauli aus führt eine Landstraße durch den Wald

zur Grenze. Steig etwas vorher aus und geh den Rest zu Fuß. Aber bleib am Straßenrand, damit du schnell im Wald verschwinden kannst, wenn sie mit dem Auto kommen. An der Grenze gibt es nur einen kleinen Wachposten, und die Straße geht einfach weiter. Irgendwann kommt dann ein Motel. Du kannst da übernachten und am nächsten Tag ein Taxi zum Flughafen nehmen. Hier, siehst du?« Er deutet auf ein kleines Symbol jenseits der Grenzlinie. »Der Gautam Buddha Airport. Von da gehen regelmäßig Flieger nach Kathmandu.«

Jetzt ist Lana doch aufgewacht und fängt an zu weinen. Ich nehme sie hoch. »Ron, ich danke dir so sehr!«

Der Schwarze steht auf, nickt mir zu. »Wenn du Glück hast, bist du in Kathmandu nicht registriert. Falls doch …« Er spricht den Satz nicht zu Ende. Wir wissen beide, was er meint: Falls doch, dann sind mir zehn Jahre Gefängnis sicher, und ich werde Lana verlieren. An der Tür dreht er sich noch einmal um. »Du schaffst das, Sabrina. Du bist tough.«

Hoffentlich behält er recht, denke ich, während ich Lana an meine Brust lege. Sie fängt gierig an zu saugen. Hoffentlich sind wir in Kathmandu nicht registriert. Ich hab so unbändige Angst! Aber trotzdem muss ich mich in Bewegung setzen.

In dieser Nacht schlief ich kaum. Immer wieder betrachtete ich mein Baby und hoffte auf eine Erleuchtung, die mir doch noch eine Zukunft zu dritt, mit Shankar, ermöglicht hätte. Aber es kam nichts. So packte ich am nächsten Tag meine Reisetasche. Nur das Nötigste wollte ich mitnehmen, um auf dem Weg über die Grenze nicht beeinträchtigt zu sein. Lana würde ich wie stets im Tragetuch bei mir haben. Meinen

Vermietern erzählte ich, dass ich jetzt mit Lana heimflöge. Sie umarmten und segneten uns zum Abschied. Dann bestellte ich ein Taxi für den nächsten Morgen um drei Uhr. In meiner Fantasie wurde dieses Telefonat bereits abgehört, und ich musste allen Verstand aufwenden, um mir klarzumachen, dass es nicht so war. Die wichtigste Reise meines Lebens begann mit Paranoia und Durchfall.

Das Zugabteil mit seinen rund vierzig Sitzplätzen ist fast leer, nur ein Bauernehepaar sitzt mir schräg gegenüber. Sie haben Körbe voller Blumen dabei – Tagetes, wie ich sie vor vielen Jahren in Rajasthan gesehen habe. Wie glücklich war ich dort, am Rand der Wüste bei Anuva Baba! Und wie weit war danach noch mein Weg, bis ich zu Shankar kam. Nein, nicht! Nicht an Shankar denken jetzt, bitte! Aber es ist schon zu spät, ich sehe sein Gesicht vor mir, die großen Augen, den zärtlichen Mund, ich höre seine Stimme: »Rayi« – »Schatz«. Mit dem Handrücken wische ich mir über die Wange. Die beiden Bauern schauen mich neugierig an. Ich senke den Kopf zu Lanas Gesicht, das an meine Brust geschmiegt ist, und schließe die Augen. Lana. Du allein bist wichtig. Dich muss ich retten. Und darum muss ich auch mich selbst retten.

Etwas gefasster schaue ich wieder aus dem Fenster. Draußen zieht mein geliebtes Indien vorbei – die kargen Felder, die Dörfer, die Lastkarren auf staubigen Wegen und zwischen all den Menschen und den Autos immer mal wieder eine weiße Kuh …

Nichts hat meine Seele so geprägt wie dieses Land. Wie lange ist es her, dass ich, eine junge Frau, im Taxi durch Delhi gefahren bin, vom Flughafen nach Pahar Ganj. Sehr fremd war mir damals, was ich sah. Und sehr verzweifelt war ich auf der Suche. Auf der Suche nach Freiheit, nach Liebe und Vertrauen – als ob ich innerlich noch immer im Gipsbett gelegen hätte.

Erst an Shankars Seite habe ich begonnen, mich selbst besser zu verstehen, und die Antworten auf meine Fragen gefunden. Durch ihn habe ich gelernt, dass ich mich nicht von der Welt zurückziehen muss, um wirklich frei zu sein, und dass es keine Rolle spielt, in welcher Realität sich mein Körper befindet. Wie Geist und Seele ausgerichtet sind, allein darauf kommt es an. In der liebevollen Bejahung dessen, was ist, liegt die wahre Freiheit. In ihr löst sich, was hart und schmerzhaft ist, und ich entwickele neue Kraft, mein Leben zu gestalten. Die Vollmondnacht im Tihar Jail hat mir das gezeigt. Wie gut hat sich danach alles gefügt! Wie dankbar bin ich meinen Helfern – Florence, dem Anwalt, Dr. Chander und Ron! Wie dankbar bin ich dir, Shankar! Du warst in all der Zeit an meiner Seite – das hast du mich spüren lassen. Und diese letzten Schritte werde ich auch noch schaffen. Denk an mich, Liebster, und steh mir und deiner Tochter bei – auch bei dem, was nun kommt! Auch wenn das heißt, dass wir uns nie mehr wiedersehen.

Nach sieben Stunden fuhr der mittlerweile vollbesetzte Zug in Lakhnau ein. Lana im Tragetuch eng bei mir und den Sari zu unser beider Schutz tief über den Kopf gezogen, so stieg ich aus und stolperte dabei fast vor lauter Nervosität. Womöglich war mir schon jemand auf den Fersen? Mehrmals schaute ich mich beim Durchqueren des Bahnhofs um. Doch niemand in der Menschenmenge schien sich für mich zu interessieren. Vor dem Bahnhof suchte ich mir ein Taxi. »Nach Sonauli«, sagte ich knapp und nahm auf dem Rücksitz hinter dem Fahrer Platz, um Lana zwischendurch unbeobachtet stillen zu können.

Der Himmel war schon fast schwarz, als mich das Taxi am Rand des Ortes absetzte. Von hier war es zu Fuß noch eine halbe Stunde bis zur Grenze – der Fahrer hatte sich durchgefragt. Den Rest des Weges wollte ich laufen. Im Dunkeln war das am sichersten, dann konnte mich niemand von Weitem sehen. Notfalls würde ich mich rechtzeitig im Dickicht verstecken müssen.

32

Nur noch ein Schritt

Keuchend setze ich einen Fuß vor den anderen. Seit der ersten Sekunde auf dieser verlassenen Schotterstraße bin ich außer Atem. Erst jetzt merke ich, in welch schlechtem körperlichen Zustand ich mich befinde. Meine Reisetasche und Lana in ihrem Tragetuch scheinen immer schwerer zu werden. Die Straße ist leer. Ich taste mich vorwärts, orientiere mich an den Silhouetten der letzten, verstreut liegenden Gehöfte, die sich schwach vom Himmel abheben, und am Scharren des Schotters unter meinen Füßen.

Was wir brauchen, mein kleiner Liebling, ist der Schutz und Segen des Himmels.

Vereinzelt scheinen kleine Lichter aus den Häusern in die Dunkelheit hinaus. Ein kühler Wind bläst mir entgegen, er trocknet mein schweißgebadetes Gesicht. Wie lange bin ich jetzt unterwegs? Hektisch fange ich an zu rechnen. Dass das Apartment leer ist, merken sie vielleicht nicht so rasch. Aber wenn doch, dann können sie sich ausmalen, welche Fluchtroute ich genommen habe. Dann sind sie sehr schnell hier. Die Vorstellung, dass sich gleich eine feste Hand auf meine Schulter legen könnte, raubt mir fast den Verstand. Wie kann ich glauben, dass das, was jetzt kommt, auch vorgesehen ist?

Die letzten Gehöfte von Sonauli liegen hinter uns. Jetzt sind wir im Wald. Tief atmend halte ich an. Hier ist die Luft noch kälter und die Nacht bereits tiefschwarz – die Bäume ahne ich mehr, als dass ich sie sehe. Ich stehe mit meinem Baby in der Dunkelheit, kein Grenzposten weit und breit. Wenn uns nun jemand überfällt? Wenn uns ein Tier angreift? Ich hab solche Angst! Shankar, wenn du uns so sehen könntest – nein, besser nicht! Lieber Gott, was willst du eigentlich von mir? Plötzlich steigt Wut in mir hoch.

Lana spürt wohl meine Unruhe, sie wacht auf und fängt leise an zu weinen. Still, man darf uns nicht hören! Ich stecke ihr die Kuppe meines kleinen Fingers in den Mund, damit sie saugen kann, und taste mich zwei Meter bis zum Straßenrand vor. Nur nicht vom Weg abkommen, in dieser Dunkelheit finde ich ihn niemals wieder! Vorsichtig setze ich mich auf die Böschung und öffne meine Bluse. Lana trinkt nur wenig und dämmert dann weg. Ich binde sie wieder ins Tragetuch, nehme die Tasche und laufe weiter durch die Dunkelheit. Einfach laufen. Und lauschen, in gespannter Aufmerksamkeit nach rückwärts lauschen: Ist wer hinter mir? Sind noch andere Schritte zu hören außer meinen? Jedes kleinste Geräusch verursacht neue Schweißausbrüche.

Da, jetzt scheint da vorn etwas auf, es sieht aus wie eine Lichtung. Ich beschleunige meinen Schritt. Im trüben Schein einer Bogenlampe wird eine Hütte sichtbar. Hoffentlich ist das der Grenzposten. Außer Atem bleibe ich stehen. Ruhig! Ganz ruhig! Die dürfen nichts merken.

Langsam gehe ich auf die Hütte zu. Die Tür steht offen, drinnen sitzt ein Mann an einem kleinen Tisch, das Kinn auf die Brust gesunken, vor sich eine brennende Kerze und ein großes Buch. Er schläft. Ich hole meinen Pass heraus, klopfe vorsichtig an die geöffnete Tür und trete ein.

Der Mann schreckt hoch, starrt mich an.

»Namaste!« Vor lauter Herzklopfen höre ich meine Stimme kaum.

»What do you want?«

»Ich bin auf dem Weg ins Hotel da hinten. Hab da was gebucht und wollte mich hier anmelden.« Ich lege den Pass auf den Tisch.

Der Mann nimmt den Pass, überträgt meine Daten mit Kugelschreiber in das Buch vor ihm, drückt einen Stempel in den Pass und dreht das Buch dann mir zu: »Hier unterschreiben!« Er schaut mich gar nicht mehr an.

Mit fliegenden Fingern kritzele ich meinen Namen möglichst unleserlich in das Buch. Der Mann nickt, zieht es wieder zu sich und scheucht mich mit einer Handbewegung hinaus.

In der Tür bleibe ich noch mal stehen: »Wie weit ist es bis zum Hotel?«

»Zehn Minuten geradeaus. You go.«

Mein Gott, er hat nichts gemerkt, er weiß von nichts! Lana, wir sind in Nepal! Vielleicht wird noch alles gut.

Ich laufe weiter durch die Dunkelheit. Immer kälter wird es. Ich habe Hunger, ich muss aufs Klo – aber ich traue mich nicht, noch einmal anzuhalten.

Stur laufe ich weiter und bete währenddessen unaufhörlich. Endlich liegt der Wald hinter uns. Von Weitem wird eine Leuchtreklame sichtbar – wenig später stehe ich vor einem kleinen Hotel. Heiliger Vater, heilige Mutter, danke!

Ich nahm uns ein Zimmer, duschte uns beide und schlang etwas zu essen herunter. Anschließend stillte ich Lana erneut.

Beide waren wir so müde, dass wir einschliefen, noch während sie an meiner Brust lag. Schon vor Sonnenaufgang war ich wieder auf den Beinen. Das ausgiebige Frühstück nahm ich in der Nähe der kleinen Rezeption ein, und sobald sich jemand zeigte, fragte ich nach einem Flug nach Kathmandu. »Kein Problem«, hieß es, »alle drei Stunden geht einer.« Bald darauf saßen wir im Taxi zum Gautam Buddha Airport.

Beim Einchecken passierte ich voller Angst die Kontrolle. Vielleicht hatten sie hier schon meine Daten? Mit ausdrucksloser Miene schob ich dem Beamten meinen Pass hin. Er schaute nicht einmal drauf. Das hatten wir also auch geschafft.

Der Flug dauerte eine knappe Stunde. Kilometer um Kilometer entfernte ich mich nun von Indien. Shankar!, dachte ich verzweifelt. Wir verlieren uns!

Deviji, meine Einzige.

Angestrengt horchte ich in mein Inneres. Gaukelte mir mein überdrehtes Hirn etwas vor?

Für den Rest des Fluges heftete ich meinen Blick auf das schäbige Rückpolster vor mir. Bleib im Hier und Jetzt, Sabrina!, ermahnte ich mich.

Auf dem Flughafen von Kathmandu schob ich mich eilig durch die Menge zum Ausgang, ergatterte ein Taxi und fuhr zu dem Hotel, das mir genannt worden war. Hier schliefen wir uns endlich richtig aus. Am nächsten Morgen badete ich Lana und ölte sie ein. Wie sie hustete! Und ihre Nase war ganz verstopft. Sie musste sich auf dem Fluchtweg erkältet haben. Vorsichtig versuchte ich den Schleim herauszusaugen, um ihr das Atmen zu erleichtern. In einer Apotheke nannte man mir einen Arzt. Er horchte Lana ab und gab mir Kügelchen mit, doch ich war immer noch beunruhigt.

Halt durch, Lana, bitte!

Vom Arzt aus fuhr ich mit meinem Baby zum Airport und erfuhr: Vier Tage später ging ein Flieger nach Zürich – via Karatschi. Pakistan, also gut. Ich kaufte ein Ticket und kehrte mit Lana ins Hotel zurück. Vier Tage. Noch vier Tage.

Die Zeit dehnt sich quälend. Wir verlassen kaum noch das Hotel, wir ruhen uns auf der Dachterrasse in der wärmenden Sonne aus wie für eine große, kräftezehrende Expedition. Ich pflege Lana und dusche sie warm, ich massiere sie und sorge dafür, dass sie durch ihr Näschen atmen kann. Ihre Ausscheidung ist mittlerweile giftgrün. Sollten wir vielleicht doch ins Krankenhaus? Aber jeder weitere Tag vergrößert die Gefahr, dass wir beim Herumlaufen auf der Straße geschnappt werden. Ich verschlinge Unmengen von Obst und Gemüse, um ihr Vitamine zu verschaffen.

Am dritten Morgen schaut eine Putzfrau herein. Sie sieht mein Baby, verschwindet und kehrt kurz darauf mit vier anderen Frauen zurück. Alle haben brennendes Räucherwerk und Holzklappern dabei. »Das Kind ist krank«, erklärt die Putzfrau resolut, »warum kein Arzt? Kein Krankenhaus?« Bevor ich etwas sagen kann, fangen die fünf an, das Zimmer auszuräuchern. »Raus«, blaffe ich nach einer ersten Schrecksekunde, »sofort raus hier!« Mit hektischen Armbewegungen scheuche ich die Frauen hinaus, dann reiße ich das Fenster sperrangelweit auf.

Abends hängt immer noch der Duft nach Räucherstäbchen in der Luft. Ich lasse das Fenster geöffnet und rolle mich mit Lana im Arm auf dem Bett zusammen. Da in der Ecke steht die große Reisetasche mit dem Beutel fürs Handgepäck obendrauf. Ticket und Papiere liegen auf dem Nachttisch. Das Foto im Pass stimmt ungefähr mit meinem jetzigen Äußeren überein – meine Haare sind inzwischen wieder so lang, dass niemand auf die Idee kommen kann, ich hätte mal keine gehabt.

Schlaf gut, mein Liebling. Morgen um diese Zeit sind wir weit fort.

Sehnsüchtig versuche ich mir in dieser Nacht Shankars Gesicht vor Augen zu rufen – seinen Blick, der mein Herz so tief berührt hat wie nichts und niemand jemals zuvor. Aber immer wieder kommt die Angst vor dem morgigen Tag und der Passkontrolle dazwischen und reißt mich von ihm weg.

Ein letztes Mal verstreiche ich in der Frühe das ayurvedische Öl auf Lanas kleinem Körper. Ich stille und wickele sie, ziehe sie an und esse hastig die Reste von gestern auf. In der Morgendämmerung fahren wir durch die Stadt.

Vielleicht ist das die letzte Fahrt in Freiheit. Vielleicht warten sie bereits am Schalter auf uns.

Mein Gepäck scheint Zentner zu wiegen, als ich die Abfertigungshalle durchquere. Vor dem Schalter der Airline hat sich eine kleine Schlange gebildet. Ich stelle mich an und spähe zwischen den Wartenden nach vorn: keine Polizei, kein Militär, weit und breit nichts zu sehen außer einer einzelnen Mitarbeiterin. Gut! Voller Anspannung rücke ich mit der Schlange vor. Ich bin angezogen wie eine Touristin, mit beigen, langem Kleid und einem Tuch um die Hüften. Schließlich lege ich Pass und Ticket auf den Tresen.

Die Frau nimmt mir die Reisetasche ab, wuchtet sie aufs Rollband und beschriftet sie. »Have a good flight!« Sie lächelt in Lanas Richtung.

»Thank you.« Die große Tasche los zu sein ist ein Segen. Ich drehe mich um – und schaue direkt in das Gesicht eines Uniformierten mit Funkgerät. Mein Herz setzt für eine Sekunde aus, und wie aufgezogen laufe ich an dem Beamten vorbei. Nichts geschieht.

Unser Flug ist noch nicht angezeigt, wir müssen warten. Ich suche mir einen Platz, wickele Lana und gebe ihr die Brust, um ihr Geborgenheit zu verschaffen. Dabei halte ich aus den Augenwinkeln Ausschau nach weiteren Männern in Uniform. Als Lana satt ist, lege ich einen Schal um meine Schultern und ziehe ihn auch über sie. Das Schlimmste kommt ja erst noch. Wieder schwirrt ein Beamter umher. Mein Gott, was wird mit ihr, wenn sie uns schnappen? Wenn wir wieder ins Gefängnis müssen? Mein Magen dreht sich um bei diesem Gedanken. Kaum schaffe ich es, ruhig sitzenzubleiben. Mein Blick hängt an der Anzeigetafel, als ob dort unser Schicksal verkündet würde. Da, unser Flug erscheint: Gate 2.

Jetzt. Jetzt kommt der letzte Schritt.

Ich hülle Lana wieder in das Tragetuch. »Gleich haben wir's geschafft«, flüstere ich, und mir ist, als würde ich lügen. Langsam nähere ich mich der letzten Passkontrolle. Wieder stehen schon ein paar andere Reisende an. Schritt für Schritt rücken wir vorwärts. Mit der Rechten umklammere ich Pass und Ticket, meine Linke hält Lanas Köpfchen. Schweiß bricht mir aus allen Poren. Warum dreht sich bloß keiner um? Die Leute müssen meine Angst doch riechen.

Der letzte Fluggast vor mir hat den Schalter verlassen und die Absperrung dahinter passiert, nun mache ich vor dem Tresen Halt. Stumm strecke ich dem Kontrolleur die Papiere entgegen – ich kann nichts sagen, denn eine unsichtbare Faust drückt mir die Kehle zu. Muttermilch schießt ein und sickert durch den BH. Die Angst muss mir ins Gesicht geschrieben sein. Doch der Mann schaut nur kurz hoch und blättert meinen Pass auf. Jetzt hat er unser Schicksal in der Hand und weiß es nicht mal, für ihn ist es ein Tag wie jeder andere. Wieder eine Europäerin. Ach, aus Indien kommt sie? Und was ist mit dem Kind?

Starr ihn nicht so an, Sabrina!

Während mein Blick noch irgendwo anders Halt sucht, sehe ich aus den Augenwinkeln sechs Uniformierte näher kommen. Sie stellen sich in einer Reihe hinter der Absperrung auf, dorthin, wo es zu den Gates weitergeht, und schauen zu mir herüber.

Das ist die Polizei! Jetzt haben sie uns.

Lana!

Der Kontrolleur vor mir greift zum Stempel. Da ruft ihm einer der Uniformierten von hinten etwas zu. Ich höre »Control« und »Passport Number«, doch die Worte verschwimmen, denn im selben Moment knallt der Stempel aufs Papier. Der Kontrolleur zieht einen Zettel aus dem Pass. »Look here«, er schiebt mir den Zettel hin, »ausfüllen und unterschreiben!«

Das Beiblatt! Ich hab vergessen, das Beiblatt auszufüllen! Mir wird fast schwarz vor Augen, als ich das Geforderte hinkritzele. Der Mann schaut kurz drauf, nickt. Lässt er mich jetzt etwa durch? Ohne auf weitere Anweisungen zu warten, raffe ich die Papiere zusammen und gehe am Schalter vorbei durch die Absperrung. Jetzt muss ich direkt auf die Polizisten zu. Sie stehen in einer Reihe, rühren sich nicht und schauen mir entgegen. Sie warten auf mich. Wie ein Roboter laufe ich weiter, näher und näher komme ich ihnen. Ich könnte mich sofort übergeben. Bloß nicht hochgucken, bloß denen nicht in die Augen sehen! Ich richte den Blick auf Lanas vom Schal bedeckten Kopf – so ist es gut, einfach gehen und die Männer stur ignorieren. Tief atmen. Jetzt rechts herum, an dreien muss ich noch vorbei. Da hinten sind die Gates. Doch vorher wird sich eine Hand auf meinen Rücken legen, ich spüre sie schon.

Es kommt keine Hand. Niemand hält mich auf.

Als ich das Gate erreiche, bin ich nassgeschwitzt, und auf meinem Kleid hat die Milch große Ränder gebildet. Ich lasse mich auf einen Sitz fallen und schäle Lana aus dem Trage-tuch. Sie schreit erbärmlich. Auf dem freien Platz neben mir wickele ich sie, anschließend stille ich sie erneut, um sie zu beruhigen.

Noch eine Dreiviertelstunde bis zum Abflug.

Mit meinem Baby im Arm bleibe ich wie festgeklebt sitzen. Am liebsten würde ich mich unsichtbar machen. Wenn nur die alte Frau neben mir nicht wäre! Sie will nett sein und plaudern, sie textet mich zu, wie schön doch der Flughafen sei, wie höflich die Leute und wie süß mein Kind. Ich ant-worte kaum, aber sie hört nicht auf. Mein Gott, warum ver-geht die Zeit so langsam? Jetzt kommt ein Beamter ans Gate, er spricht in sein Funkgerät, sein Blick schweift über die Sit-zenden – gleichmütig streift er mich, und schon wieder droht mein Herz mir die Brust zu zersprengen.

Die letzten zwanzig Minuten dehnen sich unendlich. Im-mer wieder läuft ein Uniformierter durch die Sitzreihen. Jedes Mal fühlt es sich an, als müsste ich gleich sterben. Als mein Flug aufgerufen wird, steuere ich am ganzen Körper zitternd auf den Ausgang zu. Noch einmal Ticket und Pass vorzeigen, dann tauchen wir ein in das Halbdunkel der Fluggastbrücke. »Welcome on board!« Ein freundliches Lächeln an der Kabinentür. Wo ist mein Platz? Mit letzter Kraft erreiche ich den Fenstersitz, und hier geben meine Knie endgültig nach – nicht einen einzigen Schritt hätte ich noch weitergekonnt. Ich binde Lana los, schnalle mich fest an, wie wenn mich das schützen würde, und lege sie in meine Arme. Schnell senken sich ihre Lider. Ich bin froh, dass sie schläft, das kostet sie weniger Energie.

Draußen vor dem Fenster erstreckt sich das Rollfeld. Mit Blicken suche ich es ab, während sich der Flieger quälend langsam füllt. Es ist noch nicht vorbei. Zwar dürfen sie mich hier nicht mehr rausholen, denn das Flugzeug ist fremdes Territorium. Aber das kümmert sicher keinen.

Nach einer weiteren, schier endlosen Wartezeit starten endlich die Motoren. Vorn beginnt die Stewardess mit ihren Anweisungen für Notfälle. Wie betäubt starre ich hinaus.

Plötzlich rennt da draußen ein Mann in Uniform über die Betonfläche, er kommt direkt auf uns zu und gestikuliert wild: Halt, scheint er zu rufen, Halt! Mein Herzschlag stockt. Doch jetzt setzt sich das Flugzeug in Bewegung. Ganz langsam rollt es Richtung Startbahn, und schon ist der Polizist aus dem Fensterausschnitt verschwunden. Ich höre ein Keuchen – war ich das? Unbeirrt fährt das Flugzeug weiter voran. Es beschreibt eine Kurve, dann bleibt es stehen.

Stille.

Wieder heulen die großen Düsen auf. Ein leichter Ruck – der Flieger rollt erneut an und beschleunigt rasch. Immer schneller werden wir, es presst mich in den Sitz zurück, und ich schließe die Augen. Shankar, Liebster! Schon geht es steil hinauf, und jetzt heben wir ab: Wir sind in der Luft! Wir sind wirklich und wahrhaftig in der Luft.

Unter uns wird das Fahrwerk eingezogen.

Lana, wir sind frei! Wir sind gerettet! Ich drücke mein Kind fest an mich. »Wir haben es geschafft«, flüstere ich. Jetzt sollte ich wohl glücklich sein. Aber ich weine und weine, denn ich weiß: Ich werde meine große Liebe nie mehr wiedersehen.

»Warum bist du traurig, Bébé?«

Hab ich das gesagt? Oder er?

Unter Tränen schüttele ich den Kopf. Plötzlich muss ich ganz tief Atem holen: Du hast recht, Shankar, wie so oft. Wir haben uns gefunden, wir verlieren uns nicht mehr – wo immer ich auch bin.

Lana in meinem Arm ist aufgewacht und schaut mich mit großen Augen an. Ich streichele ihr sacht übers Gesicht und flüstere ihr zu: »Ich liebe dich. Auf dich wartet ein wunderschönes Leben.«

Danksagung

Die letzten Zeilen meines Buches habe ich vor einigen Minuten beendet. Mein Blick fällt in das Feuer meines Kachelofens. Ruhe und Stille ziehen in mir ein. Es ist geschafft! Innere Bilder aus den vergangenen Monaten steigen auf und erwärmen mein Herz. Wem würde ich jetzt gern danken wollen?

In erster Linie meiner über alles geliebten Tochter Lana! Ohne sie wäre diese Geschichte nie entstanden und ohne ihre Erlaubnis nie veröffentlicht worden. Durch ihre große Unterstützung habe ich während meines Arbeitsalltages noch die Zeit gefunden zu schreiben. Danke auch für deinen liebevollen Zuspruch, wenn ich durch aufwühlende Prozesse ging oder Selbstzweifel hegte. Ich bin so stolz auf dich. Danke, mein Engel!

Besonderer Dank geht auch an all die fantastischen Menschen, die unerschütterlich an mich glaubten und dem Buch zur Realisation verholfen haben: an meine Ex-Chefin bei der Handelskammer Margrith Neuenschwander – durch sie durfte das Skript in die Hände von Monika Eginger fallen. Dank deren Begeisterung und ihrer hervorragenden Vernetzung landete es bei meinem heutigen Agenten Gerald Drews. Sein großes Engagement, sein Glaube an mich und seine Begeisterung waren für mich ein großes Geschenk. Ich danke meiner wundervollen Co-Autorin Dr. Christiane Schlüter, von der ich so viel lernen durfte und die mich mit liebevollem Druck fleißig in die Tasten hämmern ließ. Ihre Freude an der Arbeit war ein großer Ansporn für mich. Karin Stuhldreier, Programmleiterin des Allegria Verlages, hat uns mit ihrem Team unermüdlich beigestanden, und Mona Borucker hat den indischen Ausdrücken ihren letzten Schliff verliehen. Ich danke meinen Testleserinnen für ihre motivierenden Kommentare und zu guter Letzt all den Menschen, deren Freundschaft mich schon lange begleitet und bereichert. Danke euch allen!

EINE POETISCHE ERZÄHLUNG ÜBER DIE GLÜCKSSUCHE

Clara Maria Bagus
Vom Mann, der auszog,
um den Frühling zu suchen
Eine Reise zur Leichtigkeit

Traurig und einsam blickt der Mann auf die trübe Landschaft des nicht enden wollenden Winters. Doch plötzlich setzt sich ein kleiner Vogel unverhofft auf den Ast eines kargen Baumes, der wie von Zauberhand unmittelbar anfängt zu blühen. Kaum fliegt der Vogel davon, kehrt der Winter jedoch zurück.

Der Mann erkennt, wie sehr er sich nach der Wärme und Schönheit des Frühlings sehnt, und macht sich auf, den geheimnisvollen Vogel zu finden. Auf seiner Reise erwarten ihn Abenteuer, und er begegnet Menschen, die ihn daran erinnern, was im Leben wirklich wichtig ist.

»Lesen Sie sich glücklich!« Kai Diekmann

208 Seiten
€ [D] 14,00 / € [A] 14,40 / sFr 15,90
ISBN: 978-3-7934-2307-2
Auch als E-Book erhältlich.
www.allegria-verlag.de